Davidoff
Davidoff
Davidoff

ON HAND.

Collection Rolf Heyne

Der Zigarren Connaisseur

CUESTA - HABANA - J. CUESTA - HABANA - J. CUESTA - HABANA - J. CUESTA - HA
SIGNATURE SERIES
PARTAGAS
150
1845 1995
25 CIGARS
SIGNATURE SERIES
ROBUSTO
FLOR DE TABACOS DE PARTAGAS Y CA. 1845
PARTAGAS
CUBA

DER ZIGARREN CONNAISSEUR

DIE EDELSTE FORM DES RAUCHENS IN GESCHICHTEN UND BILDERN

NATHANIEL LANDE
UND
ANDREW LANDE

WILHELM HEYNE VERLAG
MÜNCHEN

Der Verlag dankt den folgenden Personen und Institutionen für die Genehmigung zur Wiedergabe von Photos und Illustrationen:

Arents Collection, Public Library, New York: Seite iii, v, vi, viii, xiv, 3, 5, 6, 8, 9, 10, 13, 14, 15, 16, 17, 24, 25, 31, 36, 40, 41, 43, 47, 58, 62, 63, 64 (rechts), 67, 69, 71, 104, 107, 110, 115, 126, 141, 142, 156, 157

Yancy Hughes: iv, 2, 51, 53, 74, 84, 147

Metropolitan Museum of Art, New York (Photo: Walker Evans): xv

Constantin Meunier, *Die Damen aus Sevilla*, Musées Royaux des Beaux-Arts, Brüssel: 7

Bettmann Archives: 12, 19, 64 (links), 65, 72, 113, 116, 119, 120

Nathaniel Lande: 22, 82, 85, 98

Gianni Constantino, Habanos S. A.: x, 23

Domingo Batista, Davidoff: 27, 28, 29, 34, 90, 100

Enrico Barone: 27 (Insert), 89

Premium Advertising Havana: 30

Dr. Orlando Arteaga: 44, 66

Pentagon Papers: 52, 53

Epicure-Magazin: 55 (oben)

Davidoff: 76, 79, 97, 128, 138

Dunhill-Archive: 77, 148 (oben), 150

Andrew Lande: 92

St. Petersburg Times: 94

J. R. Tobacco: 103

Cigar Aficionado: 118

Catherine Leuthold: 122, 132, 146

Elie Bleu, Paris: 146, 148 (unten)

Gene Walder: 149

Grand Havana Room, Beverly Hills: 124, 151, 154 (oben)

Club Macanudo: 153

City Wine & Cigar Co., New York (Photo: Steve Freeman): 154 (unten)

Monte's, London: 155 (links)

James Fox, London: 155 (rechts)

American Airlines: 158–159

Titel der Originalausgabe:
The Cigar Connoisseur.
An Illustrated History and Guide to the World's Finest Cigars
Die Originalausgabe erschien im Verlag Clarkson Potter/Publishers, New York
Ins Deutsche übertragen von Kerstin Dietrich

Umschlaggestaltung: Art & Design Norbert Härtl, München
Buchgestaltung: Howard Klein
Satz: KortSatz GmbH, München

Printed in Japan

ISBN 3-453-12903-2

DANKSAGUNG

Am Entstehen des vorliegenden Buches hatten unsere Freunde Laurie Liss, Roger Vergnes von »Copperplate Press« und Pam Krauss großen Anteil. Ihnen sei besonders gedankt. Darüber hinaus wäre dieses Buch so, wie es sich jetzt präsentiert, nicht entstanden ohne die Hilfe von

Lew Rothman
Simon Chase
David Ilario
Habanos, S. A.
Premium Publicity, S. A.
William Styron
José Ilario
Epicur (Magazin)
Niki Singer
David Brokaw
Barbara Palenberg
The Office of Foreign Assets Control
Cigar Aficionado (Magazin)
The Pentragam Papers
Mark Goldman
Richard DiMeola
Austin McNamara
Dr. Glenn Westfall
Warren Pfaff
John McLaughlin
Margot Schupf
Alexander Wallace
Ama Lopez
Emilia Tamayo
Tatiana Camocho
Liliana Portuondo
Biblioteca Nacional José Martí
Benjamin Menéndez
Carlos Fuente, Jr.
Ramón Cifuentes
Gay Talese
Edward Sahakian
Tasha Lande
Linde Hope
Nicholas Freeman
Hendrik Kelner
Avo Uvezian
Dr. Ernst Schneider
Davidoff
Dunhill
John Campbell
Christopher Boon
Johnny Oliva
Frank Llaneza
Jorge Concepción Luna
Felipe Ventura Narbara
Domingo Batista
Julio Caesar Molinet
Jennifer Lee
Earl Christian
Jane Lahr
Victoria Bartow
Ted Teodoro
The Arents Collection
The New York Public Library
Sandra Levinson
The Center for Cuban Studies
Bernardo González
Mary Posses
Yancy Hughes
und
Shaye Areheart

Ihre Beiträge waren und ihre Freundschaft ist von unschätzbarem Wert. Die Autoren danken allen in tiefer Verbundenheit.

INHALT

HABANA

ENTES
CIFUENTES
EZAS

VORWORT

DAS LEBEN MEINES VATERS war der Herstellung von Partagas-Zigarren gewidmet. Bei mir war es nicht anders. Und ebenso, wie mein Vater und ich ein Leben lang Seite an Seite gearbeitet haben, taten sich der großartige Nathaniel Lande, Journalist, Autor und Wissenschaftler in einem, und sein begabter Sohn Andrew zusammen, um mit vereinten Kräften ein wunderbares Buch über Vergangenheit und Gegenwart der besten Zigarren der Welt zu schreiben.
Mit einem hochqualifizierten Expertenteam und den Beiträgen anderer hervorragender Autoren haben sie ein reiches Flechtwerk historischer Fakten, prachtvoller Illustrationen, zeitgenössischer Interviews, persönlicher Erinnerungen, amüsanter Anekdoten und wertvoller Tips geschaffen – ein Buch, wie ich kein anderes kenne. Mit jeder Seite wird die Zigarre in ihrer Tradition von neuem lebendig, ebenso wie die Menschen, welche sie durch ihre Kunstfertigkeit und ihre Inspiration für Komponisten und Dichter, für Präsidenten und Könige zum erlauchten Vergnügen machten.

Sie, liebe Leserin, lieber Leser, werden auf eine zeitlose Reise in fremde Welten entführt, von Kuba und der Dominikanischen Republik nach Spanien und Kamerun. Unterwegs werden Sie immer wieder Menschen treffen, deren Bekanntschaft ich bereits machen durfte, darunter Benjamín Menéndez, Zigarrenhersteller und Meister seines Fachs, und der große Aficionado Ernest Hemingway. Vor allem aber werden Sie den Geist und das Geheimnis hunderter Kunstwerke spüren, die Grenzen durchdrungen haben (und durchdringen) – Grenzen, die sonst nur zu oft Länder und Kulturen voneinander trennen.
Lassen Sie sich also verführen von dieser unvergleichlichen Hommage an die Zigarre und die Werte, die sie verkörpert. Mit oder ohne Zigarre in der Hand werden Sie dieses Buch ebenso liebgewinnen wie ich.

Ramón Cifuentes

Madrid

EINFÜHRUNG

HAVANNA. Das erste Mal besuchte ich diese romantische Stadt mit ihrer reichen kolonialen Vergangenheit in den fünfziger Jahren, zusammen mit meinem Vater. Er war ein berühmter Arzt, Gastprofessor an der Universität von Havanna und ein Freund Ernest Hemingways. Er nahm mich mit zur »Finca Vigía«, Hemingways Wohnsitz oberhalb des Ortes San Francisco de Paula, der sich auf einem Hügel erstreckte und in der Sonne pastellfarben schimmerte. Ich war damals ein Kind, das alle Erfahrungen begierig aufsog, und so erstehen vor meinem geistigen Auge noch immer die Bilder von damals, umrahmt von Musik und Worten, als handele es sich um Photographien von Walker Evans: ein distinguierter Herr im weißen Anzug vor einem Schuhputzstand; der große »Hochzeitskuchen« »Hotel Nacional«; Hemingways eisgekühlter *Mojito* in der »Bodeguita del Medio«; die nächtlichen Mambobands mit ihren tollen Bewegungen draußen vor dem »Tropicana«; die hübschen Mädchen, die in ihren Sommerkleidern unter den Kolonnaden flanierten; und dann die Musik, immer und überall die Musik – jeder Winkel der Altstadt war erfüllt von ihr! All diese Bilder bleiben mir für immer unvergeßlich.

Nach vierzig Jahren kehrte ich als Mitarbeiter des »Center of Cuban Studies« zurück auf diese wunderbare Insel und fand dieselben Landschaften, von der Zeit unberührt und in Farben gemalt, die es nur in Havanna gibt. In dieser Episode der Erinnerung waren die Abende nun vom Rauch der Zigarren erfüllt.

Wie die Klänge der Musik durchdringt das Aroma einer Zigarre die Zeit. Immer wieder werden beim Genuß einer »Partagas« ebenso wie durch die Musik jene Tage lebendig werden, in denen der Rauch durch die verschnörkelten Fenster und die geöffneten Fensterläden schwebte, hinaus auf das Meer, dem Malecón folgend. Havanna. Die Passion ist vielleicht verblaßt, aber ihr Geist ist noch da – das zeigt mir meine Erinnerung.

Nicht weit von der Stadt Havanna erheben sich die sanften Hügel des Vuelta Abajo in ihrem satten Grün. Die Geschichte der Zigarre ist eng mit dieser Landschaft verknüpft, und so war auch sie es, die in mir die Gewißheit schuf, daß der Geist Kubas der Zigarre innewohnt.

Meine Reise sollte mich schließlich zu den großen Tabakhäusern, den *casas de tabaco,* auf Kuba führen, zu den Plantagen der Dominikanischen Republik, den Humidoren bei Dunhill, den

Tabakfabriken auf den Kanarischen Inseln und den alten *fábricas*, die nach wie vor in Havanna stehen. Unterwegs sollte ich vielen großen Persönlichkeiten begegnen, welche die Zigarrenfabrikation prägten und der Renaissance des Rauchgenusses den Weg ebneten. So hatte ich das einzigartige Vergnügen, bei »Hunters & Frankau« den großen Simon Chase kennenzulernen; ich traf den unvergleichlichen Lew Rothman; außerdem Richard DiMeola von »Consolidated«; Austin McNamara von »General Cigar«; Ernst Schneider, der in Genf die Tradition der Firma »Davidoff« fortsetzt; Benjamín Menéndez, der einst die »H.Upmann« und die »Montecristo« schuf und jetzt die Produktion der »Macanudo« überwacht; Ramón Cifuentes, Sohn des einstigen Direktors der »Partagas«-Fabrik und Wahrer der Kunst seines Vaters; Frank Llaneza von »Hoyo de Monterrey« und »Punch«. Nicht wenig Zeit verbrachte ich in der Welt von »Epicur« bei David und José Ilario in Spanien und bei dem inzwischen verstorbenen Angel Oliva in Tampa, der als erster kubanische Tabaksamen in Nicaragua, Honduras und Ecuador aussäte. Ich hatte das große Glück, das »Château de la Fuente«, auf dessen Felder die Blätter der »Opus X« gedeihen, zu besuchen, und ich durfte Avo Uvezian, Davidoffs »Poeten der Zigarre«, bei der Kreation eines neuen großen Smokes zusehen. Auch hatte ich Gelegenheit, Davidoffs »Poeten der Zigarre«, Hendrik Kelner von »Tabacos Dominicanos, S.A.« kennenzulernen und ganze Nachmittage mit einer außergewöhnlichen Frau zusammensein zu können: Emilia Tamayo, einzige Frau im »Club der Männer«, ist Betriebsleiterin bei »Cohiba« und überwacht somit die Produktion der besten Zigarren der Welt.

Ein weiterer »Gralshüter« verdient an dieser Stelle Beachtung: Orlando Arteaga, engagierter Sammler von *vitolas* und *vistas*, welche die Nationalgalerie auf Kuba bereichern und dessen private Kollektion aus der »Litográfica de Habana« dieses Buch durch zahlreiche Abbildungen so immens aufwerten. Seine Freundschaft und Unterstützung waren für mich von unschätzbarem Wert.

Die gemeinsame Arbeit an diesem Buch mit meinem Sohn Andrew war für mich eine wunderbare Erfahrung, da sein Wissen und sein eleganter Stil meinen väterlichen Stolz erwecken.

Die Zigarre war von jeher ein Symbol für Macht, Prestige und Privilegien. In ihrer Seele aber ruht viel mehr als das. Immer wieder halten wir auf unserer Reise inne, um die Momente des Zusammenseins und der Konversation mit neuen Freunden oder das innere Zwiegespräch mit alten Gefühlen zu genießen. Denn diese Augenblicke sind es, die in unserer Erinnerung für immer haften bleiben.

Nathaniel Lande
New York

Was mit simpler Neugier auf den Geschmack einer Zigarre begann, endete in einem täglichen Ritual, das mir sehr am Herzen liegt. Vor mehreren Jahren weilte ich als Student am »Trinity College« in Dublin. Auf dem Weg zum College kam ich an einem Tabakgeschäft in der Nähe der Grafton Street vorbei. Aus dem Geschäft drang das Aroma von Havannas – und das machte mich neugierig. Schließlich waren Zigarren aus Kuba legendär – und in meinem Heimatland obendrein illegal. Ich hatte nun die einzigartige Gelegenheit, eine Havanna zu kosten. Die Gelegenheit ließ ich mir natürlich nicht entgehen, und so lernte ich diesen großen Genuß kennen und lieben.

Mein Tagebuch belegt, daß meine Besuche beim Zigarrenhändler bald nicht mehr wöchentlich, sondern täglich stattfanden. So sammelte ich meine Erfahrungen – nicht nur in meinem Studienfach, sondern vor allem auf dem Gebiet der Zigarren, indem ich alle erhältlichen Havannas durchprobierte.

Bei meiner Heimkehr plagte mich die Sorge, daß der kleine Vorrat an Havannas, den ich mit nach Kalifornien brachte, bald aufgebraucht sein würde. Bis dahin hatte ich ausschließlich die Bekanntschaft kubanischer Zigarren gemacht, und unter dem Einfluß ihres Mythos war ich zu der Überzeugung gelangt, daß es keine anderen Zigarren gab. Es kam der Abend, an dem ich meine letzte Havanna entfachte, und so blieb mir keine andere Wahl, als am nächsten Tag einen Zigarrenladen in Los Angeles aufzusuchen, für mich ein gänzlich unerforschtes Terrain. Dem erfahrenen Rat eines vertrauenswürdigen Tabakhändlers folgend, probierte ich schließlich eine honduranische »Hoyo de Monterrey«. Da ich mit den kubanischen »Hoyos« vertraut war und die »Epicure No. 2« ebenso genossen hatte wie die »Double Corona«, war ich sicher, eine gute Wahl getroffen zu haben. Die Zigarre war anders als die kubanische Version, aber dennoch gut. Ich rauchte eine volle Zigarre, im Geschmack ebenso reich wie die »Hoyos«, die ich kannte, jedoch mit etwas anderen Aromen. Ich war überaus erfreut.

So wagte ich mich nach und nach an andere Marken aus anderen Ländern, an die »Partagas'«, die »Puros Indios« und die »Avos«, und Zigarren aus der Dominikanischen Republik, Jamaika und Honduras erweiterten ständig mein Repertoire. Nachdem ich eine ziemlich große Auswahl verkostet hatte, kam ich zu dem Ergebnis: Ich mochte diese Zigarren ebenso gern wie meine Havannas (und obendrein waren sie in den Vereinigten Staaten erhältlich). Manchmal konnte ich sogar feststellen, daß Machart und Qualität der nichtkubanischen Zigarren besser waren als die der so berühmten Havanna. Dennoch blieb ich der Überzeugung treu, daß eine gute Havanna eine wirklich große Zigarre ist.

Meine Leidenschaft für Zigarren ergänzte sich trefflich mit meiner Vorliebe für Wein, gute Restaurants und exquisite Kochkunst, obwohl ich mich als Mittzwanziger bei dem Gedanken, daß ich mein ganzes Geld für meine

Wein- und Zigarrensammlung ausgab, während meine Altersgenossen Stereo- und Videoanlagen kauften, etwas unwohl fühlte. Aber einer feinen Zigarre konnte ich nun einmal nicht widerstehen. Seither freue ich mich den ganzen Tag lang auf meine After-Dinner-Zigarre, denn da ist für mich der Rauchgenuß am größten, und ich überlege des öfteren, welche Zigarre mir am Abend den größten Genuß verschaffen könnte, treffe aber niemals endgültige Entscheidungen, denn Stimmungen ändern sich – und mit ihnen die Vorlieben. Aber irgendwann ist dann der Moment gekommen! Bevor ich meine Zigarre anzünde, betrachte ich sie erst einmal und genieße ihr Aussehen, bewundere ihre hervorragende Machart und die Schönheit des Deckblatts. Während die After-Dinner-Zigarre das Abendmahl abrundet, habe ich Zeit, den Tag noch einmal Revue passieren zu lassen. Ich kann entspannen und das eine oder andere überdenken. Bisweilen höre ich beim Rauchen auch einfach Musik oder schaue einen Film im Fernsehen oder ein Video an. Die wunderbarsten Augenblicke gehören ganz mir und meiner Zigarre. Dann wird die Zeit des Rauchens zur Meditation, tauchen Gedanken und Gefühle ungehindert und willkürlich an die Oberfläche. Während ich eine »Opus X No. 2« oder eine »Cohiba Robusto« rauche, kommen mir die besten Ideen. Eine Zigarrenlänge hindurch – etwa eine Dreiviertelstunde, sofern ich mich nicht einer »Double Corona« hingebe – ist die Zigarre mein bester Kamerad. Im Augenblick des Anzündens erwacht sie zum Leben, um während des Herunterbrennens immer neue Aromen zu entfalten. Der volle Rauch erfüllt meinen Gaumen, und ich verspüre den Geschmack mit einer Intensität, die meine Sinne betört.

Mit der Zeit wird mir das Gefühl der Zigarre in meiner Hand lieb und teuer, so daß der Abschied, wenn sie dann heruntergebrannt ist, schwerfällt. Bisweilen bringe ich es kaum über das Herz, sie so einfach in den Aschenbecher zu legen – es ist wie ein Abschied von einem verständnisvollen Freund.

Andrew Lande
Los Angeles

NA - J. CUESTA - HABANA - J. CUESTA - HABANA - J. CUESTA - HABANA - J. CUESTA - HABANA - J.

1

Eine schillernde Tradition

ROMANTIK, REVOLUTION UND ERNEUERUNG

SEIT NUNMEHR GUT fünfhundert Jahren gab es immer wieder Zeiten, in denen die Produktion von Zigarren ein Politikum war. Und während dieser Spanne gab es immer wieder Zeitgenossen, die den Genuß von Zigarren als einen vorübergehenden Modetrend ausmachten. Dennoch galt das Zigarrerauchen stets als schick, galt es als etwas Besonderes. Das war schon bei den vorkolumbischen Indianern der Fall. Für sie war das Rauchen von Zigarren ein Ritual und die Zigarre ein Symbol der Würde – und so blickt diese Welt des Geschmacks und der Inspiration auf eine stolze und lange Tradition zurück.

DIE ENTDECKUNG DES TABAKS

DER ERSTE HINWEIS auf Tabak findet sich in den Tagebüchern des Christoph Kolumbus. Nach der Landung auf Kuba am 28. Oktober 1492 schickte er zwei Matrosen, Luis de Torres und Rodrigo de Jerez, auf eine vierzehntägige Expedition in das Landesinnere. Bei ihrer Rückkehr erzählten sie erstaunliche Dinge. So »tranken« etwa die Eingeborenen »Rauch« aus Tabakbündeln, die von ihnen *cohibas* genannt wurden. Rodrigo Jerez war übrigens der erste Europäer, der sich täglich dem Rauchgenuß widmete.

Mit der Entdeckung der Neuen Welt war auch bald der Tabakhandel geboren, und der Historiker Eliot Morison wußte zu berichten, daß »sich der Tabak schneller in der Welt verbreitete als die Religion«. Alle großen Entdecker, welche die andere Hälfte des Globus bereisten, wie Amerigo Vespucci und Fernão de Magalhães, trugen jedenfalls das Ihre zur Verbreitung des Tabaks bei. Das galt für Europa wie den Fernen Osten.

Über Jahrhunderte besaß der Tabak in Mittel- und Südamerika einen besonderen Stellenwert. Lange bevor Europäer ihren Fuß auf den Boden der Neuen Welt setzten, verwendeten ihn Mayas, Inkas und Azteken bei ihren religiösen Zeremonien, benutzten ihn auch als Kräutermedizin, wobei sie ihn oft mit Gräsern vermischten. Es ist überliefert, daß die Priester bei rituellen Handlungen den Rauch in alle vier Winde bliesen, dann wiederum in die Gesichter der Krieger, bevor diese in den Kampf zogen. Schon auf Abbildungen aus dem fünften Jahrhundert sind Menschen zu sehen, die stockartige Gegenstände rauchen, und aus Mexiko stammen Zigarrenhalter, die mehr als zweitausend Jahre alt sind.

Die dortigen Ureinwohner hatten außerdem entdeckt, daß das Inhalieren von Rauch den Hunger unterdrückte und die Ausdauer förderte. Darüber hinaus führte Nikotin einen leichten Rausch herbei, der sich bei wichtigen religiösen Zeremonien wie bei Friedensverhandlungen als sehr förderlich erwies. Es ist allerdings nicht bekannt, wie sie herausfanden, daß Tabak fermentiert und getrocknet werden muß, damit der gewünschte Genußeffekt eintritt. Wahrscheinlich pflückten sie die Blätter und machten große Komposthaufen daraus, die später verbrannt wurden, um dann eher zufällig zu bemerken, wie angenehm der Rauch war.

Die Entdeckung des Tabaks war immer ein dankbares Thema für Geschichten und Legenden. So heißt es zum Beispiel, daß die Chinesen schon vor der Entdeckung Amerikas Tabak anbauten und rauchten. Wahr ist indes, daß ihn im späten sechzehnten Jahrhundert Entdecker von Amerika aus in China einführten. Eine andere Legende will es, daß der erste tabakrauchende Engländer Sir Walter Raleigh war. In Wahrheit war es Sir John Hawkins mit seinen Matrosen, die den Tabak 1565 nach England brachten, nachdem sie in Florida französische Kolonisten und Eingeborene rauchen gesehen hatten. Raleigh, der damals gerade dreizehn war, erfuhr von dieser Begebenheit Jahre später durch Francis Drake, der mit seinen Leuten 1586 Tabak aus den Kolonien von Roanoke Island, dem späteren Virginia, nach England mitbrachte. Raleigh fällt indessen die Ehre zu, das Rauchen am Hofe Elisabeths I. verbreitet und der Königin so eine profitable Steuereinnahmequelle verschafft zu haben. Zu Beginn des sechzehnten Jahrhunderts wurde Tabak dann als Heilkraut in Europa bekannt.

Übrigens nehmen noch andere in Anspruch, den Tabak in die Alte Welt gebracht zu haben. So sind die Spanier davon überzeugt, Hernán Cortés habe die Samen seinem Herrscher, Karl V., nach der Eroberung Mexikos 1518 überreicht. Die Portugiesen wiederum behaupten, es sei Hernando de Toledo, dem jene Ehre gebühre, da dieser 1520 Samen mitbrachte, um damit in Lissabon eine Plantage aufzubauen. Und holländische Experten kamen zu dem Schluß, es müsse Damien de Goes gewesen sein, der die Blätter König Sebastian von Portugal überreicht habe. In Frankreich schließlich wurde zunächst Jean Nicot als der »Entdecker« des Tabaks gefeiert, doch mittlerweile ist es André Thevet, dem diese Ehre zuteil wird.

Im Jahre 1559 ging Nicot als Botschafter Frankreichs nach Portugal, um 1560 mit einigen Tabakpflanzen in sein Heimatland

OBEN: ***VISTA*** **NACH EINEM ENTWURF VON LITOGRÁFICA DE HABANA, UM 1882.**
GEGENÜBER: **KUBANISCHES ETIKETT AUS DEM 19. JAHRHUNDERT, DAS DIE ENTDECKUNG DER NEUEN WELT DURCH KOLUMBUS ZEIGT.** UNTEN: **PROKLAMATION GEGEN DAS TABAKRAUCHEN.**

zurückzukehren, wo sie zu medizinischen Zwecken angebaut wurden. Katharina von Medici, Witwe Heinrichs II. und dessen Nachfolgerin auf dem französischen Thron, soll eine wahre Verehrerin dieser »Heilpflanze« gewesen sein. Nicot jedenfalls war davon überzeugt, daß der Tabak auf zahlreichen Gebieten heilende Wirkung habe – von der schlechten Laune bis zur Gicht könne er, so seine Meinung, nahezu alle Unpäßlichkeiten wenn nicht beheben, so doch lindern. 1570 wurde dann die Tabakpflanze nach ihm benannt: *Nicotiana.* Heute ist man allerdings der Meinung, daß Thevet vier Jahre vor Nicot Tabak aus Brasilien mitbrachte. Ihm gefiel die Blüte, und so zog er die Pflanze in seinem Garten, ohne an irgendeinen praktischen Nutzen zu denken.

Am Anfang war das Tabakrauchen den Adligen Spaniens und Portugals vorbehalten, und auch die Entdecker und ihre Matrosen, die ja leichten Zugang zu den Blättern hatten, kamen in dessen Genuß. Am Ende des sechzehnten Jahrhunderts hatte sich das jedoch geändert: Auch für Franzosen, Belgier, Deutsche und Holländer gehörte Tabak nun zum »täglichen Leben«.

Jedes europäische Land kultivierte seine eigenen Rauchmethoden. Die Briten bevorzugten zum Beispiel das Pfeiferauchen, dem Vorbild der Eingeborenen in ihren nordamerikanischen Kolonien folgend. Überhaupt kam das Zigarrerauchen in Mitteleuropa erst im neunzehnten Jahrhundert in Mode, obwohl es auf der Iberischen Halbinsel zu der Zeit schon seit dreihundert Jahren Brauch war. Frankreich war dann das erste Land nördlich der Pyrenäen, in dem die Zigarre gesellschaftsfähig wurde, aber auch das geschah relativ spät, nämlich als die Truppen Napoleons Zigarren aus dem Spanisch-Französischen Krieg (1806–1812) mitbrachten.

Im Europa des sechzehnten Jahrhunderts wuchs dann mit der Popularität des Tabaks auch die Kritik an ihm. Die heutige Anti-Raucher-Bewegung kann jedenfalls auf prominente Vorläufer zurückblicken. Jakob I. von England etwa erließ Proklamationen, die das Rauchen des »stinkenden Krauts« unter Strafe stellten. Aber auch er hatte schon Vorläufer: Als der bereits erwähnte Rodrigo Jerez aus Kolumbus' Mannschaft bei seiner Rückkehr in die Alte Welt der staunenden Menge vorführen wollte, wie die Eingeborenen Tabak rauchten, wurde er wegen Erregung öffentlichen Ärgernisses ins Gefängnis geworfen. Jedenfalls ersannen etliche gekrönte und ungekrönte Herrscher – von Papst Urban VIII. bis zum Schah von Persien – Strafen für Raucher. Europäische Raucher riskierten zum Beispiel die Konfiszierung ihres mühsam gehamsterten Zigarrenvorrats, während Paffer im Nahen Osten Gefahr liefen, eingesperrt zu werden, wenn man sie beim Inhalieren erwischte. Übrigens soll der große Brand von Moskau im Jahre 1650 von einem Zigarrenliebhaber ausgelöst worden sein, der beim Rauchen eingenickt war.

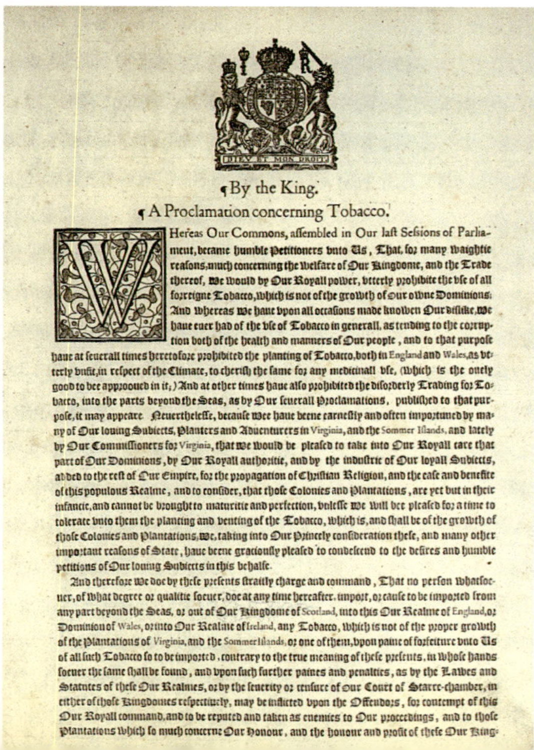
DIEV ET MON DROIT

¶ By the King.

¶ A Proclamation concerning Tobacco.

WHereas Our Commons, aſſembled in Our laſt Seſsions of Parliament, became humble Petitioners vnto Us, That, for many waightie reaſons, much concerning the Welfare of Our Kingdome, and the Trade thereof, We would by Our Royall power, vtterly prohibite the vſe of all forreigne Tobacco, which is not of the growth of our owne Dominions: And whereas We haue vpon all occaſions made knowen Our diſlike, We haue euer had of the vſe of Tobacco in generall, as tending to the corruption both of the health and manners of Our people, and to that purpoſe haue at ſeuerall times heretofore prohibited the planting of Tobacco, both in England and Wales, as vtterly vnfit, in reſpect of the Climate, to cheriſh the ſame for any medicinall vſe, (which is the onely good to bee approoued in it;) And at other times haue alſo prohibited the diſorderly Trading for Tobacco, into the parts beyond the Seas, as by Our ſeuerall Proclamations, publiſhed to that purpoſe, it may appeare. Neuertheleſſe, becauſe Wee haue beene earneſtly and often importuned by many of Our louing Subiects, Planters and Aduenturers in Virginia, and the Sommer Iſlands, and lately by Our Commiſsioners for Virginia, that We would be pleaſed to take into Our Royall care that part of Our Dominions, by Our Royall authoritie, and by the induſtrie of Our loyall Subiects, added to the reſt of Our Empire, for the propagation of Chriſtian Religion, and the eaſe and benefite of this populous Realme, and to conſider, that thoſe Colonies and Plantations, are yet but in their infancie, and cannot be brought to maturitie and perfection, vnleſſe We will bee pleaſed for a time to tolerate vnto them the planting and venting of the Tobacco, which is, and ſhall be of the growth of thoſe Colonies and Plantations, We, taking into Our Princely conſideration theſe, and many other important reaſons of State, haue beene graciouſly pleaſed to condeſcend to the deſires and humble petitions of Our louing Subiects in this behalfe.

And therefore We doe by theſe preſents ſtraitly charge and command, That no perſon whatſoeuer, of what degree or qualitie ſoeuer, doe at any time hereafter, import, or cauſe to be imported from any part beyond the Seas, or out of Our Kingdome of Scotland, into this Our Realme of England, or Dominion of Wales, or into Our Realme of Ireland, any Tobacco, which is not of the proper growth of the Plantations of Virginia, and the Sommer Iſlands, or one of them, vpon paine of forfeiture vnto Us of all ſuch Tobacco ſo to be imported, contrary to the true meaning of theſe preſents, in whoſe hands ſoeuer the ſame ſhall be found, and vpon ſuch further paines and penalties, as by the Lawes and Statutes of theſe Our Realmes, or by the ſeueritie or cenſure of our Court of Starre-chamber, in either of thoſe Kingdomes reſpectiuely, may be inflicted vpon the Offendors, for contempt of this Our Royall command, and to be reputed and taken as enemies to Our proceedings, and to thoſe Plantations which ſo much concerne Our Honour, and the honour and profit of theſe Our King-

Früher oder später erkannten aber alle Regierungen, daß sich eine Lebenseinstellung nicht gesetzlich reglementieren ließ. Bald wurde jedem Staatsoberhaupt klar, daß es vorteilhafter war, den Tabak zu besteuern, anstatt seinen Genuß unter Strafe zu stellen, und nicht wenige Unternehmen spezialisierten sich nun auf den Tabakhandel. Unter Ludwig XIV. wurde in Frankreich ein Tabakmonopol eingeführt, das der französischen Westindien-Gesellschaft bis 1730 bestimmte Rechte einräumte. In der Folgezeit ahmten dies nicht wenige Länder Europas nach, indem sie eigene staatliche Unternehmen gründeten.

»Wahre Liebhaber bewundern weit mehr eure nackten Schönheiten. Geben Sie mir eine Zigarre!«
Lord Byron

OBEN: **NIEDERLÄNDISCHE TABAKDARSTELLUNG AUS DEM FRÜHEN 18. JAHRHUNDERT.**
RECHTS: ***DIE DAMEN AUS SEVILLA*, EIN ÖLGEMÄLDE VON CONSTANTIN MEUNIER (HEUTE MUSÉES ROYAUX DES BEAUX-ARTS, BRÜSSEL), DER SPANIEN ZWISCHEN 1860 UND 1890 MEHRMALS BESUCHTE.**

DIE ENTWICKLUNG DER ZIGARRE

FÜR DIE HERRSCHER SPANIENS war die Tabaksteuer mehr als eine normale fiskalische Ertragsquelle. Während das Gold aus den Minen in Mittel- und Südamerika dazu diente, Armeen auszurüsten und Eroberungskriege zu führen, wurden die Erträge aus der erwähnten Steuer in den Aufbau einer funktionierenden Tabakindustrie investiert. Von Sevilla ausgehend, überzog sich schließlich das ganze Land mit Zigarrenfabriken. Aus den Kronkolonien mit dem begehrten Rohstoff versorgt, war die spanische Tabakindustrie bald die führende ihrer Art in Europa.

In Sevilla nahmen 1676 die ersten Zigarrenfabriken ihren Betrieb auf, ehe 1731 die königlichen Zigarrenfabriken folgten. Zu Beginn des neunzehnten Jahrhunderts beschäftigte die spanische Zigarrenindustrie fünftausend Arbeiter, die Millionen von *puros* auf den Markt warfen – noch heute ist *puro* in der spanischen Umgangssprache das Wort für Zigarre.

Ein beliebtes Nebenprodukt war der *papelito*, der aus Tabakresten gefertigt wurde und als Arme-Leute-Zigarre berühmt wurde – er ist der Vorläufer der modernen Zigarette. Von der Mitte des sieb-

OBEN: **Vorbereitung des Tabaks, Einzeldarstellung einer Kupferstichserie aus dem 18. Jahrhundert, New York, Public Library, Arents Collection.**

GEGENÜBER: **Tabakmarke aus Virginia, frühes 19. Jahrhundert, darunter ein Brief George Washingtons als Dokument seiner erfolgreichen Tabakernte.**

zehnten Jahrhunderts an wurde es in den unteren und mittleren Klassen Mode, Bruchtabak aus den Fabriken in Papier einzurollen, um sich einen schnellen Rauchgenuß zu verschaffen. 1830 waren *papelitos* überall erhältlich, aber es sollte noch fast ein ganzes Jahrhundert dauern, bis weltweit eine ernsthafte Zigarettenproduktion in Gang kam.

Unterdessen florierte die Zigarrenindustrie, was die spanischen Fabrikanten dazu veranlaßte, Anbau, Fermentation und Trocknung so weit zu verfeinern, daß schließlich ein Blatt entstand, das zugleich flexibel und stark genug war, um einerseits eine *puro* zusammenzuhalten und andererseits mit dem Geschmack des brennenden Tabaks zu verschmelzen. Zwar waren die ersten Zigarren nicht so schmiegsam wie die heutigen, dennoch hat sich im Laufe der Jahrhunderte in Machart und Herstellungsweise erstaunlich wenig verändert. Nach und nach wurden dann neue Mischungen und hervorragende Deckblätter entwickelt, und Ende des achtzehnten, Anfang des neunzehnten Jahrhunderts glommen spanische *puros* auf dem ganzen Kontinent. Zu der Zeit wurden die Häfen von Venedig und Genua Knotenpunkte für die Verschiffung von Zigarren nach Mitteleuropa und Rußland, stieg der Wert des Tabaks zusehends – und erlebten Piraten immer häufiger, daß ihre Beute nicht aus Gold und Edelmetallen, sondern aus einer riesigen Ladung Zigarren und Tabak bestand.

Nach der einjährigen englischen Besetzung Kubas unter Georg III. kehrte einer der britischen Offiziere, Israel Putnam, 1762 mit einer Kollektion aromatischer Havanna-Zigarren nach Connecticut zurück. Sie erfuhr große Wertschätzung und hat vielleicht zum Aufstieg Putnams beigetragen, denn später wurde er General im Nordamerikanischen Unabhängigkeitskrieg. Zu jener Zeit waren natürlich längst die Tabakfelder in Virginia und North Carolina entstanden. Und keine Geringeren als die amerikanischen Präsidenten George Washington und Thomas Jefferson, beide Plantagenbesitzer in Virginia, erzielten ein beachtliches Einkommen aus dem Tabakanbau.

Die Zigarren hatten nicht sofort Erfolg in den Vereinigten Staaten, da hier das Tabakrauchen in Pfeifen bevorzugt wurde. Geschmack und Aroma des Havanna-Tabaks erlangten aber doch bald Berühmtheit, und zwar nicht nur in den Kolonien, sondern auch auf dem internationalen diplomatischen Parkett.

In Europa fand das spanische Produktionskartell bald seine Herausforderer. Mitte des achtzehnten Jahrhunderts hatte Ludwig XV. die französische Industrie zur Aufnahme der Zigarrenproduktion gedrängt. 1779 erhielt der deutsche Maler Peter Wendler eine Konzession für fünf Jahre zur Herstellung von *bastoni di tabacco* – von »Tabakstangen«, sprich von Zigarren. Und um 1800 stellten sowohl italienische als auch deutsche Fabriken Zigarren her. Bald trat auch die Neue Welt in den Konkurrenzkampf ein, und zwar im Jahre 1810, als man in den nordamerikanischen Kolonien Englands – vor allem in Connecticut – damit begann, Zigarren zu rollen. Zuvor hatten schon die kubanischen Marken große Anziehungskraft auf die steigende Zahl der Connaisseurs in ganz Europa ausgeübt, so daß die Karibikinsel schließlich die führende Position in der Zigarrenindustrie einnahm.

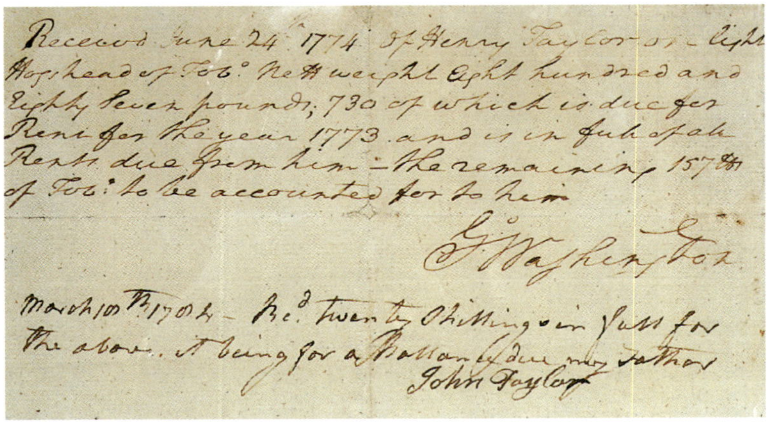
Received June 24th 1774 of Henry Taylor – Eight Hogshead of Tob.o Nett weight Eight hundred and Eighty Seven pounds; 730 of which is due for Rent for the year 1773 and is in full of all Rents due from him – the remaining 157 lb of Tob.o to be accounted for to him

G. Washington

March 10th 1784 – Rec.d twenty Shillings in full for the above. It being for a Ballance due my Father

John Taylor

KUBAS *FÁBRICAS*

Zwischen 1614, als der spanische Hof den Tabakanbau in Kuba autorisierte, und dem späten achtzehnten Jahrhundert wurde der größte Teil der Tabakernte zur Zigarrenproduktion nach Spanien verschickt. Als sich herausstellte, daß die fertigen Zigarren aus Havanna die Reise über den Ozean weitaus besser überstanden als die unverarbeiteten Blätter, war die Geburtsstunde der kubanischen *fábricas,* also der Zigarrenfabriken, gekommen. Sie entstanden sozusagen als Ableger der Tabakplantagen des achtzehnten Jahrhunderts, von denen eine jede eine oder mehrere Hausmarken produzierte – vergleichbar den Weingütern, die ihre verschiedenen Sorten aus eigenen Lagen hervorbringen.

Die ersten eingetragenen Marken, die 1810 in Havannas Handelsregister auftauchten, waren die Vorboten eines blühenden Industriezweigs. Ein Eintrag (nachzulesen in den kubanischen Staatsarchiven) für eine Zulassung zur Gründung einer Fabrik mit Laden lautete zum Beispiel: »Francisco Cabanas, geboren in Havanna, ledig, hat in der Jesus del Monte Avenue einen Laden eröffnet, der sich vorher in der Jesus-Maria-Straße No. 112 befand.« 1810 waren in diesen *fábricas* sechzehn Arbeiter beschäftigt, und hier wie in anderen *fábricas* hielten die hausinternen Bücher eine Beschreibung der Zigarre fest, die gerade hergestellt wurde. Eine jede davon hatte ihren eigenen unverwechselbaren Geschmack, entstanden durch sorgfältig geheimgehaltene Mischungen der Tabaksorten und Verarbeitungsmethoden. Übrigens wurden schon 1833 von Cabanas hergestellte Zigarren in einem Geschäft in London verkauft.

Durch die Entwicklung des Hafens Havannas zum Exporthafen erlangten die kubanischen Zigarrenmacher, zumeist Nachkommen spanischer Kolonialisten, leichten Zugang zu den Märkten Europas, und vor allem zu denen Nordamerikas. Nachdem Ferdinand VII. von Spanien am 23. Juni 1817 ein Dekret unterzeichnet hatte, das der Insel Kuba freien Handel gewährte, füllte die darauf folgende Blüte im Zigarrengeschäft den Hafen von Alt-Havanna mit Schiffen, die kubanische Zigarren an unterschiedlichste Bestimmungsorte brachten. Dann trug die Erfindung des Dampfschiffes ein Weiteres dazu bei, daß die kubanischen Spitzenmarken bald in aller Welt angeboten wurden. Gleichzeitig verringerte sich die Vorherrschaft der spanischen Zigarrenfabriken mehr und mehr. So begann das goldene Zeitalter der Havanna.

Zwischen 1830 und 1850 wurden viele große Marken gegründet, von denen einige noch heute existieren: »Por Larrañaga« (1834), »Ramón Allones« (1837), »Punch« (1840), »H. Upmann« (1844), »La Corona« und »Partagas« (1845), ferner »Vuelta«, »El Figaro«, »El Rey del Mundo«, »Romeo y Julieta«, José Geners »Hoyo de Monterrey«, »Belinda« und »Bolívar«, um nur einige zu nennen.

Die *fábricas* des neunzehnten Jahrhunderts hatten vor allem in zwei Dingen Erfolg. Zum einen führten sie kubanische Markennamen ein, welche die Produkte leicht identifizierbar machten und die Treue vieler Kunden zu einer bestimmten Marke begründeten (was sich erst 1959 mit dem Ausbruch der Kubanischen Revolution ändern sollte). Zum anderen verfeinerten sie – namentlich in der zweiten Jahrhunderthälfte – ihre Produktionstechniken und Qualität so wesentlich, daß die Havannas den Siegeszug auf den ausländischen Märkten antraten.

Links oben: ***Vista* der Zigarrenfabrik La Legitimidad, gegründet von Francisco Perez del Rio, 1882.** Links: **Programmheft eines Theaterstücks, aufgeführt 1840 in London.** Gegenüber: **Darstellung des Prince of Wales auf einer Bauchbinde.**

Der endgültige Durchbruch in Europa gelang den kubanischen Zigarren während der viktorianischen Zeit (1837–1901), als das Aroma und der angenehme Rauchgenuß immer mehr Angehörige der oberen Kreise überzeugen konnten. Zigarrenfreunde hatten allerdings in Königin Viktoria eine erbitterte Gegnerin, die leidenschaftlich gegen das Rauchen eintrat. Dessen ungeachtet stieg die Zahl der importierten Zigarren allein zwischen 1823 und 1840 von 15 000 auf 30 Millionen – das Rauchen fand immer mehr passionierte Anhänger. Gleichzeitig mehrte sich jedoch auch die Zahl der Kritiker. So galt es im viktorianischen England als unhöflich, in der Öffentlichkeit zu rauchen. Bald erließen in ganz Großbritannien die Stadtverwaltungen Gesetze, die das Rauchen auf den Straßen der Stadt untersagten; nur in dafür bestimmten Räumen – und auch nur, wenn keine Damen anwesend waren – war das Rauchen gestattet. Ab 1840 wurden daher die Herrenclubs zum bevorzugten Refugium der Tabakverehrer, und allmählich gewöhnten sich die Briten an jene Leute, die dem blauen Dunst frönten. 1868 trat in Großbritannien sogar ein Gesetz in Kraft, demzufolge Züge künftig Raucherwaggons mitzuführen hatten. Das Rauchen in der viktorianischen Zeit illustriert ein bekannter Ausspruch: »Männer taten es, Frauen lehnten es ab.« Vor allem einer tat es: Queen Victorias Sohn, Edward, war ein ausgesprochener Zigarrenliebhaber; der Prince of Wales war ein wahrer Aficionado. Als er 1901 den Thron bestieg, tat er den allseits bekannten Ausspruch: »Gentlemen, Sie dürfen rauchen.« Nun war das Eis auf der Insel endgültig gebrochen, und die Zigarre trat ihren Siegeszug in allen Kreisen der Gesellschaft an.

In den sechziger und siebziger Jahren des neunzehnten Jahrhunderts waren die großen kubanischen Marken auf allen internationalen Ausstellungen vertreten, überschüttet mit Medaillen und Lobeshymnen. Von soviel Erfolg gekrönt, umgab die kubanische Zigarrenfabrikation bald eine Aura von Prestige und Auserlesenheit, die einzigartig war.

Auch die Arbeiter selbst waren sozusagen Teil dieses hohen kulturellen Standards. So begann damals das Vorlesen großer Literatur den Alltag in Havannas *fábricas* zu begleiten. Das reiche Aroma des berühmtesten Tabaks der Welt verwob sich mit den Worten eines Victor Hugo, eines Charles Dickens – um nur zwei von Dutzenden Schriftstellern zu erwähnen, deren Werke den Zigarrenrollern während ihrer Arbeit vorgelesen wurden. Damals schwebte erstmals der »Hauch des Geistigen« durch die Hallen der *fábricas*.

Zu jener Zeit verzeichneten auch die Vereinigten Staaten einen Zigarrenboom. Nach dem Ende des Bürgerkriegs entstanden in vielen Bundesstaaten zahlreiche Produktionsstätten, in denen Zigarren hergestellt wurden – von der Ein-Mann-Werkstatt bis zur ausgewachsenen Fabrik. Die meisten Fabriken wurden dabei in Ost-West-Richtung gebaut, damit die Sortierer und Blattroller den ganzen Tag lang das Licht von Norden hatten. In North Carolina beispielsweise gründete die Familie Duke ein Imperium, das den Markt während einer ganzen Generation dominieren sollte. Dennoch war und blieb Havanna das Synonym für Zigarrenherstellung, und hier wurden nach wie vor die großen Marken produziert, die die kubanische Vormachtstellung in diesem Wirtschaftszweig begründeten.
Im Jahre 1850 wurden Bauchbinden eingeführt, damit sich die kostbaren Marken auch äußerlich leichter voneinander unterscheiden ließen. Ihr Erfinder war der Holländer Gustav(o) Bock, der sie zunächst für seine eigenen Zigarren verwendete. Die bunten Bauchbinden, welche die Zigarren fortan umgaben, und die kunstvollen Etiketten, die auf den Zigarrenkistchen klebten, unterstrichen den individuellen Charakter der einzelnen Zigarren, denn eine jede schmeckte anders und fühlte sich auch anders an. Die, die das Sagen hatten, ob Monarchen, Präsidenten und Diktatoren, ob Minister und Unternehmer – sie alle wollten nun ihr eigenes Etikett. Die damit verbundene Nachfrage nach wirklich guten Zigarren begründete letztlich die Reputation der Havanna als Symbol für Reichtum, Macht und Prestige.
Kubanische Produzenten wie Manuel Lopez, Alfredo Nogueira und J. F. Rocha erreichten durch äußerste Sorgfalt bei der Überwachung der verschiedenen Arbeitsgänge, wie Tabakanbau, Herstellung und Verpackung des Endprodukts, ein Ziel, das ihre spanischen, britischen und anderen europäischen Konkurrenten verfehlten: Die hohe Kunst des Tabakanbaus verband sich auf das trefflichste mit der feinen Kunst der Zigarrenherstellung. Auf diese Weise wurde die Geschichte der Produktion auf Kuba mindestens ebenso stark von Menschen und Familien wie von der Zigarre selbst geprägt.

»ZIGARRENKRIEGE«

In der Mitte des neunzehnten Jahrhunderts war Kuba der Mittelpunkt der Zucker-, Kaffee- und nun auch der Tabakproduktion und somit ein Juwel in Spaniens kolonialer Krone, das sowohl bei etablierten als auch bei emporstrebenden Mächten Begehrlichkeiten weckte. Zwar hatten die Vereinigten Staaten nach der Vorgabe der Monroe-Doktrin von 1823 Kuba (noch) nicht als weiteren Stern in der nordamerikanischen Flagge auserkoren, doch nachdem 1845 Florida als 27. und Texas als 28. Staat in die Union aufgenommen worden und nach 1850 die Spannungen mit Spanien immer größer geworden waren, mündeten unter Präsident Franklin Pierce Überlegungen in konkrete Pläne, die vorsahen, die wichtigste spanische Kolonie unter allen Umständen zu annektieren. Vorerst blieb es jedoch nur bei diesen Plänen …
In Großbritannien hatte sich zu der Zeit die Gier nach Zigarren regelrecht zur Sucht ausgeweitet. Jedenfalls war im letzten Viertel dieses Jahrhunderts der Inselstaat der führende Markt für die Havanna-Produzenten. Irgendwann schlug der Finanzier L. Rothschild dem Zigarrenhersteller Hoyo de Monterrey vor, eine kürzere Zigarre mit einem größeren Durchmesser zu entwickeln, damit die Zigarrenraucher bei gleichbleibend starkem Rauchgenuß weniger Zeit auf das Rauchen verwenden müßten. Mit der Umsetzung dieses Wunsches begann die Kreation immer neuer Formen und Formate bei der Zigarrenproduktion.
Im Laufe des neunzehnten Jahrhunderts geriet die Vorherrschaft der Zigarrenindustrie in der kubanischen Wirtschaft durch die politischen Unruhen auf der Karibikinsel immer mehr ins Wanken.

Gegenüber: **Die Tradition des Vorlesens begleitet bis heute den Alltag in den Tabakfabriken.**
Rechts: **Amerikanische Tabakmarke mit Anspielung auf die expansionistische Politik der USA.**

Noch bevor sich Kuba in seinem Aufstand gegen Spanien (1868 bis 1878) verausgabte, hatten viele fähige Arbeitskräfte die immer unruhiger werdende Insel verlassen, um sich in den sich wirtschaftlich schnell entwickelnden Orten Floridas niederzulassen. In Key West beispielsweise wuchs der kubanische Anteil der Bevölkerung von dreitausend im Jahre 1869 auf achtzehntausend um 1890. Tampa, Ybor City und angrenzende Städte verzeichneten ebenfalls eine entsprechende Steigerung. Waren es 1885 noch tausend Kubaner, die hier lebten, so waren es fünf Jahre später bereits zwanzigtausend.

Die Auswanderer kamen genau zur rechten Zeit, denn das Rauchen von Zigarren war in den Vereinigten Staaten Mode geworden. Die Kubaner unterschieden sich insofern von den anderen Einwanderern, als sie eine weitgehend homogene Gruppe bildeten und außerdem relativ begütert waren. Sie waren in der Lage, Kapital in ein äußerst gewinnträchtiges Handwerk zu investieren. Außerdem vertrieben sie keine Einheimischen von ihren Arbeitsplätzen, da sie einen neuen Industriezweig aufbauten, der dem Markt und den Bedürfnissen entgegenkam.

Gegen Ende des neunzehnten Jahrhunderts, als Kuba um seine Unabhängigkeit von Spanien rang, verließen auch viele Großgrundbesitzer die Insel, um nach Key West und Tampa, aber auch auf die Kanarischen Inseln und nach Kingston auf Jamaika auszuwandern. Diese Auswanderer unterstützten José Martí, fortan kubanischer Nationalheld, finanziell nicht unwesentlich bei seinem Aufstand gegen Spanien im Jahre 1895.

Vor der Jahrhundertwende stellten mehr als fünfzig Gesellschaften in Ybor City »Reine Havannas« her, und der Aufdruck »Made in Tampa« stand bald genauso hoch im Kurs wie der kubanische Stempel »Made in Havanna«. Tampa konnte sich rühmen, daß seine Zigarren aus kubanischen Deckblättern, kubanischer Einlage *und* von kubanischen Händen gefertigt waren – daher rührt auch der Ausdruck *Clear Havanna,* »Reine Havanna«.

Nach dem Spanisch-Amerikanischen Krieg von 1898 erlebte die Zigarrenindustrie im Südwesten der USA einen weiteren Boom. Im Jahre 1909 beispielsweise erwirtschaftete die Zigarrenindustrie circa 21,5 Millionen Dollar und beschäftigte 12 280 Menschen.

Es waren nicht nur die exilkubanischen Arbeitskräfte, die um die Jahrhundertwende mit ihrem beruflichen Fachwissen der US-amerikanischen Industrie zum Aufschwung verhalfen. Immigranten aus Europa brachten wertvolles Fachwissen ins Land. Steigende Nachfrage sorgte dafür, daß die siebentausend Zigarrenfabriken bis zum Ende des Spanisch-Amerikanischen Krieges auf Hochtouren laufen und somit genügend Arbeitsplätze zur Verfügung stellen konnten. Durch diese Bereicherung an guten Kräften konnten die US-amerikanischen Hersteller ihr Produkt sprunghaft verbessern. Bald galt das *Connecticut Broadleaf* als edles Deckblatt. Auch der Preis spielte eine Rolle: Eine gute Havanna kostete fünfzehn Cents, eine nordamerikanische Zigarre wesentlich weniger.

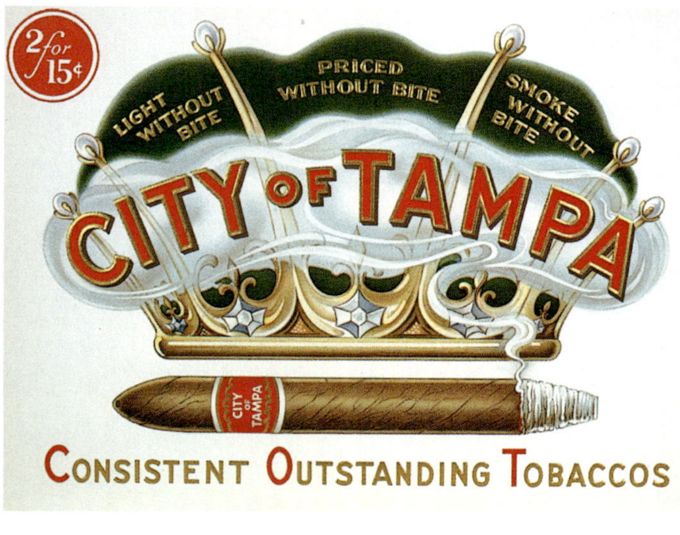

LINKS UND OBEN: **DREI *VITOLAS* FÜR »CLEAR HAVANAS«, IN DEN USA HERGESTELLTE ZIGARREN AUS KUBANISCHEM TABAK.** GEGENÜBER: **ETIKETT AUS DEM FRÜHEN 20. JAHRHUNDERT FÜR PREISWERTE US-AMERIKANISCHE ZIGARREN.**

No. 1722
FIVE FOR A QUARTER
G. S. HARRIS&SON-PHILA.

DAS ZWANZIGSTE JAHRHUNDERT

Unser Jahrhundert spielte in der Entwicklung der Zigarrenherstellung eine wesentliche Rolle. Am Anfang stand eine wichtige Entdeckung, welche die Produzenten in Florida machten: Das feuchte Klima ihrer Region unterstützte die Konservierung von Geschmack und Aroma der Zigarren, und hierin lag sicherlich ein Grund, warum die Zigarren aus Tampa so beliebt waren. Die Händler und Konzessionäre hatten allerdings die Gewohnheit, die Zigarren im Freien zu präsentieren, so daß diese in den trockeneren Klimazonen der nördlichen Bundesstaaten schnell austrockneten. Dieses Problem konnte schließlich mit Hilfe des elektrischen Lichts gelöst werden. Denn nun hatten die Tabakhändler die Möglichkeit, ihre Zigarrenbestände in befeuchteten Innenräumen zu lagern.
Als erster kam Alfred Dunhill in London auf die Idee, die Zigarren in zedernholzverkleideten Räumen zu lagern und reifen zu lassen. Später verkaufte er seine Produkte übrigens in hermetisch verschlossenen Metalldosen.
Noch immer wurde der Tabakhandel stark von den politischen Konflikten der Welt beeinträchtigt. So hatte der Spanisch-Amerikanische Krieg zur Folge, daß die Vereinigten Staaten die Rolle Spaniens übernahmen. Das trat vor allem 1901 offen zutage, als sich die USA im Platt-Nachtrag verpflichteten, die Unabhängigkeit Kubas zu bewahren und auf der Karibikinsel für Gesetz und Ordnung zu sorgen. Papier war zwar schon damals geduldig, aber es war nicht zu leugnen: Washington sah Kuba als Protektorat an – und hatte *El Norte* bereits zuvor große Gelüste nach Zucker, Kaffee und Zigarren aus Kuba entwickelt, so wurde das Interesse an kubanischen Produkten, vor allem an Zigarren, um so größer, je mehr »Uncle Sam« an Einfluß in Kuba gewann.
Dann kam der Erste Weltkrieg, der weltweit den Handel erschütterte. Kaum ein Industriezweig blieb davon verschont, also auch nicht die Herstellung von und der Handel mit Zigarren. Der Krieg legte die europäische Industrie lahm, was die Kaufkraft der Aristokratie, welche die Hauptklientel für edle Zigarren stellte, drastisch einschränkte. Als Folge davon verschwanden einige Marken vom Markt.
Nachdem Friede und »Normalität« zurückgekehrt waren, erholte sich die Zigarrenindustrie nur langsam von den erlittenen Rückschlägen. Die verrückten zwanziger Jahre brachten dann in den Vereinigten Staaten neben allerlei kurzlebigen Modetorheiten die Zigarre als Massenprodukt hervor. Eine neue Generation von Rau-

Links: **Typisches Etikett aus der Werkstatt der American Lithographic Company, für deren Erzeugnisse bis zu elf verschiedene Steinplatten verwendet wurden.**
Oben und Gegenüber: **Amerikanische Marken aus Philadelphia und New York, 20. Jahrhundert.**

chern, darunter viele Frauen, wählten vorzugsweise die poppigen *papelitos* als Begleiter eines Lebens, das nur darauf ausgelegt schien, die Vergangenheit im Hier und Jetzt zu vergessen, ohne an die Zukunft zu denken.

Obwohl der weltweite Zigarrenkonsum sank, blieben zwei Gruppen von Aficionados bestehen. In Spanien war der Zigarrengenuß zum festen Bestandteil der Lebensart geworden, so daß man auch in Zeiten wirtschaftlicher Schwierigkeiten auf das Rauchen nicht verzichten mochte. Die US-Amerikaner wiederum kamen gar nicht auf den Gedanken, sich den Genuß einer guten Zigarre zu versagen, lag doch Kuba sozusagen vor ihrer Haustüre.

Der große Börsenkrach von 1929 machte schließlich auch für die treuesten Anhänger die heiß begehrten kubanischen Zigarren nahezu unerschwinglich. Über einige Jahre zeigte sich beim Zigarrenhandel wenig Belebung, bis die Zigarren maschinell hergestellt werden konnten, was die Kosten senkte und die Produktion ankurbelte. Zwar blieben die Inhaltsstoffe die gleichen, doch die Qualität war nicht mehr jene, die zuvor Maßstäbe gesetzt hatte. Die Preissenkungen kamen zu einer günstigen Zeit, und die billigeren Zigarren gefielen kleinen Büroangestellten und Wohlhabenden gleichermaßen. Schließlich führte die massenhafte Verbreitung der Zigarre dazu, daß ihre Aura von Reichtum und Eleganz allmählich verblich.

Der Zweite Weltkrieg verhalf der Zigarre zu neuem Ansehen, denn nun galt sie vor allem als Symbol des Widerstands gegen den Faschismus: Winston Churchill, die Beharrlichkeit in Person, trat so gut wie niemals ohne seine Zigarre mit dem V für »Victory« auf der Bauchbinde an die Öffentlichkeit.

Zu dieser Zeit war der US-Dollar eingefroren, was Großbritannien daran hinderte, in Kuba Zigarren einzukaufen. So gingen die britischen Einkäufer nach Jamaika. Nach Kriegsende dauerte es noch bis 1953, ehe wieder Zigarren aus Kuba nach Großbritannien eingeführt wurden. In der

Zwischenzeit war die Qualität der Zigarren aus Jamaika wesentlich verbessert worden, und Marken wie »Temple Hall«, »El Caribe«, »Flor del Duque« und schließlich auch »Macanudo« waren gegenüber den kubanischen durchaus konkurrenzfähig.

In den USA trieb die Nachkriegsinflation die Preise in die Höhe. Alles wurde teurer, so auch die Zigarren – eine kostete bald 25 Cents. Damit sie erschwinglich blieb, erhöhten die Hersteller die Produktion. Das wiederum führte bei den maschinell gefertigten Zigarren mitunter dazu, daß zu schnell eingestellte Maschinen die Deckblätter zerrissen. In der Folgezeit wurden deshalb kräftigere Deckblätter entwickelt. Auch auf Kuba, wo handgerollte Zigarren den ganzen Stolz der Nation ausmachten, führte man schließlich Maschinen ein. Die Mechanisierung der Zigarrenfertigung war sicherlich schmerzhaft für jeden Aficionado, nicht jedoch für die Wirtschaft. Zum ersten Mal in der Geschichte der Zigarre waren die preiswerteren Havanna-Marken auch für Otto Normalverbraucher erschwinglich – was ihrem Ansehen keinen Abbruch tat.

REVOLUTION UND ERNEUERUNG

Nach dem Zweiten Weltkrieg blühte die Zigarrenindustrie wieder auf, in Kuba wie in Tampa, wo bekanntlich die »Clear Havannas« hergestellt wurden. Die Liebe der US-Amerikaner zu den Havannas hatte soeben ihren dritten Frühling erlebt, als sie 1959 auf eine weitere harte Probe gestellt wurde. Am 2. Januar übernahm Fidel Castro die Macht, und der Diktator Fulgencio Batista floh ins Exil, gefolgt von vielen Tabakplantagenbesitzern und Zigarrenherstellern. Angesichts der politischen Unruhen legten viele Angestellte der *fábricas*, darunter Wissenschaftler, Pflanzer und Zigarrenroller, die Arbeit nieder.

Nach Castros Revolution wurden nahezu alle Zigarrengesellschaften – wovon viele auf die Unterstützung US-amerikanischen Kapitals angewiesen waren – dem staatlichen Monopol einverleibt. Castros kommunistisches Regime umwarb vor allem das Proletariat, und die Tabakfabriken waren dabei seine erste »Anlaufstelle«. Seine Botschaft, der Staat könne besser für ihr Wohl sorgen als die Zigarrenindustrie, war mit Bedacht gewählt, denn es waren die Arbeiter in den Zigarrenfabriken gewesen, die bei den Kämpfen um einen sozialen Wandel auf Kuba ohnehin stets in vorderster Front anzutreffen waren. Bei der Separation Kubas von Spanien im Jahre 1898 hatten sie ebenso eine Schlüsselrolle innegehabt wie in jener Koalition, die 1933 zur Absetzung des Diktators Gerardo Machado führte.

Als Castro nun daranging, die Zigarrenfabriken zu verstaatlichen und die verschiedenen Marken abzuschaffen, war die (Zigarren-) Welt fassungslos. Die kunstvoll dekorierten Zigarrenkistchen und Bauchbinden verschwanden und somit die Etiketten so berühmter Namen wie »Cabanas y Carbajal«, »Henry Clay«, »La Corona«, »Murias« und »Villar y Villar«. Neunhundertsechzig kubanische Markennamen, die unter Castros Vorgänger produziert worden waren, verschwanden vom Markt, um einer einzigen Platz zu machen: der »Siboney«. Sie war benannt nach einem legendären Kubaner, wurde nur in vier verschiedenen Formaten hergestellt, und ihre Qualität war mehr als unzuverlässig – mit anderen Worten: Es war eine Katastrophe.

In der Folgezeit verschlechterten sich die Beziehungen zwischen Kuba und den Vereinigten Staaten dramatisch. Castro enteignete mehr als eine Milliarde Dollar an US-amerikanischem Geschäftskapital, und im Gegenzug verhängten die Vereinigten Staaten 1961 ein Einfuhrverbot für kubanische Waren. Von einem Tag auf den anderen war plötzlich keine einzige kubanische Zigarre mehr in den Regalen US-amerikanischer Tabakläden zu finden. Auch kubanischer Tabak durfte nun nicht mehr importiert werden. Da schätzten sich die wenigen US-Unternehmen glücklich, die Vorräte anlegen konnten, so daß sie bis zum Beginn der siebziger Jahre noch ziemlich gut über die Runden kamen. Vorsorge traf auch Präsident John F. Kennedy. Bevor er das Embargo unterzeichnete, ließ er fast tausend Havannas einkaufen und bunkern, um seinen persönlichen Bedarf geraume Zeit decken zu können.

Einige gewiefte Hersteller in Florida hatten vorausschauend solche Mengen kubanischen Tabak gehortet, daß sie nun in der Lage waren, damit neue Marken zu kreieren, wie die in Tampa hergestellte »Bances«, die heute in Kanada eingetragen ist. Andere wiederum versuchten sich außerhalb der Vereinigten Staaten mit kubanischem Tabak zu versorgen, doch erwies sich dieser Weg schon bald als wenig lukrativ: Innerhalb kürzester Zeit stiegen die Preise von 150 auf über 1000 US-Dollar pro Ballen. Um die ständigen Preis-

Oben: **Die Partagas-Manufaktur, die noch heute eine der exklusivsten Zigarren produziert, wurde 1845 von Jaime Partagas gegründet.** Gegenüber: **Die Fabrik Havana Cabanas stellt seit 1797 Zigarren her. Ihre Plantage in Pinar del Rio hiess Hoto de la Cruz. 1810 gründete Francisco Cabanas mit Manuel Gonzáles Carbajal eine weitere Fabrik und entwickelte dort 1848 eine seiner ersten kubanischen Mischungen, Cabanas y Carbajal.**

erhöhungen und drohenden Nachschubprobleme bei kubanischem Tabak zu umgehen, suchten die Importeure und Wiederverkäufer schließlich nach neuen Quellen. Zunächst richtete sich das Interesse auf die Kanarischen Inseln. Hier wurde zwar kein Tabak angebaut, aber es gab ausgebildete Arbeitskräfte und günstige Steuer- und Tarifbestimmungen, die etliche Hersteller anlockten. Andere Firmen versuchten, Produktionsstätten in Jamaika und der Dominikanischen Republik einzurichten.

Die Verstaatlichungen auf Kuba hatten alles in allem katastrophale Folgen. Castro sah sich schließlich zu einem Rückzieher gezwungen. Die anonymen kubanischen Zigarren wurden nicht nur wegen ihrer beklagenswerten Qualität, sondern vor allem wegen des Verrats an einer großen Tradition von der Zigarrenwelt beharrlich boykottiert. Das Regime begann nun damit, kleinen Landbesitzern wieder die Kultivierung ihres Landes zu gestatten und die größeren Plantagen mehrmals aufzuteilen.

Schließlich holte man den Rat des damals berühmtesten Zigarrenhändlers und Connaisseurs der Welt, Zino Davidoff, ein und beschloß, viele der großen traditionellen Marken wieder einzuführen, bis schließlich wieder dreihundertdreißig Sorten und Formate zu haben waren. Als sich dann noch die Tabakernte von 1964/65 als die beste innerhalb eines Jahrzehnts herausstellte, gewann die kubanische Zigarre nach und nach ihre außergewöhnliche Qualität und ihren guten Ruf zurück.

In den siebziger Jahren hatte die Havanna ihr Renommee als beste Zigarre der Welt zurückerlangt, da vor allem die »Cohiba« von den Connaisseurs in Europa als *das* neue Symbol kubanischer Zigarrenqualität angesehen wurde. Das lag nicht zuletzt daran, daß Davidoff wie Dunhill die geschäftlichen Beziehungen mit Kuba selbst dann nicht einstellten, als das Staatsunternehmen »Cubatabaco« Gewinnbeteiligungen forderte. Aber die Beziehungen verschlechterten sich zusehends, bis Davidoff Ende 1989 schließlich ganz mit Kuba brach, um in der Dominikanischen Republik nach günstigeren Bedingungen und mehr Einfluß zu suchen (was er auch beides fand).

Da Castro die Kontrolle Kubas über den internationalen Zigarrenmarkt in unverantwortlicher Weise aufs Spiel gesetzt hatte, versuchten Konkurrenten in anderen Ländern bald, das Durcheinander in der Zigarrenindustrie des Inselstaats für sich zu nutzen, indem sie eifrig darangingen, eigene Premium-Zigarren nach Art der Havanna herzustellen.

Im Jahre 1975 sorgte dann ein Beschluß des Internationalen Gerichtshofs für noch mehr Bewegung in der Zigarrenwelt. Danach durften Zigarren aus den Fabriken exilkubanischer Zigarrenmacher den ehemaligen kubanischen Markennamen tragen. Viele alte Zigarrendynastien wie die Menéndez und die Cifuentes hatten ihr Heimatland mit dem festen Vorsatz verlassen, die Produktion unter altem Namen neu zu beginnen. Sie fügten ihren eigenen Tabak, eigene Deckblätter und eigene Bauchbinden nun zu Zigarren zusammen, die ihren alten kubanischen Markennamen trugen. Auf diese Weise entstand eine recht kuriose Situation: Plötzlich waren von vielen Marken – etwa »Hoyo de Monterrey«, »H. Upmann«, »Montecristo«, »Partagas« und »Romeo y Julieta« – jeweils eine kubanische und eine nichtkubanische Version auf dem Markt zu haben (und sind es noch heute).

Honduras hatte Ende der sechziger Jahre die Zigarrenproduktion verstärkt aufgenommen, und als in den siebziger Jahren die spanische Regierung die staatlichen Unterstützungen für die Zigarrenfabrikation auf den Kanarischen Inseln kürzte, konzentrierte sich die Produktion von qualitativ anspruchsvollen Zigarren endgültig auf den mittelamerikanischen Raum. In dieser Zeit begann auch der Aufschwung der Zigarrenindustrie auf Jamaika und in der Dominikanischen Republik.

Intensive Bemühungen bei der Entwicklung, zunehmende Erfahrung und Passion haben dazu geführt, daß viele der hochwertigsten Zigarren heute nicht nur auf Kuba, sondern auch in der Dominikanischen Republik, in Honduras, in Nicaragua und – wiederum – auf den Kanarischen Inseln hergestellt werden. Familien wie die Fuentes und die Olivas führten in den genannten Ländern kubanisches Saatgut zur Tabakherstellung und -verarbeitung ein und leisteten so einen unschätzbaren Beitrag zur Zigarrenfertigung. Die hervorragende Qualität des Connecticut Leaf und der Kamerun-Deckblätter sorgen unter anderem dafür, daß diese Zigarren in ausgezeichneter Qualität mit vollem Geschmack und würzigem Aroma hergestellt werden.

KUBA HEUTE

ANFANG DER NEUNZIGER Jahre begann für Kuba eine schwierige Zeit. Der Zusammenbruch der Sowjetunion war ein harter Schlag für den Inselstaat, da durch die nun ausbleibende Unterstützung, die bisher von seiten Moskaus gewährt worden war, die kubanische Wirtschaft in eine Talfahrt geriet, von der sich bis heute nicht erholt hat. Engpässe bei der Versorgung mit Rohstoffen wie Dünger und Verpackungsmaterialien haben die Anstrengungen des Landes, die Zigarrenindustrie wieder auf Touren zu bringen, stark behindert. Mittlerweile hat die staatliche »Cubatabaco« jedoch eine Umstrukturierung und Refinanzierung durch Spanien erfahren und floriert nunmehr als »Habanos, S.A.«. Auch der Wettergott meinte es nicht immer gnädig mit dem Karibikstaat. Oft zerstörten schwere Regenfälle einen Teil der Ernte, vor allem in Regionen, wo die *capas*, die Deckblätter, gezogen werden. Obgleich einige Zigarrenkenner der Meinung sind, die Havanna habe ihre Ausgewogenheit und gleichmäßige Qualität eingebüßt, hat sie nichts von ihrem Mythos verloren.

»Auch der nutzloseste und katastrophalste Tag erscheint am Ende nicht so sinnlos, wenn man durch den blauen Dunst einer Havanna auf ihn zurückblickt.«
Evelyn Waugh

Vor diesem Hintergrund kommt in der Welt der Connaisseurs immer wieder die große Streitfrage auf: »Welche Zigarren sind besser – kubanische oder nichtkubanische?« Zwar blickt Kuba auf die längste Tradition in der Zigarrenherstellung zurück, doch haben die Experten im Exil bewiesen, daß Premium- und Jahrgangszigarren wie die dominikanische »Partagas«, die »Davidoff« oder die »Dunhill«, die »Macanudo« aus Jamaika oder aber die honduranische »Hoyo de Monterrey« ebensogut sein können und somit höchstem Standard entsprechen. Diese Zigarren stehen den kubanischen Pendants hinsichtlich Geschmack und Eleganz in nichts nach. Überhaupt herrscht unter den Zigarrenmachern von Havanna bis Honduras eine Atmosphäre tiefen gegenseitigen Respekts. Schließlich tragen sie alle das Wissen und die Geheimnisse um den Anbau und die Weiterverarbeitung des Tabaks im Herzen – und sie alle haben ein gemeinsames Ziel: nur die besten, rundum handgemachten Zigarren herzustellen.

RECHTS: **DIESE ZIGARRENMARKE FÜR RAMÓN FERNANDEZ NACH EINEM ENTWURF VON LITOGRÁFICA DE HABANA SPIEGELT DEN ZEITGESCHMACK DER »WILDEN ZWANZIGER JAHRE«**

SANTA FELIPA
REAL FABRICA DE TABACOS
DE
Ramón Fernández
HABANA
DE
RAMON FERNANDEZ
HABANA

Sonne, Boden und Wissen

Während der vergangenen fünfhundert Jahre hat sich das Verfahren der Zigarrenherstellung nicht wesentlich verändert. Natürlich werden heute ganz andere Maschinen verwendet als früher, und auch die Arbeitsplätze haben sich gewandelt – doch der grundsätzliche Produktionsablauf ist gleich geblieben. Das gilt im übrigen auch für die Kriterien, welche die wirklich besten Zigarren der Welt ausmachen:

KEY WEST
INTERIOR VIEW OF
MONTE CRISTO
CIGAR FACTORY.
CIGAR MAKING.
STRIPPING.
PACKING.
SHIPPING.
P.P.
N.Y.
KEY WEST
TRADE MARK Nº 1343.

die richtige Saat und der passende Boden, vor allem aber das Wissen darum, wie die edlen Blätter kultiviert, getrocknet, gelagert, gemischt und schließlich zu einer Zigarre verarbeitet werden. Obwohl das Rauchen von Zigarren immer mehr in Mode kommt, sucht die Zigarrenproduktion kaum nach neuen Wegen, sondern bleibt in einem erstaunlich engen Rahmen, tief verwurzelt in ihrem kubanischen Erbe. Die unvergleichliche rote Erde des Vuelta Abajo, eines winzigen Dreiecks, das knapp zwei Prozent der gesamten Inselfläche ausmacht, bringt jenen Zigarrentabak hervor, der vielen als der beste der Welt gilt. Aus dieser fruchtbaren Region haben die Samen für Tabak der Spitzenqualität ihren Weg in andere Länder gefunden, wo sie ihren Beitrag dazu leisten, das Erbe des großen kubanischen Tabaks am Leben zu halten. Die *fábricas* haben sich seit den Tagen der großen Marken kaum verändert, und sie haben ihren ganz eigenen Zauber. Hier werden die Zigarren noch ganz von

LINKS: **ETIKETT VON MONTECRISTO MIT SZENEN AUS DER TABAKFABRIK.**

OBEN: **KUBANISCHE *VISTA* AUS DEM 17. JAHRHUNDERT.**

Der Prozeß der Zigarrenherstellung

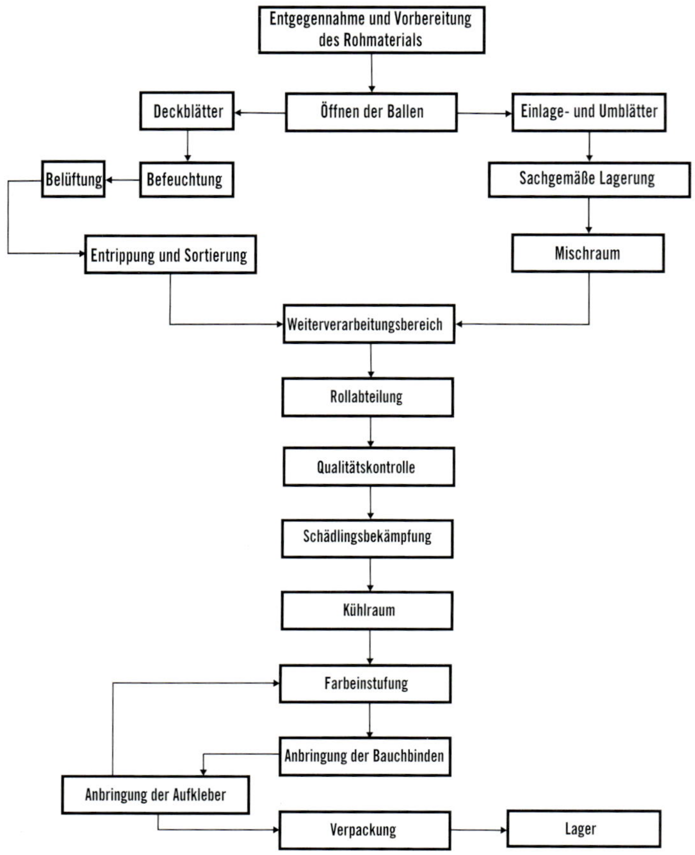

Hand gemacht – eine Kunst, die ein Leben lang erlernt sein will. In diesem Zusammenhang muß allerdings ein Mythos entlarvt werden: Die kubanischen Zigarren werden nicht auf den sanften Oberschenkeln schöner Frauen gerollt. Traditionsgemäß sind die *torcedores,* die Roller, männlichen Geschlechts, auch wenn mittlerweile die eine oder andere Frau zwischen diesen Kollegen ihr Handwerk verrichtet. Generell sind Frauen eher als Entripperinnen tätig, trennen also die Mittelrippe von den Blättern. Sie tun dies mit Hilfe eines gebogenen Brettes, das durch eng ansitzende Keile an die Oberschenkel gedrückt wird. Diese Beschäftigung hat einen niedrigeren Status als das Rollen und wird oft von deftigen Gesprächen begleitet. Die Zigarrenroller sind hingegen die höchstqualifizierten Arbeitskräfte der ganzen *fábrica,* und in der Regel umgibt sie ein Flair feierlichen Ernstes und tiefer Konzentration.

Man braucht ein Jahr, um das Handwerk des Zigarrenrollens zu erlernen, aber ein ganzes Leben, um ein Meister zu werden.

Nur in wenigen Regionen der Erde sind Klima und Böden dazu geeignet, Tabakpflanzen mit Blättern hervorzubringen, deren Aroma und Würze hohen Anforderungen entspricht. Tabakpflanzer achten ebenso wie die Weinbauern in Italien, Frankreich und Deutschland auf die perfekte Kombination der Elemente. Diese ist vor allem auf den Großen Antillen und in Mittelamerika gegeben: in den fruchtbaren, feuchten Tälern Kubas und Jamaikas und in der Dominikanischen Republik.

Wie schon vor Jahrhunderten sind Ernte und Aufbereitung des Zigarrentabaks auch heute noch diffizile Vorgänge. Dabei spielt das richtige Timing eine zentrale Rolle: Jede Pflanze muß genau an dem Tag geerntet werden, an dem sie reif ist, und jedes einzelne Blatt dieser Pflanze findet seine spezielle Verwendung. Je näher zum Beispiel ein Blatt der Sonne ist und je länger es an der Pflanze bleibt, desto kräftiger wird der Geschmack des Tabaks sein.

Deck- und Einlageblätter wachsen auf verschiedenen Pflanzen, die entsprechend ihrer Aufgabe besonders behandelt werden. Gute Deckblätter sollten stark und biegsam, aber dennoch dünn genug sein, um gut zu brennen und die Zigarre eng zu umschließen. Aus diesem Grund können auch heute Qualitätszigarren nicht maschinell hergestellt werden: Nur die sensible menschliche Hand ist in der Lage, die feinen, dünnen Blätter zu bearbeiten. Automatische Deckblatt-Maschinen erfordern zähe Deckblätter – ein Hauptgrund, warum das Resultat meist eher unbefriedigend ist.

Der *Corojo*-Tabak, benannt nach der berühmten Plantage »Corojo Vega«, die ihn hervorbringt, wird ausschließlich für Deckblätter verwendet. Die *Criollo*-Pflanze bringt dagegen das notwendige Geschmackspotpourri für die Einlage- und Umblätter hervor, die der Havanna das besondere Aroma und den auserlesenen Geschmack verleihen.

Die Auswahl der Samen bestimmt bereits Größe, Farbe und Struktur des späteren Blattes. Ende September, Anfang Oktober beginnt auf den *vegas,* den Tabakplantagen, die Aussaat. Dann werden die flachen Pflanzbeete vorbereitet und die Samen gesät. Ungefähr fünfundvierzig Tage dauert es, bis die Setzlinge etwa 20 Zentimeter groß sind. Nach sorgfältiger Reinigung werden die zarten Wurzeln der stärksten Exemplare behutsam in die mehrmals umgepflügte weiche Erde der offenen Felder verpflanzt. Ein Teil der Pflanzen wird im Schatten, der andere in der Sonne gezogen.

GEGENÜBER: **ZWEI GENERATIONEN DER FAMILIE FUENTE, CARLOS JUNIOR UND CARLOS SENIOR, AUF IHRER PLANTAGE IN DER DOMINIKANISCHEN REPUBLIK.**

92 /
CHATEAU
DE LA FUENTE
1a ROSADO

Die *Corojo*-Pflanzen wachsen im Schatten unter Musselintüchern. Auf diese Weise entstehen die dünnen, feingliedrigen Deckblätter. Dagegen sind die *Criollo*-Pflanzen, welche die Einlage- und Umblätter liefern, der vollen Sonneneinstrahlung ausgesetzt. Deren Intensität sorgt für die Fülle der Aromen und Geschmacksvariationen, die von den Connaisseurs in aller Welt so geschätzt werden. Blüten und Seitentriebe der Pflanzen werden beim Austreiben sofort beschnitten, so daß sie alle Kräfte auf das Hervorbringen großer Blätter konzentrieren können.

Wenn weitere fünfundvierzig Tage vergangen sind, können die Blätter gepflückt werden. Natürlich folgt auch die Ernte einer strengen Disziplin. Im allgemeinen gilt ein Blatt als reif, wenn es einen Bogen nach unten bildet und sich die Mittelrippe weiß färbt. Ist dies der Fall, erntet der Saatbauer zwei bis drei Blätter zugleich sorgfältig von Hand.

Die *Corojo*-Pflanze bringt acht oder neun Blattpaare hervor, die zu Deckblättern verarbeitet und von oben nach unten in sechs Kategorien eingeteilt werden: *Corona, Centro Gordo, Centro Fino, Centro Ligero, Uno y Medio* und *Libre del Pie*. (Bisweilen werden die Blätter der Krone noch unterteilt in die Kategorien *Corona* und *Semi Corona.)* Man erntet die *Corojo*-Blätter in sechs Etappen, und zwar jeweils im Abstand von einer Woche, wobei man unten beginnt. Grundsätzlich gilt: Je höher die Position des Blattes ist und je mehr Sonnenlicht es empfängt, desto dicker, dunkler und aromatischer wird es sein.

Die *Criollo*-Pflanze bringt hingegen nur drei Blattarten hervor: *Ligero, Seco* und *Volado*. Am Fuß der Pflanze wachsen die *Volado*-Blätter; sie sind später sehr mild im Geschmack und brennen sehr gut. Die mittleren Blätter, die *Secos,* weisen nach der Verarbeitung durchschnittliche Geschmacks- und Aromawerte auf; sie brennen sehr gleichmäßig. Mit einer gröberen Struktur warten die obersten Blätter, die *Ligeros,* auf; sie haben, da sie öliger sind, einen strengeren Geschmack, brennen außerdem langsamer. Bei den *Criollo*-Pflanzen werden zunächst die *Volado*-Blätter geerntet, wodurch die *Seco*- und die *Ligero*-Blätter mehr Reifezeit erhalten.

GEGENÜBER: **DIE LEGENDÄREN KUBANISCHEN TABAKPLANTAGEN AUF DEM VUELTA ABAJO. FÜR DEN BERÜHMTEN, IM SCHATTEN GEZOGENEN TABAK WERDEN DIE FELDER MIT GAZE ABGEDECKT.** OBEN: **HENDRIK KELNER PRODUZIERT EDELSTEN TABAK FÜR HERSTELLER WIE DAVIDOFF, GRIFFIN'S UND AVO.**

Sind alle Blätter geerntet, hat die Tabakpflanze ungefähr drei Monate auf dem freien Feld verbracht und eine Höhe von etwa 180 bis 240 Zentimetern erreicht. Ende Januar wird der Hauptstamm der Pflanze abgeschnitten, die bis dahin zwölf bis zwanzig Blätter produziert hat. Ist das Wetter günstig, versuchen es einige Plantagen mit einer zweiten Saison, die dann von Dezember bis April dauert.

Nach der Ernte transportiert man die Blätter in Trockenschuppen, um sie dort luftzutrocknen. Sie werden mit Baumwollfäden paarweise zusammengenäht und über lange Stangen *(cuje)* gehängt. Sie sind unter dem Dach der Scheune angebracht, damit die Blätter vor dem Sonnenlicht geschützt sind. Mit ihren Dächern aus Blättern der Königspalmen *(Palma reale),* deren Wipfel über allem wogen, fügen sich die Trockenschuppen zu der tropischen Bilderbuchlandschaft einer typischen *vega* zusammen. Die Schuppen sind von Osten nach Westen ausgerichtet, so daß sie nur früh morgens und spät nachmittags der Sonne ausgesetzt sind. Temperatur und Luftfeuchtigkeit der Innenräume werden genauestens kontrolliert und durch Öffnen und Schließen der Türen gesteuert. Der Trockenvorgang nimmt circa fünfundvierzig bis sechzig Tage in Anspruch.

Sobald die Blätter braun sind, sind sie bereit für den über die Jahrhunderte praktizierten natürlichen Gärungsprozeß. Die erste Fermentation, die einer Kompostierung sehr ähnlich ist, dauert dreißig bis vierzig Tage. Hierfür werden die Blätter zu Haufen von ungefähr einem Meter Höhe aufgeschichtet. Druck und Feuchtig-

»Die Zigarre war immer eine Quelle des Trostes für mich, ein Gefährte. Sie weckte meine Lebensgeister und half mir, Freundschaften zu besiegeln.«

William Makepeace Thackeray

keit erzeugen im Haufen eine relativ milde Hitze (die 95 Grad Fahrenheit, also etwa 35 Grad Celsius, nicht übersteigen darf). Ist der erste Fermentationsvorgang beendet, werden die Blätter gekühlt und befeuchtet. Jetzt trennt man Einlage- und Umblätter teilweise von den Rippen ab, während man die Deckblätter erst später, in der Fabrik, diesem Arbeitsgang unterzieht. Alle Blätter werden nach Größe, Struktur und Farbe sortiert.

Nun folgt die Hauptfermentation. Die Blätter werden geglättet und zu hohen Haufen, den *burros,* aufgeschichtet. Diese sind zwischen 180 und 240 Zentimeter hoch und wiegen bis zu viereinhalb Tonnen. Wieder steigt die Hitze im Haufen an, diesmal auf bis zu 110 Grad Fahrenheit (etwa 43 Grad Celsius), wodurch Saft und Ammonium aus dem Tabak entweichen. Diese physikalische Veränderung führt dazu, daß der Tabak dunkler wird, die Stärke in den Blättern sich in Zucker verwandelt und jedes einzelne Blatt seine Feinheit und seine spezifische Ausprägung erhält. Während dieser Zeit werden die Haufen regelmäßig gewendet. Ebenso wie bei der ersten Fermentation bricht man, falls die Temperatur zu hoch wird, den Vorgang ab, um die Ballen neu aufzuschichten. Durch diese sorgfältige Behandlung enthält der Zigarrentabak später weniger Säure, Teer und Nikotin als Zigarettentabak.

Nun sind die Blätter soweit, um sie in die Lagerhäuser und Fabriken zu bringen. Hier werden sie zunächst ausgelüftet, dann zu Bündeln *(tercios)* verarbeitet, die mit Palmrinde umwickelt werden, und bis zu drei Jahren gelagert, bevor schließlich Zigarren aus ihnen gemacht werden. Die leichteren Tabaksorten benötigen eine kürzere Reifezeit. Wird ein Ballen zwecks Weiterverarbeitung geöffnet, haben die Blätter zunächst einen Befeuchtungsvorgang *(la moja)* zu durchlaufen, in dessen Verlauf sie auseinandergefaltet und mit einem »Wassernebel« besprüht werden. Die Deckblätter besprüht man mit reinem Wasser, bevor sie in die Hände der Entripperinnen gelangen, während man die Einlage- und Umblätter mit einer Mischung aus Wasser und Tabaksaft befeuchtet.

Die nächste Station ist der Mischraum, in dem die Blätter erneut nach ihrem Geschmack sortiert und sodann von Meisterhand dem jeweiligen (Geheim!-)Rezept entsprechend gemischt werden. Der Vorgang erinnert stark an das Mischen von Spielkarten, weshalb der Mischraum in den kubanischen *fábricas* oft den Beinamen *la barajita* trägt, was wörtlich übersetzt »Spielkartenblatt« heißt.

Mischer und Mischerinnen müssen genau wissen, welche Eigenschaften jedes Blatt hat und wie diese mit denen der anderen Blätter zusammenwirken – schließlich trägt die Einlage Aroma und Geschmack und ist somit die »Seele« der Zigarre. Eine milde, sanfte Zigarre, wie beispielsweise die »Macanudo«, enthält mehr *Seco*- und *Volado*-Blätter als zum Beispiel eine »Partagas«, die mehr *Ligero*-Blätter aufweist, dadurch einen volleren Körper hat und somit kräftiger schmeckt. Das Mischen ist eine hohe Kunst, die lebenslange Erfahrung sowie viel Wissen und Passion voraussetzt.

Die vorbereitete Einlagemischung kommt nun auf den Tisch des Zigarrenrollers, des *torcedors,* der sie zu einem Stück verarbeitet. Diese mit äußerster Präzision ausgeführte Tätigkeit erfordert eine disziplinierte und ruhige Hand, damit sich jedes Blatt ordentlich zwischen die anderen fügt. Danach wird die Einlagemischung von Hand in ein Umblatt gerollt. Das Umblatt ist wie eine schützende Decke, welche die Einlageblätter zusammenhält. Den (krönenden) Abschluß des Rollvorgangs bildet die Anbringung des Deckblatts. (Übrigens mögen Aficionados zwar unterschiedliche Geschmäcker haben, doch hierin sind sie sich einig: Das Deckblatt macht rund sechzig Prozent des Geschmacks aus, und dieses allein dient als Wiedererkennungsfaktor einer

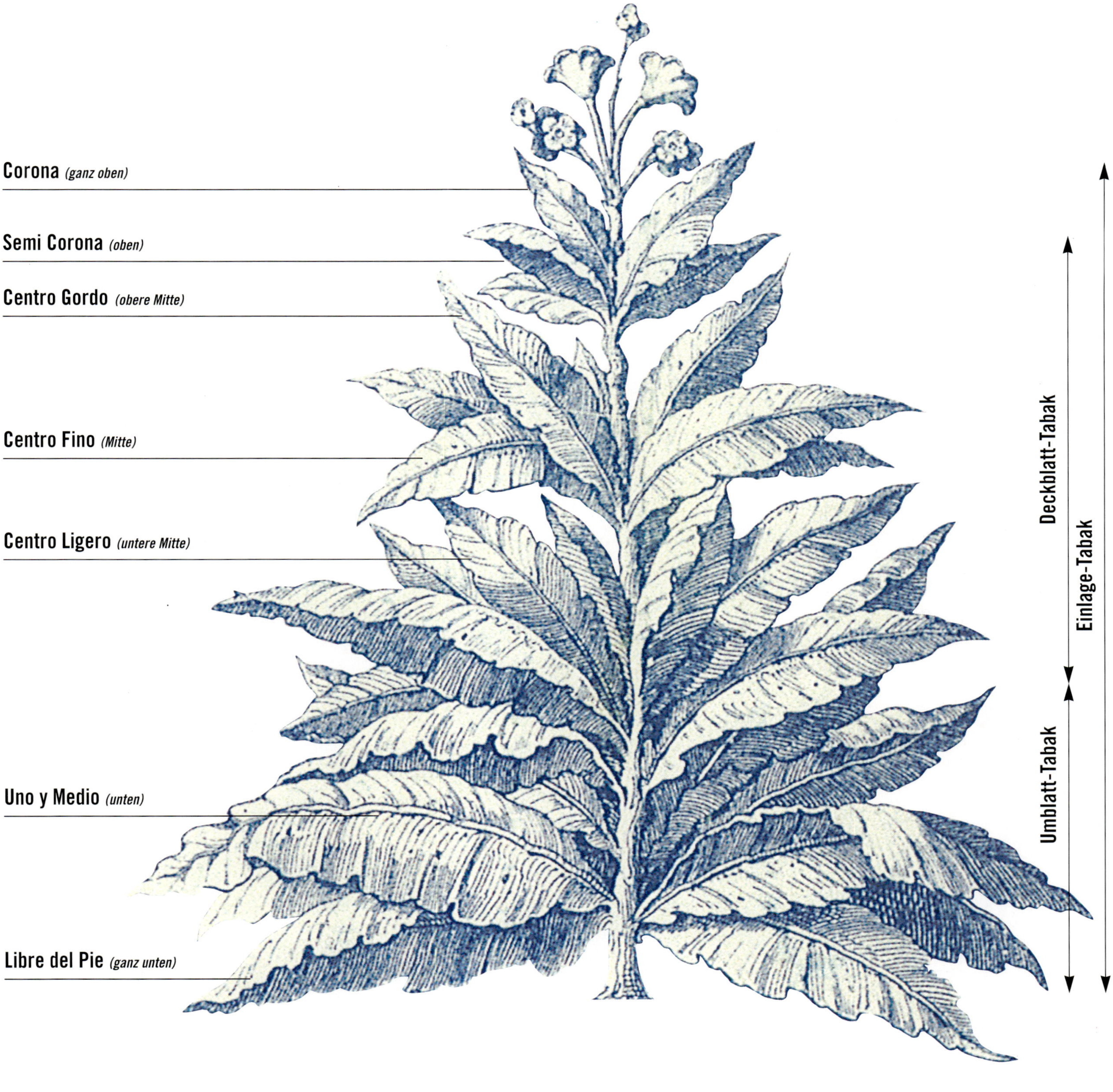

Corona (ganz oben)
Semi Corona (oben)
Centro Gordo (obere Mitte)
Centro Fino (Mitte)
Centro Ligero (untere Mitte)
Uno y Medio (unten)
Libre del Pie (ganz unten)
Deckblatt-Tabak
Einlage-Tabak
Umblatt-Tabak

Die Connecticut-Connection: Austin McNamara

Austin T. McNamara ist Präsident und Geschäftsführer der »General Cigar Company«, dem einzigen Zigarrenproduzenten, der sein eigenes Connecticut-Shade-Deckblatt kultiviert, trocknet und reifen läßt.

Befährt man an einem Sommertag die Interstate 91 hinter Hartford in nördlicher Richtung, so erblickt man endlose Tabakfelder, die unter einem geheimnisvollen Meer weißer Schleier zu verschwinden scheinen. So soll es sein.

Obwohl die Tabakfarmer im Connecticut des achtzehnten Jahrhunderts innerhalb der Vereinigten Staaten kaum Konkurrenz zu fürchten hatten, mußten sie doch ein Deckblatt entwikkeln, das sich mit denjenigen aus Kuba und Sumatra messen konnte. In Connecticut fehlten allerdings einige wichtige klimatische Voraussetzungen zur Kultivierung feiner Deckblätter – wie die tropische Feuchtigkeit und die tiefhängenden Wolken, die zum Beispiel in Sumatra als natürlicher Sonnenschutz dienen. Außerdem besaßen die Farmer Connecticuts kein Saatgut für Deckblätter, die auch nur annähernd die Qualität derer aus Kuba und Sumatra versprachen. Ende des neunzehnten Jahrhunderts wurde dann doch der Versuch unternommen, in Connecticut Deckblätter der Spitzenklasse zu ziehen. Das Saatgut für das große Experiment wurde aus Sumatra importiert. Um in etwa das dampfige Klima der Insel nachzuahmen, wurden die Felder mit kilometerlangen Abdeckungen versehen, die den heutigen Kunststoffabdeckungen glichen, mit denen die Feuchtigkeit im Lebensraum unserer Tabakpflanzen um mindestens zwanzig Grad gesteigert werden kann. Leider fühlten sich die Sumatra-Saaten in der Erde Connecticuts nicht wohl, und die Blätter, die sie hervorbrachten, waren viel zu dünn, um als Deckblätter verwendet werden zu können.

Bald traf jedoch wunderbare Rettung in Form aus Kuba importierter Saaten ein (nicht geschmuggelt, wie einige Leute dachten). Der Importeur war niemand Geringeres als das US-Landwirtschaftsministerium, und dieses Saatgut, das seit damals erheblich verfeinert wurde, ist nach wie vor das einzige, welches sich für den Anbau von Deckbättern in Connecticut als brauchbar erweist. Ebenso seltsam ist folgender Umstand: In keiner anderen Region der Vereinigten Staaten konnte Connecticut Shade jemals erfolgreich angebaut werden.

Die ungewöhnliche Fruchtbarkeit der sandigen Lehmböden im Tal des Connecticut River erklären manche mit den regelmäßigen Überflutungen des Flusses. Andere glauben, Ablagerungen aus den Eiszeiten seien für den Reichtum der vorhandenen Nährstoffe verantwortlich. Wieder andere sind der Überzeugung, allein die natürliche Beschaffenheit und die geographische Lage des Tales böten gute Voraussetzungen, wobei sich die hohen Sommertemperaturen hervorragend zum Anbau eigneten, während die niedrigen Wintertemperaturen die Trocknung begünstigten. Eines steht jedoch fest: Der Anbau von Connecticut-Shade-Deckblättern ist mit Sicherheit eine der arbeitsintensivsten Formen der Landwirtschaft. Kostet der Anbau von Gemüse wie etwa Mais im Durchschnitt 300 US-Dollar auf einer Fläche von circa 50 Ar, so kostet der Anbau und die Verarbeitung von Connecticut Shade auf der gleichen Fläche mittlerweile 26 000 US-Dollar.

Ein einzelnes Saatkorn für unseren Tabak ist verschwindend klein – und mit bloßem Auge nicht auszumachen (weshalb die Körner mit grünlichem Lehm umhüllt werden). Diese »Tonkügelchen« werden in den Treibhäusern ausgesät, wo sie dann so lange verbleiben, bis sie als Setzlinge eine Höhe von etwa 100 bis 150 Millimeter erreicht haben. Danach gelangen die kleinen Pflanzen in sorgfältig umgepflügte Felder, wo sie in Abständen von 16 Zoll (etwa 41 Zentimetern) in Beete gesetzt werden, die ihrerseits im Abstand von jeweils 34 Zoll (etwa 86 Zentimetern) lange Reihen bilden. Unter ständigen Vorsichtsmaßnahmen gegen Schädlingsbefall wachsen die Pflanzen in etwa zwei Monaten zu einer Höhe von 240 bis 300 Zentimetern heran. Dann beginnt die Ernte, das »Priming«: Im Abstand von jeweils sieben bis zehn Tagen werden sechs oder sieben »Primings» durchgeführt, bis von jeder Pflanze achtzehn bis einundzwanzig Blätter geerntet worden sind. Am wertvollsten ist die Ernte der dritten und vierten Pflückung, und hier wählen unsere Anbauer nur die längsten und feinkörnigsten Blätter aus.

In den Trockenschuppen werden die hellgrünen Blätter an ihren Stielen zusammengenäht und an Latten gehängt, die ihrerseits auf Stangen ruhen, welche sich bis zu zwölf Meter über dem Boden befinden. Hier bleiben die Blätter, bis sie trocken und goldbraun geworden sind. Die getrockneten Blätter werden nun verpackt und in die Dominikanische Republik verschickt, wo sie einem langsamen Fermentationsprozeß ausgesetzt werden, um Brennfähigkeit, Geschmack und Farbe des Tabaks zu intensivieren. Bei diesem Vorgang steigt die Temperatur in jedem Haufen von Deckblättern jeden Tag ein wenig. Hat sie etwa 44 Grad Celsius erreicht, was in der Regel nach zwölf Tagen der Fall ist, werden die »Hands« – so werden die Blattbündel ihres Aussehens wegen genannt – belüftet. Zu diesem Zweck wird jede »Hand« einzeln eine Stunde lang in einem Raum mit 23,8 Grad Celsius Raumtemperatur ausgeschüttelt. Der Fermentationsprozeß wird dreimal wiederholt, jeweils im Abstand von acht bis zehn Tagen, wobei sich die Temperatur im Haufen immer weiter verringert, bis die gesamte Fermentation abgeschlossen ist. In jeder Fermentationsphase muß die äußere Schicht von Blättern immer wieder gewendet werden.

Im Frühherbst schnürt man die Blätter zu Ballen und schickt sie in ihr kühles Heimatklima zurück. Hier in Connecticut beginnt nun die Phase des »Winterschwitzens« – ein zusätzlicher Fermentationsprozeß, der sieben Monate dauert und den charakteristischen Eigenschaften der Blätter zu besserer Entfaltung verhilft. Im Frühling werden die Blätter wiederum in die Dominikanische Republik verschifft, wo man sie für weitere zwölf Monate lagert, bevor die Ballen aufgerollt und die Blätter mit feinem Nebel besprüht werden. Der Sprühnebel bewirkt, daß die Blätter die notwendige Biegsamkeit für die Weiterverarbeitung erhalten. Alles in allem nehmen Anbau und Verarbeitung der Connecticut-Shade-Deckblätter drei Jahre in Anspruch. Außerdem haben die Blätter mehrere tausend Meilen auf See hinter sich, bevor sie endlich eine handgerollte Premium-Zigarre umhüllen dürfen.

»General Cigar» ist die einzige Gesellschaft, die ihre Connecticut Shades zwei Reifephasen unterzieht – eine Gewohnheit, die kubanische Zigarrenmacher vor Jahrzehnten pflegten, um ihren Zigarren einen weicheren Charakter zu geben. Damals gab es in Havanna einen Zigarrenmacher, für den diese Vorgehensweise oberstes Gebot war: Benjamin Menéndez, der seit 1984 unsere »Macanudo«-Produktion überwacht.

Austin McNamaras Top Ten

1. Partagas Limited Reserve Royal: »Stark und ausgereift. Als After-Dinner-Zigarre entfaltet sie nach und nach ihre Würze.«

2. Macanudo Hyde Park: »Voller Körper. Die richtige Zigarre für das Wochenend-Vergnügen.«

3. Cohiba: »Eine große Zigarre für einen außergewöhnlichen Anlaß.«

4. Macanudo Miniature: »Klein und angenehm. Mit dem Geschmack einer großformatigen Zigarre.«

5. Partagas 150 Signature Series: »Der wirklich einmalige Geschmack kommt von der achtzehn Jahre dauernden Lagerung des Tabaks.«

6. Partagas Sabroso: »Gut aufbewahrt in ihrer Hülse, schmeckt sie immer frisch.«

7. Temple Hall Estates Maduro: »Mit ihrem vollen Körper paßt diese Zigarre ausgezeichnet zum Kaffee und Dessert«

8. Partagas No. 10: »Echter ›Partagas‹-Geschmack. Angenehm. Voller Körper. Mit einem großen Ringmaß.«

9. Bolívar: »Eine große Zigarre mit einem großem Geschmack.«

10. Macanudo 1988 Vintage Cabinet Selection No. 4: »Ein außergewöhnlicher ›Robusto‹-Geschmack.«

Zigarre). Zu Beginn dieses wichtigen Vorgangs preßt der *torcedor* den Wickel in die richtige Form und schneidet das Deckblatt, wie bereits erwähnt, mit der *chaveta* zu. Dafür legt er das Blatt mit der Oberseite nach unten und schneidet es so zu, daß es den Wickel perfekt umhüllt. Erfahrene Roller beherrschen die Kunst, die Blattspitzen genau an den Enden der Zigarre auskommen zu lassen – sehr zur Freude des zukünftigen Rauchers, da sich dort die aromatischen Öle und Geschmacksstoffe konzentrieren werden.
Der Schritt, der das meiste Fingerspitzengefühl erfordert, ist das Runden der Zigarre, denn wenn das Deckblatt zu fest sitzt, zieht sie nicht ordnungsgemäß. Beim Runden wird die Kappe aus einem Deckblattrest geschnitten und angebracht. Einige der besten Premium-Zigarren wie die »Cohiba Corona Especial« weisen übrigens ein *Flag Cap* auf, eine Kappe, die aus dem überstehenden Ende des Deckblatts kunstvoll gedreht ist.
Eine Bemerkung am Rande: Ein erfahrener Zigarrenmacher rollt etwa hundertzwanzig Zigarren mittlerer Größe pro Tag, während es ein »Starroller« mitunter auf zweihundert bringt. Und: Je größer das Format, desto schwieriger und langwieriger ist die Herstellung.

Die fertigen Zigarren werden nun zu Paketen in Form eines Halbkreises von je fünfzig Stück zu »Halbrädern« *(medias ruedas)* zusammengefaßt und anschließend mit den wichtigsten Informationen versehen: dem Namen des Zigarrenmachers, der Marke, dem Format und den verwendeten Tabaksorten.
Kommen wir jetzt zu zwei heiklen Punkten während des gesamten Herstellungsprozesses: Qualitätskontrolle und Verantwortlichkeit. Praktisch kann eine Zigarre, sollte sie den Anforderungen nicht entsprechen, während jeder Herstellungsphase ausgesondert werden. Die fertig gerollten Zigarren werden gewogen, um sicherzustellen, daß sie das vorgeschriebene Maß an Inhaltsstoffen enthalten. Außerdem wird ihr Durchmesser mit dem Ringmaß nachgemessen. Darüber hinaus nimmt man jede Zigarre genau in Augenschein – und der *catador,* der Testraucher, verkostet regelmäßig eine Zufallsauswahl an Zigarren, ohne ihren Hersteller zu kennen. Für die *torcedores* ist dies ein kritischer Moment, denn sie werden von jeher nach gefertigter Stückzahl bezahlt – eine zurückgewiesene Zigarre bedeutet daher weniger Einkommen.
Schließlich gelangen die Zigarren in den Reiferaum. Während des Reifeprozesses wird ihnen zum einen Feuchtigkeit entzogen, zum

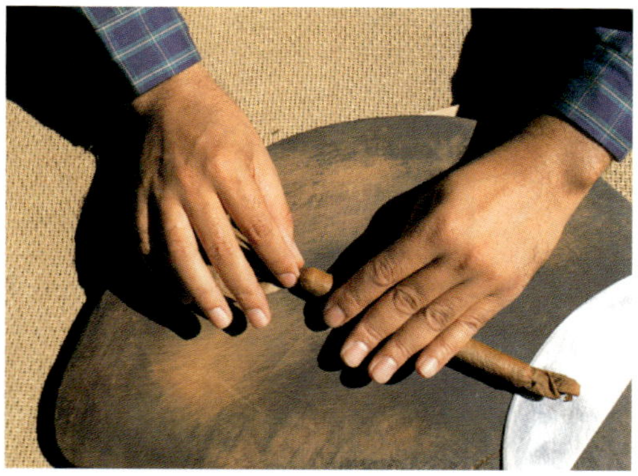

anderen ihr Aroma verstärkt, da die verschiedenen Tabaksorten nun Zeit und Ruhe haben, sich zu vereinigen (zu »heiraten«, wie es üblicherweise bezeichnet wird) und gemeinsam ihr »Bouquet« zu entfalten. In der Regel nimmt diese Phase drei Wochen in Anspruch. Bei manchen Marken, deren treue Anhänger eine bestimmte Qualität wünschen und erwarten, dauert der Reifeprozeß länger.

Am Ende des Reifeprozesses kontrolliert man die Zigarren nochmals hinsichtlich ihrer Farbe, bringt doch die Reifung mitunter nicht weniger als sechzig verschiedene Brauntöne hervor. (Die Farbe ist hier allerdings kein Problem des Geschmacks oder des Aromas der Zigarre, sondern allein der Ästhetik. Nach Farben sortiert, werden die Zigarren in die Kistchen verpackt, so daß der Connaisseur beim Öffnen des Kistchens eine Reihe gleichfarbiger Prachtstücke erblicken wird.)

Den nun folgenden Arbeitsvorgang führt in der Regel eine Frau aus, die *anilladora*. Sie bringt mit größter Präzision die Bauchbinden so auf den Zigarren an, daß sie eine exakte Linie bilden. Endlich werden die Zigarren ordentlich nebeneinander in ihren Zedernholzkistchen plaziert, stille und würdige Zeugnisse eines großartigen Handwerks. Der Zigarrenmacher hat seine Arbeit getan. Nun ist der Connaisseur an der Reihe. Jede Marke unterscheidet sich von den anderen durch ihren individuellen Geschmack und ihr besonderes Aroma. Und mit jedem Zug entfaltet sie, was Mühe und Sorgfalt bei allen Schritten des Herstellungsprozesses, angefangen beim Setzen des Samenkorns, mit Hilfe von Sonne, Boden und Kunstfertigkeit in die feinsten Zigarren der Welt hineingezaubert haben.

OBEN: **Sortieren der fertigen Zigarren nach Grösse und Farben (links) und abschliessender Reifeprozess, der bis zu drei Jahre dauern kann.**
UNTEN: **Cuaba, die jüngste Havanna, kam 1997 auf den Markt.**

BAUCHBINDE & CO.

NICHT NUR DIE KREATION einer Zigarre selbst zeugt von wahrer Kunstfertigkeit, sondern auch Verpackung und Präsentation blicken auf eine lange und reiche Tradition zurück, die ihrerseits das Prestige, das mit jeder einzelnen Marke verbunden ist, widerspiegeln und erhöhen.
Mitte des neunzehnten Jahrhunderts hatte die Havanna ihren Ruf als bester Smoke der Welt fest etabliert,

NON PLUS ULTRA

und die Nachfrage nach diesem edlen Genuß stieg sprunghaft. Bald tauchten jedoch in einigen Ländern Fälschungen auf, manchmal sogar aus kubanischen Blättern. Die kubanische Industrie suchte nun nach einem Weg, ihre echten Produkte so zu kennzeichnen, daß sie sich eindeutig von den falschen unterschieden. Als nun Etiketten und Bauchbinden aufkamen, war Kuba das erste Land, das sich dieser Neuerungen bediente.

Der Zigarrenmacher Ramón Allones, der im Zentrum von Havanna das Geschäft »La Eminencia« betrieb, verband künstlerisches Talent mit Gespür für Marketing und bot 1845 als erster in Kistchen verpackte Zigarren in seinem Laden an. Schnell folgte die ganze Branche nach. Der Trend begründete einen neuen Berufszweig in den Zigarrenfabriken, den des *fileteador,* dessen Aufgabe darin bestand, die Zedernholzkistchen zu verzieren und so ein schönes und würdiges Behältnis für die edlen Zigarren zu schaffen.

1850 kam der holländische Kaufmann Gustav(o) Bock auf die Idee, seine Produkte mit Bauchbinden aus Papier zu versehen, damit sich seine Havannas von denen der Konkurrenz leicht unterscheiden ließen. Die Idee verbreitete sich rasch und wurde eine beliebte Methode, persönliche Bestellungen als solche kenntlich zu machen. Staatsoberhäupter und Unternehmer, Monarchen und Millionäre – sie alle verlangten nach einer persönlichen Zigarre, deren Bauchbinde ihren Namen trug.

GEGENÜBER: **NON PLUS ULTRA, EINE DER ERSTEN EUROPÄISCHEN ZIGARRENMARKEN.**
OBEN: **RAMÓN ALLONES, EINE DER ÄLTESTEN KUBANISCHEN MARKEN.**
RECHTS: **DAS ETIKETT VON HENRY CLAY FÜR DEN AMERIKANISCHEN MARKT INTEGRIERT DEN NAMEN DES DRUCKERS EBENSO WIE DEN DES HERSTELLERS.**

Mit der Verbesserung der Drucktechniken wurde es möglich, die Bauchbinden zusätzlich mit Portraits zu schmücken. Die relativ schlichten Buchstaben auf goldenem Grund, welche Bock noch verwandte, wurden nun von kunstvollen, farbenfrohen Portraits der Reichsten und Mächtigsten der Welt abgelöst. Diese Miniaturkunstwerke wurden bald zu begehrten Sammlerstücken und inspirierten, so sagt man, Poeten und Künstler gleichermaßen.

Es dauerte nicht lange, bis sich die mächtigen Schirmherren der größten kubanischen Zigarren nicht mehr allein mit ihren Namen und Konterfeis auf den Bauchbinden zufrieden gaben – ganze Marken sollten nun ausschließlich ihren Namen tragen. Mit dem Aufstieg handelsüblicher Namen und der wachsenden Nachfrage nach bestimmten Marken wurden die *vistas,* die Erkennungszeichen auf den Kisten, außerordentlich wichtig. Schon lange wurden die Deckel der Zigarrenkistchen mit dekorativen Aufklebern verziert, und diese schienen geradezu dafür geschaffen, faszinierende Bilder zu transportieren.

Bei den *vistas* handelte es sich um Farblithographien, die in Nordamerika und Europa hergestellt wurden. Die kunstvollen, aber eher allgemein gehaltenen Abbildungen ließen genügend Raum für den Markennamen, der später eingefügt wurde. Nun erschienen die Portraits auch auf den *vistas.* Ebenso wie die Kundschaft erwartete, daß die Zigarrenkistchen aus Zedernholz waren (dem einzigen Holz, das den Geschmack einer guten Havanna bewahren kann), erwartete sie, daß auf dem Kistchen eine schöne, phantasievolle *vista* klebte.

Vielen Illustratoren waren nur Meisterwerke der abendländischen Kunst gut genug als Vorbilder, während manche sich auch von der dekorativen Kunst anderer Zivilisationen inspirieren ließen. Üblicherweise waren für das Herkunftsland typische Szenen abgebildet. So zeigten Etiketten für den US-amerikanischen Markt z. B. bedeutende Augenblicke in der Geschichte der Vereinigten Staaten, während berühmte kubanische Marken stolz goldene Reliefs der Medaillen präsentierten, die sie auf den Ausstellungen in aller Welt gewonnen hatten. Oft umrahmten

diese Reliefs auch fein gestochene Portraits des Markeninhabers, dann wiederum farbenprächtige Abbildungen der sanften, grünen Hügel und der roten Erde Kubas. Nicht alle Marken haben die Jahre überdauert, und mit ihnen sind auch die Kunstwerke verschwunden, welche sie kennzeichneten – einige nach dem Ersten Weltkrieg, andere während der Weltwirtschaftskrise. Der größte Angriff auf die alten Traditionen fand jedoch statt, als Fidel Castro alle Marken zugunsten einer einzigen staatlichen abschaffte. Obwohl er bald einen Rückzieher machte, wurde die Produktion einiger der berühmtesten Bauchbinden nie wieder aufgenommen. Dennoch existieren heute hunderte von Banderolen und *vistas* als Zeugnisse dieser glorreichen alten Zeit der kubanischen Zigarre und lassen all jene mächtigen Persönlichkeiten, die es sich leisten konnten, ihre luxuriösen Smokes individuell kennzeichnen zu lassen, nicht in Vergessenheit geraten. Die Bilder sind so etwas wie Schlaglichter auf Höhepunkte der Zigarrengeschichte: Meisterwerke, die mit den Qualitäten der Zigarre selbst, die in ihrem Aroma und ihrer Würze liegen, zu wetteifern scheinen, wobei jede Kreation ihre ganz eigene Geschichte hat.

GEGENÜBER: **MARKE VON GUSTAVO BOCK, DER ALS ERSTER HERSTELLER SEINE PRODUKTE MIT LITHOGRAPHIEN VERZIERTE. DARUNTER LINDBERGHS HISTORISCHER FLUG ALS MOTIV EINER *CLEAR-HAVANA*-MARKE.** LINKS UND OBEN: **KUBANISCHE MARKEN DES SPÄTEN 19. JAHRHUNDERTS, VOM JUGENDSTIL BEEINFLUSST.** DARÜBER: **GEBRAUCHSFERTIGE MUSTER FÜR ZIGARRENMARKEN NACH DEM ENTWURF DEUTSCH-AMERIKANISCHER LITHOGRAPHEN.**

LITHOGRAPHIE IM DIENSTE DER ZIGARRE

VOR DEM Spanisch-Kubanischen Krieg (1868–1878) stellte man die *vistas* und Bauchbinden im Steindruckverfahren her, das in Deutschland 1797/99 von Alois Senefelder entwickelt worden war. Bayerischer Schiefer erwies sich als besonders brauchbar für Senefelders Erfindung, und bald war er für die Lithographie das, was der Tabak aus dem Vuelta Abajo für die Havanna war. Senefelder trug zunächst das Motiv mit einer farbspeichernden und wasserabstoßenden Mischung aus fetthaltiger Kreide sowie einer Art Tusche, die aus Fett, Wachs und Lampenruß bestand, auf die glattpolierte Oberfläche der Platte auf, um dann durch Antrocknung sowie Behandlung mit einer sauren Gummiarabicumlösung die nicht zum Druck bestimmten Stellen abzudichten. So wurden nur jene Stellen wiedergegeben, die mit der fetthaltigen Mischung behandelt worden waren. Von dem einmal präparierten Stein konnten theoretisch Abzüge in unbegrenzter Menge gemacht werden.

Im frühen neunzehnten Jahrhundert wurde das Farbdruckverfahren unter Zusatz von Blattgold entwickelt. Es war nun möglich

geworden, zehn Farben übereinanderzudrucken, wobei für jede Farbe ein eigener Stein notwendig war. Als kubanischer Tabak berühmt wurde und das Verlangen nach Etiketten wuchs, erhob Klingenberg, ein berühmter deutscher Drucker, das Verfahren zur Kunstform. Eine ganze Heerschar von Buchkünstlern, Graveuren, Illustratoren und Lithographen widmete seine Talente der Entwicklung dieses neuen Industriezweigs.
Das Steindruckverfahren gelangte schnell in die Vereinigten Staaten sowie nach England und Kuba, wo unter der Leitung von Luis Caire eine Werkstatt in Havanna entstand. In kurzer Zeit füllten sich nun die Orderbücher der »Litográfica de Habana«, zu deren Auftraggebern bald auch die »Königliche Tabakgesellschaft« von Havanna zählte, die große Mengen jener Aufkleber *(habilitaciónes)* benötigte, die auf jeder kubanischen Zigarrenkiste zu sehen waren. 1819 schuf Leopoldo Carvajal die Marke »Hijos de Cabanas y Carbajal«, und die Jahre später hierfür entstandene *vista* verwendete Ramón Allones auch für seine »La Eminencia«. Als Gustavo Bock 1850 seine Zigarren der Marke »El Aguila de Oro« (»Goldener Adler«) mit Bauchbinden versah, begann eine neue Epoche in der Lithographie.
Das Europa des neunzehnten Jahrhunderts war über Jahrzehnte durch politische Unruhen geprägt, bis nach dem Ende des Deutsch-Französischen Krieges bis 1870/71 und der Gründung des Deutschen Kaiserreichs die Lage beruhigt schien. Doch in anderen Ländern brodelte es weiter unter einer scheinbar glatten Oberfläche. Im Zuge der gesellschaftspolitischen Auseinandersetzungen kehrten nicht wenige Arbeiter ihrer Heimat den Rücken, unter ihnen auch etliche Lithographen, von denen viele gut ausgebildete in die Vereinigten Staaten auswanderten. Sie taten es in etwa den kubanischen Zigarrenmachern gleich, welche es in der Zeit der kubanischen Freiheitskämpfe vorzogen, ihre Fähigkeiten im ruhigen Florida zur Geltung zu bringen. Als diese darangingen, in Tampa Zigarrenfabriken aufzubauen, mußten die Künstler in Philadelphia, New York und Boston hart arbeiten, um den großen Bedarf der Zigarrenfabrikanten an Lithographien befriedigen zu können.
Die Abbildungen für kubanische Zigarren enthielten durchweg spanisch klingende Namen. Spanien – das verhieß Würde und Status.

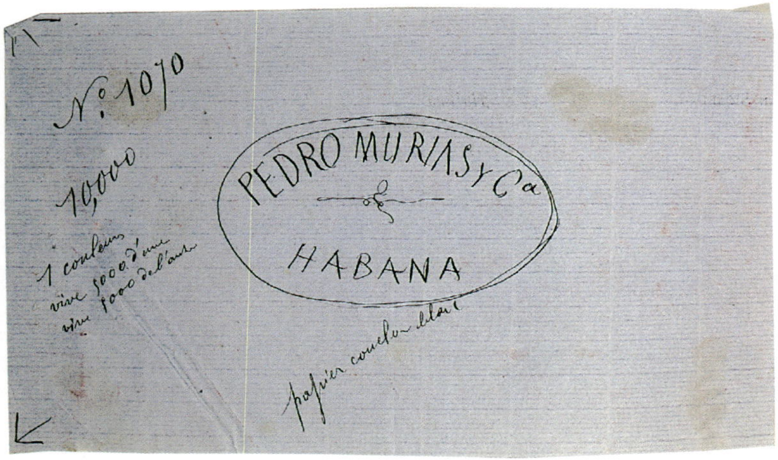

Kubas früher Tabakhandel trug nicht nur zur Bildung neuer Märkte in aller Welt bei, er trieb auch in hohem Maße die Entwicklung der Druckindustrie voran. So schlossen sich 1892 vierunddreißig Lithographen zusammen, um die »American Lithographic Company« zu gründen.
Obwohl die Zigarrenindustrie in Tampa nach wie vor florierte, verlor die Lithographie schon nach dem Ersten Weltkrieg ihren hohen Standard. Nach dem Zweiten Weltkrieg begann dann die Ära der Massenware, da die Verfahren der schnellen und massenhaften Kriegsproduktion auf Güter des täglichen Bedarfs übertragen wurde. Die Nachfrage nach solch sorgfältig gefertigten Pretiosen wie lithographierten Etiketten sank stetig. Als schließlich auch in vielen Zigarrenfabriken moderne Tech-

GEGENÜBER: **DIE VORNEHME MARKE DER MANUFAKTUR FÜR HAVANNAZIGARREN, DIE 1844 VON HERMANN UND AUGUST UPMANN AUS BREMEN GEGRÜNDET WURDE.** OBEN: **ERSTER ENTWURF UND PROBEDRUCK EINER 1882 VON LITOGRÁFICA DE HABANA ENTWORFENEN MARKE.** RECHTS: **FRÜHE NIEDERLÄNDISCHE TABAKSTEUERMARKE.** FOLGENDE SEITEN: **DETAILS DER ERSTEN TABAKMARKEN, DIE IM 18. JAHRHUNDERT IN SPANIEN GEDRUCKT WURDEN.**

LA HONRADEZ
GRAN FABRICA DE CIGARROS
de LUIS SUSINI e HIJO
Marie Stuart
Patrocinada y agraciada por S.M.
con el uso de sus reales armas
LA HONRADEZ
C.R.S.
Calle de Cuba, Nos 83 y 85
DEPOSITO PARA EL MENUDEO
Obispo, Nº 15
HABANA

REAL FABRICA
GRAN Manufactura de CIGARROS DE L.S.éH.
Proveedores DE LA REAL CASA
AGRACIADA especialmente por S.M. con el uso DE SUS Reales Armas
LA HONRADEZ
Los hechos me justificaran
HABANA
Calle de Cuba, 83 y 8
Deposito para el menud
OBISPO, Nº 15
YSABEL 2ª REINA DE ESPAÑA

LA HONRADEZ
GRAN FABRICA DE CIGARROS
de LUIS SUSINI e HIJO
Diane de Poitiers
Patrocinada y agraciada por S.M.
con el uso de sus reales armas
C.R.S.

REAL
E YMPERIAL
FABRICA
AGRACIADA
ESPECIALMENTE
POR S.M.C
CON EL USO
DE SUS REALES
ARMAS
R S

LA HONRADEZ
LOS HECHOS ME JUSTIFICARAN
L S é H
PROVEEDORES DE LA REAL CASA
DE ESPAÑA
DE SS. MM. LOS REYES DE PORTUGAL
&Cª &Cª
HABANA
GRAN MANUFACTURA
DE CIGARROS
CALLE DE
CUBA Nº. 83 Y 85
MENUDEO GALI
DEL OBISPO

nik Einzug hielt, verdrängte die maschinell gefertigte Zigarre die handgerollte. In gleichem Maße bedeutete die Entwicklung der photomechanischen Druckverfahren mit ihrer Farbtrennung das Ende des Steindruckverfahrens. Fast über Nacht revolutionierten die neuen, preiswerten Techniken die Kunst der Etikettenherstellung. Und bald waren dort, wo früher blumige Poesie (»The Loveliest Bosom of Old Castille«) Herz und Auge des Zigarrenliebhabers anrührte, markige Slogans zu lesen (»No hick can forget« oder »It's a different business«).

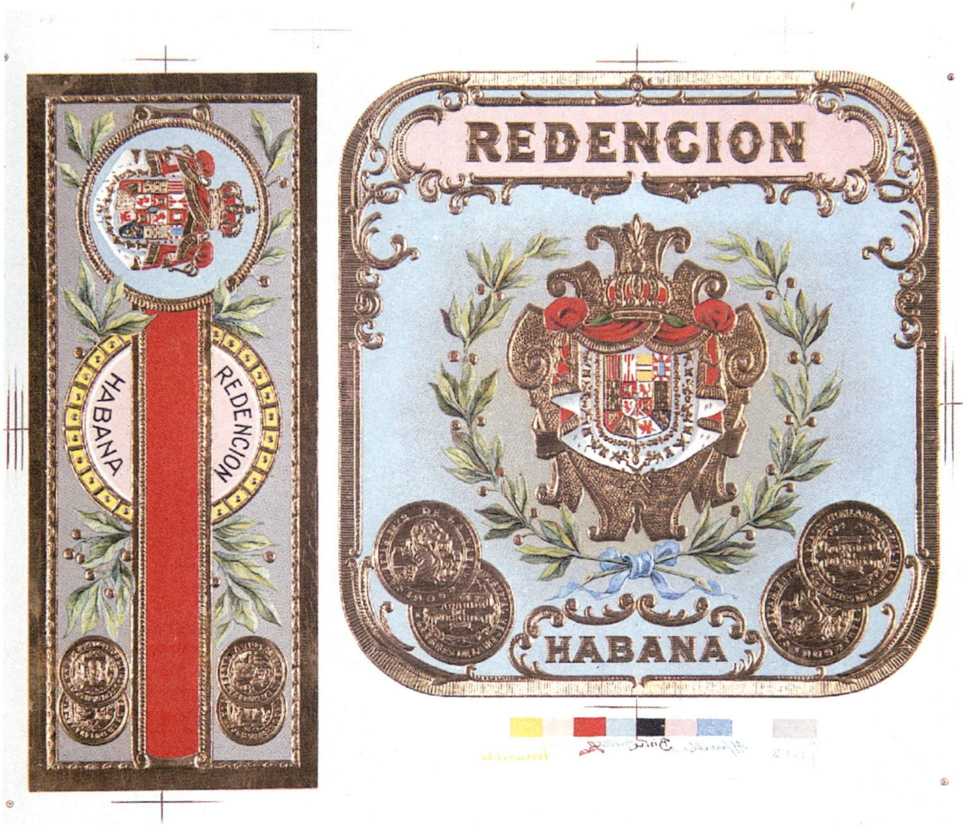

LINKS: PROBEDRUCK EINER *VISTA* UND *PAPELETA*. DIESE KUNSTVOLLEN, AUFWENDIG GEDRUCKTEN ETIKETTEN VERSCHLIESSEN DIE ZIGARRENKISTE ALS GARANTIESIEGEL, IN OVALER ODER RECHTECKIGER FORM. OBEN: AUFWENDIG VERZIERTE *CUBIERTA* FÜR DEN NIEDERLÄNDISCHEN MARKT. LINKS: HERALDISCHES MOTIV AUF EINER KUBANISCHEN *VISTA*. GEGENÜBER: MUSTERETIKETT DER HARRIS LITHOGRAPHIC CO. IN PHILADELPHIA. HARRIS FÜHRTE MIT HILFE DEUTSCHSTÄMMIGER FACHKRÄFTE DIE KUNST DER ZIGARREN-LITHOGRAPHIE AUF EIN NEUES NIVEAU.

HAND
No. 1583
IN
HAND
G. S. HARRIS & SON-PHILA.

FLOR DE TABACOS
DE
PARTAGAS
Y Cª
1845

CLARO
SELECTION
LA PREFERENCIA
LA GRAN
MANUFACTURA DE TABACOS
PREFERIDOS
DE EXQUISITOS
HABANA

LA GLORIA CUBANA
DE
C.E.G.
HABANA

LA IBERIA
FABRICA DE TABACOS
DE
M. A. y C.
HABANA

LA MAYOR RECOMPENSA OBTENIDA EN LA EXPOSICION DE PARIS
LA ESPAÑOLA
FABRICA DE TABACOS
CONSULADO
CONSULADO
HABANA

LA
MERIDIANA
DE
P. M. Y Cª.
HABANA
EXTRA.

»VITOLAPHILIE« ODER DIE ETIKETTENSAMMLER UND IHRE LEIDENSCHAFT

Einschliesslich der Bauchbinden werden zehn verschiedene Aufkleber *(habilitaciónes)* für eine einzige Havanna-Kiste benötigt. Insbesondere Etikett und Bauchbinde sind individuelle Sammlerstücke von hohem Wert – bis zu 100 000 US-Dollar werden für eine Sammlung solcher Kunstwerke geboten.

Die kubanische Vereinigung der Bauchbinden- und Etikettensammler besteht seit dem achtzehnten Jahrhundert und gilt nach wie vor als die größte Autorität auf diesem Gebiet. Ihr Präsident, Dr. Orlando Arteaga, besitzt eine Sammlung von *vitolas* (Bauchbinden) die weltweit als die umfassendste und kompetenteste ihrer Art erachtet wird. Arteaga, der an der Universität von Havanna ein Studium in Geschichte und Recht absolvierte, begann mit dem Sammeln kurz vor der Kubanischen Revolution. Er ist enger Berater der bereits erwähnten »Litográfica de Habana«, in der seit über hundert Jahren alle Druckerzeugnisse für die kubanische Tabakindustrie hergestellt werden. Die in diesem Buch abgedruckten Exemplare aus seiner Kollektion befinden sich in der Nationalgalerie in Havanna.

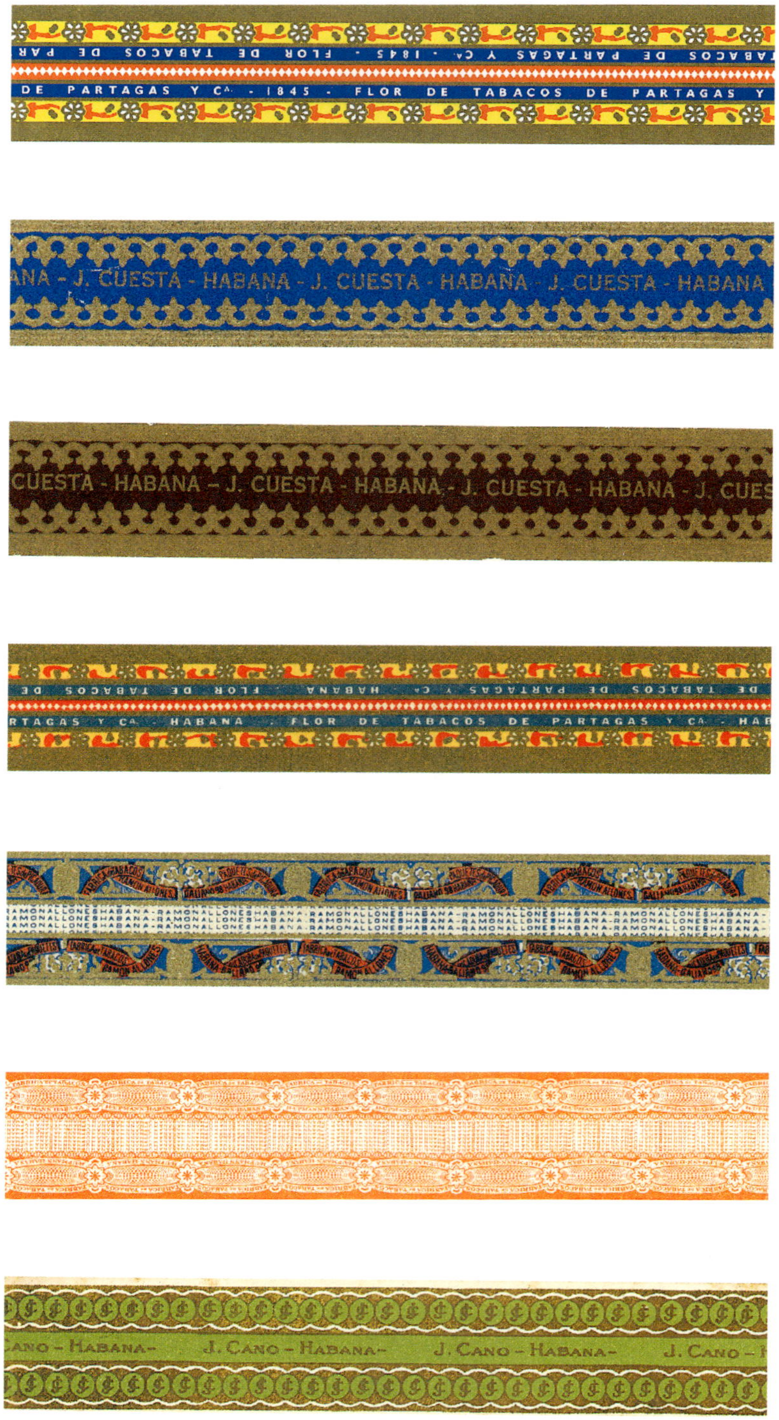

Oben: **Eine Auswahl von *filetes* internationaler Marken.** Links: **Kubanisches Etikett unter reichlicher Verwendung von Blattgold.**

»RINGE«

ALS JOHN F. KENNEDY 1960 zum Präsidenten der USA gewählt wurde, erhielt auch das Zigarrerauchen ein zeitgemäßeres Image, denn der jugendliche Präsident trat oft zigarreschmauchend (wie wir wissen, liebte er Havannas) an die Öffentlichkeit. Damals arbeitete ich bei einer Zeitung, und wie einige Kollegen begann auch ich, mich für den Lieblings-Smoke des Präsidenten zu interessieren. Ein befreundeter Journalist aus Washington konnte mir kubanische Zigarren beschaffen, bevor das Dauerembargo der USA über alle kubanischen Produkte Wirkung zeigte.

Besonders erinnere ich mich an jenes Geschenkkistchen voller »Churchills« aus Havanna, welche mir im Jahr 1964 ein Freund anläßlich der Geburt meiner ersten Tochter übersandte. Als 1967 meine zweite Tochter zur Welt kam, folgte ein weiteres Kistchen Zigarren. Geradezu zärtliche Erinnerungen habe ich an spätere Jahre, als meine kleinen Töchter jeden Abend darum stritten, welche von ihnen den »Ring« aus der Bauchbinde meiner After-Dinner-Zigarre tragen durfte. Dieses Ritual machte meine Töchter sicherlich nicht nur mit den angenehmen Düften eines hervorragenden Smokes bekannt, sondern öffnete auch ihre Herzen für den Respekt und das Vergnügen, welches mir meine geliebten Rauchobjekte verschafften. Bis heute hat sich ihre liebevolle Einstellung zu mir und meiner Zigarrenpassion nicht verändert, obwohl die Episode mit den »Papierringen« Jahrzehnte zurückliegt.

Gay Talese

HABILITACIÓNES (VERZIERUNGEN)

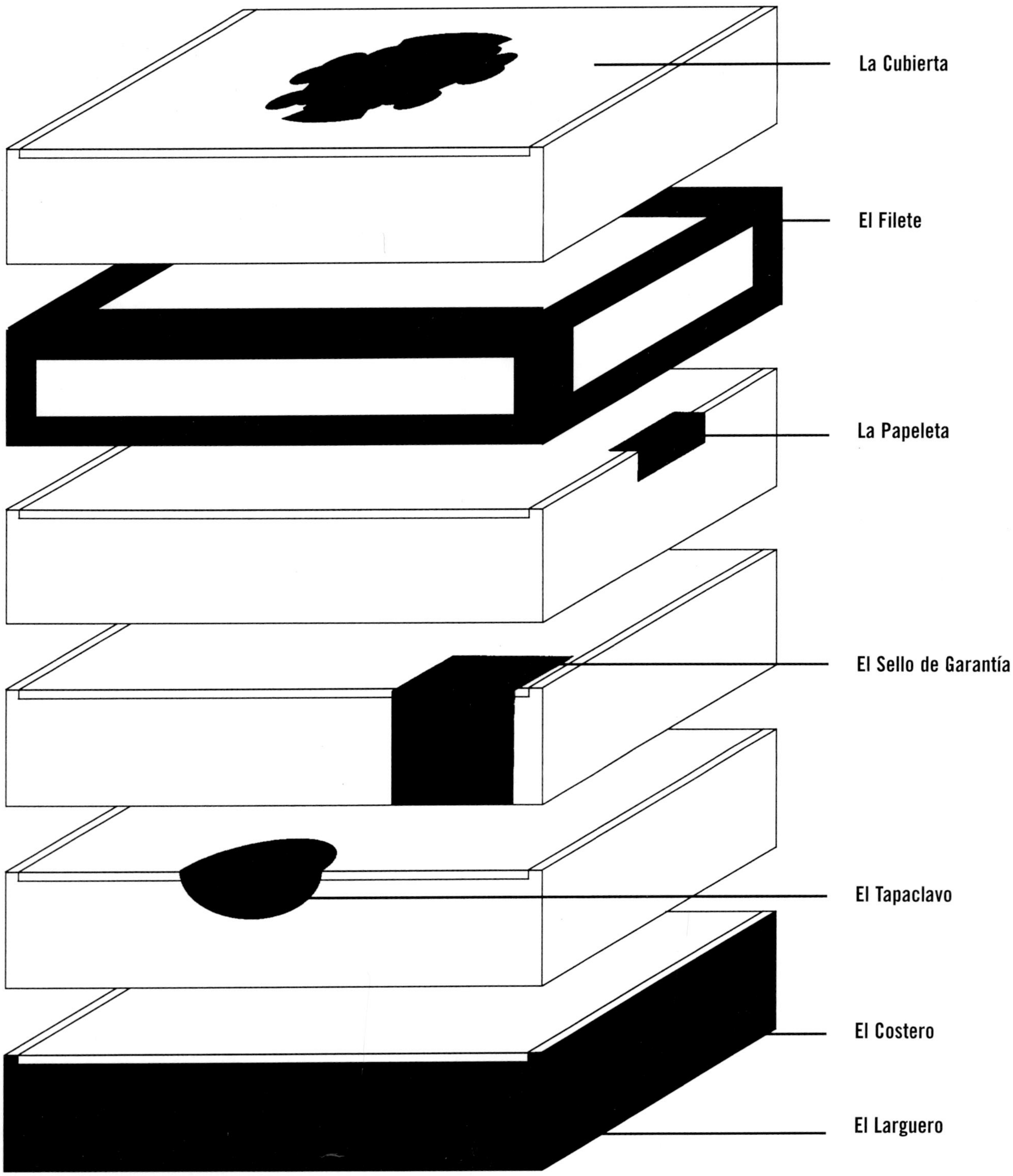

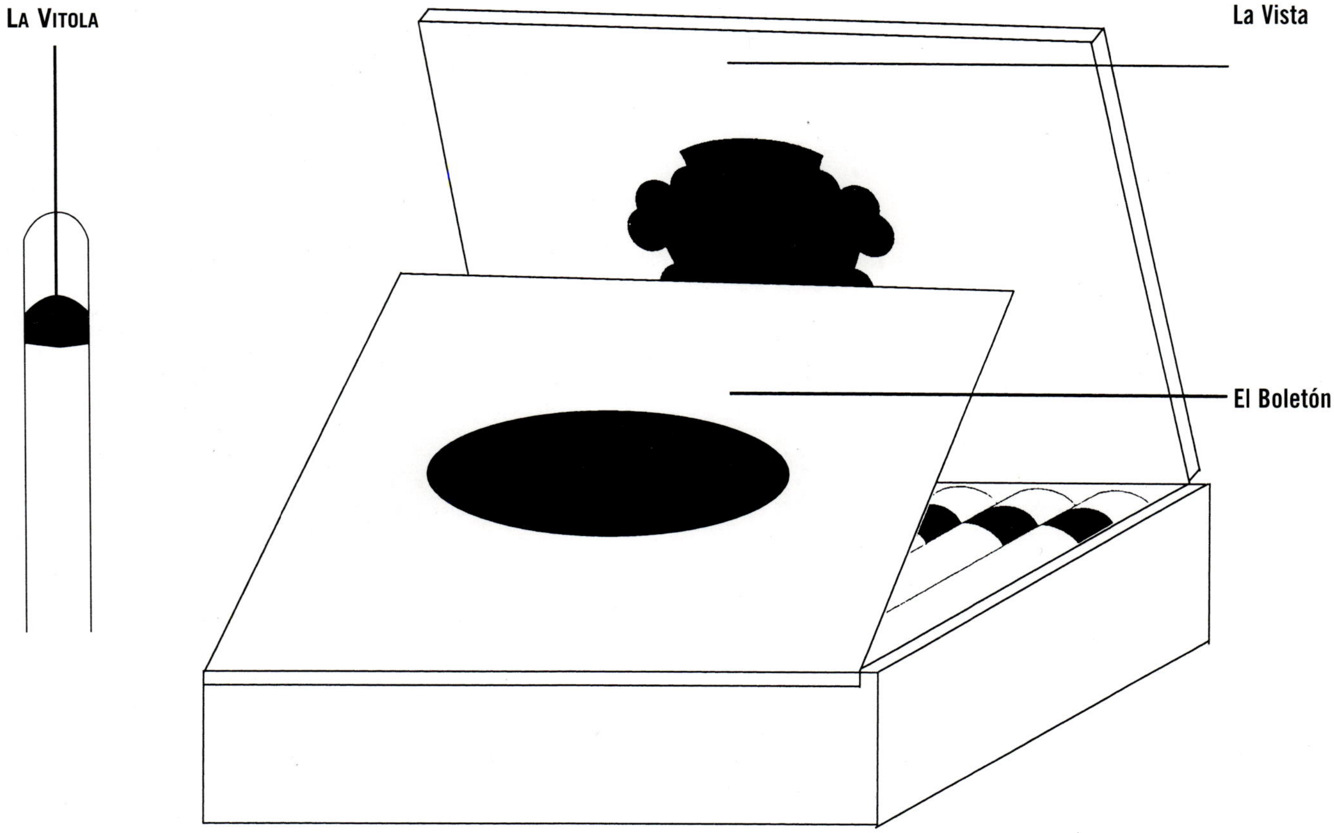

• **La Cubierta** ist die Abbildung auf der Deckeloberseite der Zigarrenkiste. Recht häufig erscheint der Name der Herstellerfirma in ihrem Zentrum als *el hierro,* als Markenname. In der Regel soll der Schriftzug die Illusion vermitteln, als sei er mit einem Brandeisen aufgeprägt worden.

• **El Filete** heißt das lange, schmale Papierband, welches die Ecken und Kanten der Kiste versiegelt, damit das Aroma nicht entweichen kann.

• **La Papeleta** ist ein Stück Papier in Form eines Vierecks, Quadrats oder Ovals, das auf die kurzen Seiten der Kiste geklebt wird.

• **El Sello de Garantía**, das offizielle grüne Regierungssiegel, gleicht einer US-amerikanischen Banknote und wird über die Vorderkante der Behältnisse geklebt. Nur Kisten mit echten Havannas dürfen dieses Gütesiegel tragen.

• **El Tapaclavo** ist ein ovaler Aufkleber, der über dem Schnappverschluß bzw. dem Nagel klebt, der den Deckel verschließt.

• **El Costero** ziert die Ränder der kurzen Seiten der Kiste.

• **El Larguero** ziert die Ränder der langen Seiten der Kiste.

• **La Vista** klebt auf der Innenseite des Deckels. Dieser Aufleber enthält Informationen über die Marke bzw. deren (meist) romantische Entstehungsgeschichte und ist in der Regel geprägt.

• **El Boletón** befindet sich am unteren Rand des Kisteninneren. Zusammen mit der *vista* ist er als Markenzeichen für die Fabrik gedacht.

• **La Vitola**, die Bauchbinde, verkörpert Geist und Persönlichkeit der Zigarre und hilft so dem Raucher bei seiner schwierigen Wahl. Die Bauchbinde ist das I-Tüpfelchen des Zigarrendesigns.

Zur Beachtung: Am Boden der echten Havannas befinden sich folgende Erkennungszeichen: *Hecho en Cuba, Totalmente a mano, Republica de Cubã* (»Hergestellt in Kuba, völlig in Handarbeit, Republik Kuba«).

Rechts: **Seltenes Zigarrenetikett von Menéndez aus dem 19. Jahrhundert aus der Arents Collection.**
Unten: **Darstellung des letzten maurischen Regenten von Granada, der Königin Isabella den Stadtschlüssel überreicht.**

OBEN: **LITHOGRAPHISCHE DARSTELLUNG DES DON QUIXOTE.**
RECHTS: **FRÜHES BEISPIEL EINER *VISTA*, ENTWORFEN FÜR DIE MARKE QUINTANA.**
FOLGENDE SEITEN: **DETAIL EINER FRÜHEN KUBANISCHEN *VISTA*.**

Die Motive kubanischer *Vistas* reichen von naturalistischen Darstellungen von Blumen oder Palmwedeln über Erinnerungsportraits zum Ruhm der Zigarrenhersteller bis hin zu Portraits von Staatsmännern und sogar Figuren aus der Literatur, meist in einem fein ausgearbeiteten, künstlerisch gestalteten Rahmen, wie in unserer Auswahl von Beispielen aus der Sammlung von Dr. Arteaga.

PUCK
GRAN FABRICA DE TABACOS
HABANA
FINEST PRODUCT
OF THE ISLAND OF CUBA
CHOICEST HAVANA TOBACCO
AND SUPERIOR WORKMANSHIP
DE SEGUNDO ALVAREZ Y Ca

GARANTIZADOS

Valle

Links und Oben: ***Vistas*** **mit Motiven aus dem kubanischen Alltagsleben.**
Folgende Seiten: **Seltene Etiketten der frühesten spanischen Zigarrenmarken.**

FRUTAS DE EUROPA.
CANASTILLO CAPRICHOSO

EL COCOTERO.

»ZIGARRENLADEN-INDIANER«

Im neunzehnten Jahrhundert machte eine Zeitlang ein ganz besonderer Indianerstamm von sich reden. Er begleitete das Goldene Zeitalter der Zigarre, denn zu jener Zeit gab es zwischen Saint Louis und San Francisco fast keinen Tabakladen, vor dem nicht einer seiner Stammesbrüder Wache gehalten hätte. Die stillen und geduldigen »Asphalthäuptlinge« signalisierten unmißverständlich: Hier werden Zigarren verkauft! Nach der Jahrhundertwende kamen auch in anderen Branchen Reklameschilder in Mode, und bald hingen sie selbst an den Türen von Ärzten und Rechtsanwälten. So bekamen die lebensgroßen Indianerhäuptlinge Gesellschaft, bildeten sie doch zusammen mit ihren Kollegen vor den Läden der Barbiere und Schmiede, der Pfandleiher und Wahrsager ansehnliche Paraden von Reklameträgern entlang der städtischen Bürgersteige. Dabei sollten sie ursprünglich die Tabakläden aus der Reihe der anderen Händler herausheben: Ein Indianer schien prädestiniert als Symbol für Tabak, da es schließlich die Ureinwohner Amerikas gewesen waren, die Kolumbus mit Tabak vertraut gemacht hatten. Die Figuren wurden von Künstlern geschnitzt, die auf die Herstellung von Galionsfiguren spezialisiert waren. Mark Goldman, bekannter Sammler im New Yorker Stadtteil Soho, besitzt mehr als achtzig dieser nostalgischen Kunstwerke, von denen manche einen Sammlerwert von über 100 000 Dollar haben. Je besser Zustand und künstlerischer Gesamteindruck, desto höher ist der Preis – auch deshalb, weil einige der damals verwendeten Farben heute nicht mehr nachzumachen sind. Durch einen besonderen Zusatz büßten sie nichts von ihrer reichen Patina ein, obwohl sie manchmal jahrelang Wind und Wetter ausgesetzt waren.

OBEN: **ZWEI UNGEWÖHNLICHE BEISPIELE AUS DER VITOLAPHILEN SAMMLUNG VON DR. ORLANDO ARTEAGA.** GEGENÜBER: **DIESES IN DEN USA HERGESTELLTE ETIKETT AUS DEM 20. JAHRHUNDERT GLORIFIZIERT DIE KUBANISCH-AMERIKANISCHE ZUSAMMENARBEIT.**

Ein bemerkenswerter Jahrgang

SANDY PERCEVAL UND SEINE Familie hatten immer größere Schwierigkeiten, ihren alten Familiensitz in Irland zu halten. »Temple House« war baufällig, und die dazugehörigen 600 Hektar Land in Ballymore warfen nichts mehr ab. Außerdem waren hohe Steuern zu zahlen, so daß ein Zwangsverkauf unumgänglich schien.

Doch dann erinnerten sich die verzweifelten Erben an die Zigarren, die sich im Keller befanden: sechshundert Kisten voller Vintage-Zigarren. Ein Freund des Hauses nahm hundert davon mit und ließ sie begutachten. Verschiedene Experten, darunter auch Simon Chase, befanden ihre Qualität für außergewöhnlich gut und schätzten, daß sie 1864 gekauft worden waren.

Niemand konnte jedoch mit Sicherheit ihre Herkunft bestimmen. Die Kisten trugen den Aufdruck »Manila«, was sich auf das Herkunftsland beziehen, aber ebensogut auch der Markenname sein konnte. Einige mit der Familiengeschichte Vertraute beteuerten, Ururgroßvater Alexander habe sie mitgebracht, als er den Atlantik überquerte, um seine zukünftige Braut aus Boston zu holen; dabei habe er einen Abstecher nach Havanna gemacht. Allerdings war die Braut gegen das Rauchen eingestellt, und nachdem sie als Ehefrau die Leitung des Hausstands übernommen hatte, verbannte sie die edlen Rauchwaren kurzerhand in den Keller. So verbrachten sie die folgenden einhundertdreißig Jahre wohlbehalten in ihrem natürlichen Humidor.

Auch wenn ihre Herkunft ein ewiges Geheimnis bleiben sollte – die Zigarren der Percevals gelten als die ältesten rauchbaren Zigarren der Welt. Kurze Zeit nachdem die Familie ihre Prachtstücke der Öffentlichkeit vorgestellt hatte, erhielt sie ein anonymes Kaufangebot aus den USA: eine Million Dollar für fünfhundert Stück! Das bedeutete 2000 Dollar pro Zigarre bzw. 66,67 Dollar pro Zug (wenn man davon ausgeht, daß man während der halben Stunde, die einer dieser Smokes in Anspruch nimmt, pro Minute einen Zug macht).

UNION
FOREVER

Viele kubanische Zigarrenhersteller produzierten Zigarren mit eigenen Bauchbinden für Handelsgesellschaften und besondere Kunden, aber auch Erinnerungsstücke zum Ruhme politischer Führer. Mitte: **Ein besonders schönes Stück, gedruckt von Hermann Scott.**

RAVISLOE CLUB
"CLEAR HAVANA CIGARS."
TRADE MARK REGISTERED.

Die Arents Tobacco Collection

Reist der Zigarrenfreund nach New York, so ist der Besuch der »Arents Collection« in der städtischen »Public Library« ein absolutes Muß, denn es handelt sich hier um eines der weltweit besten Archive seltener Bücher und Manuskripte zum Thema Tabak.

George Arents, selbst Nichtraucher, begann im Alter von zwanzig Jahren, Bücher über Tabak zu sammeln. Darin wurde er von seinem Großonkel, dem Tabakmagnaten Major Lewis Ginter aus Richmond, Virginia, leidenschaftlich bestärkt. Ginter war der Überzeugung, daß ein Mensch mit zunehmendem Alter kürzer treten und daher so anstrengende Sportarten wie Bergsteigen und Polo aufgeben sollte, um sich statt dessen einer anderen, nicht weniger spannenden Beschäftigung zu widmen: dem Sammeln von Büchern. Auch William Everts Benjamin, ein distinguierter Sammler seltener Bücher, unterstützte diese Auffassung während eines gemeinsamen Abendessens vehement. »Sie sind noch jung«, sagte Benjamin damals zu Arents, der das Gespräch mehr als vierzig Jahre später in einer Rede neuerlich in Erinnerung brachte. »Spezialisieren Sie sich auf ein Gebiet, bleiben Sie Ihrer Entscheidung treu, und eines Tages haben Sie dann vielleicht eine großartige Sammlung.« Der junge George Arents nahm ihn beim Wort.

Die Familie Arents war seit Generationen im Tabakgeschäft, Großonkel Lewis leitete das Familienunternehmen »Allen & Ginter«, das später mit der Firma James B. Duke fusionierte und in der »American Tobacco Company« aufging. Arents studierte in Columbia und Syracuse, trat 1895 bei »Duke« ein und erwarb wenig später ein Patent für seine Zigarrenrollmaschine. Um 1905 wurden bereits zwei Drittel der Zigarren, die in den Vereinigten Staaten verkauft wurden, mit solchen Maschinen hergestellt. Die Firma, die er für die Produktion seinerzeit gründete, trug den Namen »American Machine & Foundry« (AMF).

Seine außerordentlichen geschäftlichen Erfolge erlaubten es Arents, eine Sammlung seltener Bücher zu finanzieren, die unter dem Motto »Bücher über Tabak« und »Tabak in der Literatur« stand und alles umfaßte, das erstens selten war und zweitens in irgendeiner Form Tabak zum Gegenstand hatte. In der Sammlung finden sich daher Gesetze, Bestimmungen und kommerzielle Dokumente neben Abhandlungen über den medizinischen Wert der Pflanze, ebenso wie Manuskripte und Briefe zum Thema, darunter eine Kopie des Schauspiels *The Importance of Being Earnest* von Oscar Wilde. Als Grund für den Erwerb genügte es unserem Sammler, daß sich die Haupthandlung des Werkes an einer Zigarettenkiste entspann.

Zur Hauptsache besteht die Sammlung aus Druckerzeugnissen wie Etiketten, Illustrationen, Noten, Pamphleten und Sammelbildchen sowie Manuskripten, Originalzeichnungen und handschriftlichen Briefen. Sie ist in zwei Räumen untergebracht, die der Bibliothek in Arents Landhaus in Rye im Staate New York nachgebildet sind. Arents vermachte seine Sammlung in den frühen vierziger Jahren der »Public Library«, und die besonderen Räume wurden am 14. Februar 1943 für Besucher geöffnet. Zur Zeit ist Virginia Bartow als Kuratorin für die Sammlung zuständig.

Über lange Jahre führte die Sammlung eher ein Schattendasein in dieser illustren und ansonsten gut besuchten Institution, doch im Zuge der Zigarren-Renaissance sind nun immer mehr Besucher zu verzeichnen. Fast liegt hierin eine gewisse Ironie: Je heftiger gegen das Rauchen zu Felde gezogen wird, desto mehr Interessierte scheint diese Ausstellung anzuziehen.

Der Ausstellungskatalog umfaßt fünf Bände und einen zehnteiligen Supplementband, der mehr als zweitausend Manuskripte und fünfzehntausend Bücher auflistet. Für jeden, der ernsthaft an der Geschichte des Tabaks interessiert ist, stellt die kommentierte Einführung zum Katalog eine unschätzbare Informationsquelle dar. Höhepunkte der Ausstellung sind unter anderem:

- Handgeschriebene Briefe von Königin Elisabeth I. und Sir Walter Raleigh; ein handgeschriebener Brief George Washingtons aus dem Jahre 1762 bezüglich einer Tabaksendung nach London; Briefe von Thomas Jefferson, dritter Präsident der Vereinigten Staaten (1801–1809) und Tabakpflanzer.
- Die *History and Natural History of the West Indies* von Fernandez de Oviedo aus dem Jahre 1535. Sie enthält

einen Bericht über Kolumbus' Matrosen Luis de Torres und Rodrigo de Jerez und ihre Erlebnisse, nachdem sie zum ersten Mal auf rauchende Eingeborene gestoßen waren.

- Die *Cosmographiae Introductio* von Martin Waldseemüller aus dem Jahre 1507. Diese Beschreibung der Reisen des Amerigo Vespucci auf der Grundlage seiner Briefe gilt als das früheste bekannte Buch, das auch den Tabak zum Thema hat.
- Eine Arbeit aus dem Jahre 1571, verfaßt von dem spanischen Arzt Monarde, über den Gebrauch des Tabaks als pflanzliches Heilmittel bei den Indianern. Sie beeinflußte nicht zuletzt Jean Nicot, der Tabak als Allheilmittel für unterschiedlichste Krankheiten propagierte.
- Facetten einer Diskussion vor der feierlichen Kongregation, die zwischen 1718 und 1734 stattfand, bezüglich der Frage, ob die Tatsache, es mit einem Raucher zu tun zu haben, ein hinreichender Grund sei, den Mönch Joseph Cupertino von der Heiligsprechung auszuschließen.

- Die *Helps for Sudden Accidents* von Stephen Bradwell aus London. Die Publikation aus dem Jahre 1633 enthält den Ratschlag, man solle einem Menschen, der versehentlich Gift zu sich genommen habe, mit Hilfe einer Feder »starken Tobak« in die Nase blasen, damit er durch den Niesreiz vom Einschlafen und somit Sterben abgehalten würde.
- Die Schrift *The Wonderful Deliverance at Sea* von 1674. Hier wird die Geschichte von vier überlebenden Schiffbrüchigen erzählt, die sich vier Tage lang von ein paar Pfund Tabak ernährt hatten.
- Das Originalmanuskript von *Farewell to Tobacco* von Charles Lamb.
- Ein seltenes Exemplar von Edmund Spensers *Faerie Queene.* Hier findet sich die erste bekannte Reverenz an den Tabak in der englischen Lyrik – unter anderem wird er als »göttliches Kraut« bezeichnet.
- Das Manuskript von William Faulkners früher Kurzgeschichte *Father Abraham.* Sie beginnt mit den Worten: »Er kaut unentwegt Tabak, gleichmäßig und langsam, und noch nie hat irgend jemand seine Augenlider geschlossen gesehen.«
- Ein Sammelbildchen aus dem Jahre 1910, das den legendären Baseballspieler Honus Wagner zeigt und Beilage einer Zigarettenpackung war. Nur etwa zwei Dutzend dieser Sammelbildchen sind von jener Serie erhalten (wovon eines dem Eishockeycrack Wayne Gretzky und seinen Freunden 450 000 US-Dollar wert war).

Arents, der ja eigentlich Nichtraucher war, nahm auch einige Werke in seine Sammlung auf, die sich gegen den Tabakgenuß richten. Das wohl bekannteste dieser Art ist das Pamphlet *Counterblaste to Tobacco* König Jakobs I. von England aus dem Jahre 1604. So manches zeitgenössische Theaterstück griff die Grundthesen dieser Schmähschrift auf, und einige enthielten Anspielungen auf König Jakobs Proklamation gegen den Tabak, unter anderem Ben Jonsons *Every Man Out of His Humour.* Shakespeare ist wider Erwarten nicht in der Sammlung vertreten – keines seiner Stücke enthält irgendeinen Hinweis auf Tabak.

2 Rauch-Profile

A. FUENTE
Gran Reserva

DIE GROSSEN ZIGARRENMACHER

DIE GROSSEN PREMIUM-ZIGARRENMARKEN werden ausschließlich von Meistern ihres Fachs hergestellt, (meist) von kubanischen Patrioten und Emigranten, welche auch über weite Entfernung hinweg durch ein festes Band der Kongenialität eng verbunden bleiben. Denn sie alle teilen eine große Passion: die Liebe zur Zigarre. Und so trägt jeder von ihnen seinen Teil dazu bei, die wunderbare, hundertfünfzig Jahre alte Tradition der Zigarrenherstellung am Leben zu erhalten und fortzusetzen. Viele dieser Persönlichkeiten haben wir kennengelernt, und ebenso wie ihre Zigarren hat auch eine jede von ihnen ihr ganz eigenes »Format«, ihre eigene Größe und Geschichte. Unter der Obhut dieser Menschen entstanden und entstehen die besten Zigarren der Welt.

Der Connaisseur aus Passion

Zino Davidoff

Żino Davidoff wurde 1906 im ukrainischen Kiew geboren. Sein Vater betrieb dort einen Laden, in dem türkischer Tabak zu Zigaretten mit goldenen Mundstücken verarbeitet wurde. 1911 floh die Familie vor den Pogromen des Zaren nach Genf, wo Zino später in das Familiengeschäft einstieg. 1926 unternahm der junge Davidoff eine Reise in die tabakproduzierenden Regionen Lateinamerikas. Diese Unternehmung sollte sein ganzes weiteres Leben beeinflussen. In Kuba verliebte er sich sogleich in die Havanna. Hier sammelte er bei der Arbeit auf den Feldern, in den Trockenschuppen und Zigarrenfabriken wichtige Erfahrungen auf dem Gebiet der Zigarrenherstellung. Sein Mentor wurde Señor Palicio von »Hoyo de Monterrey«.

In den dreißiger Jahren baute Zino im Geschäft seines Vaters seinen ersten Humidor. Hier, in der Genfer Rue de la Rive No. 2, gründete er auch sein Zigarrengeschäft. Schon bald galt der gebürtige Ukrainer als weltweit bedeutendster Händler und herausragender Kenner von Zigarren. Nach dem Zweiten Weltkrieg benannte Davidoff eine Produktreihe seiner geliebten »Hoyo de Monterrey« nach fünf großen französischen Weinen und schlug auf diese Weise den gedanklichen Bogen zwischen zwei großen Kulturen. Die »Château«-Serie (unter anderem mit den Formaten »Château Margaux« und »Château Mouton-Rothschild«) wurde ein Verkaufsschlager.

Als sich Castros Maßnahme, die Zigarrenindustrie zu verstaatlichen und nur noch eine einzige Marke zu produzieren, als Fehlschlag erwies, bat der Máximo Líder niemand Geringeren als Zino Davidoff um Hilfe. Auf dessen Ratschlag hin wurden die großen alten Marken wieder eingeführt – und die kubanische Zigarrenindustrie erholte sich zusehends. 1967 erhielt Davidoff als einziger Ausländer die Genehmigung, Zigarren, die seinen Markennamen trugen, in Kuba herstellen zu lassen. Und noch eine Ehre wurde dem Connaisseur zuteil: Seine Zigarren stellten Roller her, die im »heiligen Tempel der Zigarre« ihrer Kunst nachgingen – bei »El Laguito«, in der Fabrik, in der auch Castros Lieblingszigarre, die »Cohiba«, gefertigt wurde.

Es kam das Jahr 1970. In diesem Jahr erwarb der internationale Tabakvertrieb »Oettinger«, geleitet von Zinos engem Freund Dr. Ernst Schneider, die Aktienmehrheit an »Davidoff & Co.« – und verhalf der Firma bald zu internationaler Präsenz. Heute gibt es »Davidoff«-Läden, deren Angebot außer Zigarren längst auch erlesene Spirituosen und Accessoires umfaßt, in mehr als vierzig Ländern der Erde.

Ende der achtziger Jahre setzten sich die Kubaner auf einmal in den Kopf, eine bessere Kontrolle und einen Gewinnanteil von mehr als fünfzig Prozent an Davidoffs Havannas zu beanspruchen. Davidoff überlegte nicht lange und verlegte seine Zigarrenproduktion in die Dominikanische Republik, um sich dort mit Hendrik Kelners »Tabacos Dominicanos« zusammenzuschließen. Auch hier war er ständig bestrebt, neue Geschäftsverbindungen zu schaffen, die Kunst des Zigarrenmachens weiter zu perfektionieren und bei seinen achtzehn Formaten stets den höchsten Standard zu halten.

»Sechzig Jahre lang habe ich mit Kuba zusammengearbeitet«, sagte er damals. »Kuba war eine verdammt nette Lady gewesen, aber nun war es Zeit für eine Veränderung. Ich fand eine jüngere, schlankere Lady – also habe ich mich neu verheiratet.« So ganz kehrte er Kuba dennoch nicht den Rücken. Weil einige seiner Kunden nach wie vor nach echten Havannas verlangten, fuhr er fort, sie in seinen Läden zu verkaufen, jedoch nicht unter dem Namen »Davidoff«.

Im Januar 1994 starb der große Connaisseur. Nicht nur die Firma »Davidoff«, sondern die Zigarrenindustrie insgesamt ist unauslöschlich vom Einfluß dieses großherzigen Mannes geprägt, der sein ganzes Leben und all seine Liebe der Herstellung und Vermarktung der besten Zigarren der Welt gewidmet hat.

Aus Davidoffs Feder stammen die Worte: »Als ich zwanzig war, verliebte ich mich Hals über Kopf in die weiten Tabakplantagen in Kuba. Diese große Jugendliebe ist niemals erloschen. Und aus heutiger Sicht kann ich sagen: Mein ganzes Leben hat im Dienste all jener – ob jung oder ob alt – gestanden, die der Zigarre treu ergeben waren. Ja, wirklich, der Zigarre gehörte mein Leben. Ihr verdanke ich alles: Freud und Leid, den Spaß an der Arbeit und die wahrhaft vergnüglichen Stunden der Freizeit, die sie einem verschaffen kann, und ihr verdanke ich eine ganze Reihe fürwahr philosophischer Betrachtungsweisen, zu denen ich im Laufe meines Lebens gelangt bin.«

Zino Davidoff war der größte Connaisseur aller Zeiten. Elegant und charmant, voller Liebe und Respekt für seine geliebten Zigarren. Sein Wissen über das »braune Gold« war universal, und stets teilte er es großzügig mit den Aficionados in aller Welt.

Vor seinem ausgebombten Laden geht Alfred Dunhill wie üblich seinen Geschäften nach

Ein Musterbeispiel der »feinen englischen Art«

Alfred Dunhill

In ihrem 1893 gegründeten Geschäft handelten die Dunhills zunächst mit Pferdesätteln und -geschirren. Später kamen andere »Sportartikel« hinzu, so zum Beispiel eine Pfeife mit Deckel, die während der Fahrt in einem Automobil geraucht werden konnte. 1907 wurde dann der Tabakladen in der Londoner St. James's Street gegründet. Und in den frühen zwanziger Jahren entstanden auch Geschäfte in New York und Paris.

Als sein Laden während des Zweiten Weltkriegs bei einem Luftangriff auf London schwer beschädigt wurde und in Schutt und Asche lag, verlegte Dunhill ihn vorübergehend an das Notting Hill Gate, nicht ohne vorher Winston Churchill versichert zu haben, seine Privatreserve an Havannas sei unversehrt geblieben. Der Laden in der St. James's Street existiert übrigens schon lange wieder.

Nach dem Ersten Weltkrieg war es Alfred Dunhill, der den ersten Humidor Europas in seinem Geschäft in der Duke Street schuf – ein großer begehbarer Schrank mit Air-condition, dessen Wände mit Zedernholz ausgekleidet waren. Hier warteten nun unter idealen Bedingungen die edlen kubanischen Zigarren auf ihre illustre Klientel. Dunhill hatte mit dieser Maßnahme einen neuen Standard geschaffen, dem bald Zigarrenhändler in aller Welt nacheiferten.

Während anfangs die Hausmarke Dunhills aus importiertem kubanischen Tabak in Großbritannien hergestellt wurde, ließ er sie später direkt in kubanischen Fabriken fertigen. Nach Verhängung des Embargos Anfang der sechziger Jahre war der US-amerikanische Markt zwar für »Dunhills« verschlossen, die in Kuba hergestellt wurden, doch ließ der Brite einige Marken (»Atado«, »Estupendo«, »Malecon», »Mojito« und »Varadero«) weiterhin auf der Karibikinsel fertigen. Als jedoch in den achtziger Jahren die überzogenen kubanischen Vertragsbedingungen unerfüllbar wurden, verlegte Dunhill ebenso wie sein Freund, Konkurrent und Weggefährte Zino Davidoff die Produktion in die Dominikanische Republik.

Heute gehört die Firma »Dunhill« zur »Rothman International Group«, ist aber nach wie vor in Familienbesitz und wird unter dem Namen »Dunhill, Ltd.« von Alfreds Enkel, Richard Dunhill, geleitet.

COURONNES
LAUREN
DAVIDOFF
ET CIE
lighters
CIGARE
DE LA HAVA
DAVIDOFF

EDWARD SAHAKIAN

DER HEUTIGE BESITZER des Davidoff-Ladens in der Londoner St. James's Street No. 35 heißt Edward Sahakian. Auch er gehört dem erlauchten Kreise berühmter Zigarren-Aficionados in aller Welt an. Mr. Sahakian ist Kosmopolit und außerdem ein echter Gentleman, dem es mit seinen außerordentlichen Fähigkeiten gelungen ist, die große Tradition der »Davidoffs« aufrecht zu erhalten. Sahakian kam als Kind armenischer Eltern, die im Brauereigeschäft tätig waren, im Iran zur Welt. Mehrmals gewann und verlor die Familie Sahakian ihr Vermögen aufgrund der wechselnden politischen Verhältnisse jener Länder, in denen sie sich nacheinander niederließen. Edward Sahakian selbst lebte in Rußland, in der Türkei und im Fernen Osten. »Zigarrerauchen schafft Freundschaften«, sagt er. »Trifft man jemanden, der Zigarren liebt, so spürt man sofort eine ganz besondere Verbundenheit.«

EDWARD SAHAKIANS TOP TEN

1. Davidoff Ambassadrice
2. Davidoff No. 2
3. Davidoff Double R
4. Cohiba Panetela
5. Cohiba Siglo IV
6. H. Upmann No. 2
7. Avo XO Intermezzo
8. Romeo y Julieta Churchill
9. Paul Garmirian Petit Bouquet
10. Arturo Fuente Hemingway Signa

Zigarrenmacher mit persönlicher Note

Ramón Cifuentes

Die Namen Cifuentes und Partagas stehen seit den letzten Tagen des goldenen Zeitalters der Zigarre, sprich dem Ende des neunzehnten Jahrhunderts, für hervorragende Handwerksarbeit und Qualität.

Ramón Cifuentes fertigte seine erste »Partagas«, noch bevor er selbst Zigarren rauchen durfte. Stundenlang beobachtete er die Roller in der Fabrik und lernte alles über die Zigarrenherstellung von seinem Vater, bevor er schließlich in dessen Fußstapfen trat. Als kleiner Junge hatte er Cowboy werden wollen, doch dann zeigte ihm sein Vater, wie im Havanna der berühmten Dichter und umwerfenden Rum-Cocktails eine ordentliche »Partagas« gemacht wurde. Damals war Havanna ein geradezu mythischer Ort, an dem jeder gern sein wollte, und auch Cifuentes ging es nicht anders. Zu der Zeit tätigte die »Partagas«-Fabrik glänzende Geschäfte, war doch spätestens seit 1845 der Name »Partagas« Synonym für eine große Zigarre.

Dann übernahm Castro die Macht, und Ramón Cifuentes verließ sein Heimatland, die Geheimnisse der Zigarrenkunst im Herzen tragend. Die Dominikanische Republik empfing den begabten Zigarrenmacher mit offenen Armen, und das dort herrschende Klima war ideal für die kubanischen Blätter. Die »Partagas« werden noch heute unter den aufmerksamen Blicken des Mannes hergestellt, dessen Vater und Großvater jene große Zigarre bereits in ihrer kubanischen Heimat gefertigt hatten.

Blickt dieser vornehme und sympathische Mann auf sein Leben zurück, so kommt er zu folgendem Schluß: »Mein ganzes Leben lang waren die Zigarrenverehrer mir dankbar dafür, daß ich für ihren Rauchgenuß sorgte. Natürlich kenne ich die wenigsten von ihnen persönlich, aber einige haben doch Zeit und Gelegenheit gefunden, mir zu berichten, wieviel ihnen meine Zigarren bedeuteten. Aus diesem Grund habe ich niemals auch nur den kleinsten Kompromiß bei der Qualität meiner Zigarren zugelassen – in keiner Produktionsphase. Hätte ich es getan, hätte ich vor mir selbst meine Glaubhaftigkeit verraten.

Mein Vater dachte genauso. Zigarren bedeuteten ihm alles, und als ein echter Sohn Kubas fühlte ich immer tief in meinem Inneren,

daß es auch bei mir eines Tages so sein würde. Immerhin war ich der Erstgeborene unter drei Brüdern, und so ist es durchaus verständlich, daß ich meinem Vater so gut wie möglich nacheifern wollte. In diesem Geist war ich begierig darauf, die Verantwortung dafür zu übernehmen, daß die ›Partagas‹ eine große kubanische Zigarre blieb.«

Damals herrschten in Kuba andere Verhältnisse – alles war so sehr mit Leben erfüllt, daß Ramón, als Fidel Castro 1959 an die Macht kam, den nun eintretenden Veränderungen fassungslos gegenüberstand. Die neue Regierung verstaatlichte bald auch seine Firma. Castro versprach, Ramón Cifuentes die Verantwortung für die gesamte Zigarrenproduktion des Landes zu übertragen, sofern er dabliebe. Aber das Leben in Kuba hatte sich zu sehr verändert, und Ramón beschloß zu gehen. »Ich verlor meine Heimat, aber nicht mein Herz«, sagt er. »Ich bin niemals nach Kuba zurückgekehrt. Zwar liebe ich mein Heimatland, wie vielleicht jeder verstehen kann, aber die Herstellung von Zigarren ist für mich eine ganz persönliche Angelegenheit.«

Der Philosoph

Benjamín Menéndez

»Lauscht der Zigarre. Dann wird sie zu euch sprechen und euch ihre Geheimnisse offenbaren.«

Am 15. September 1960 erschien um fünf Uhr fünfzig nachmittags der General Francisco de la Cruz, Castros »Zigarrenzar«, um die Bürotüren von Alonzo Menéndez, Besitzer der »Montecristo«-Zigarrenfabrik, zu versiegeln. Zwei Tage später nahm Alonzo Menéndez seinen Sohn Benjamín an die Hand, um Kuba zu verlassen – das Land, in dem er sein ganzes bisheriges Arbeitsleben der Zigarrenherstellung gewidmet hatte. Zum General sprach er die folgenden Abschiedsworte: »Ich hoffe, Sie haben Achtung vor der Zigarre!«

Wie viele Exil-Kubaner hatte er niemals ernsthaft daran geglaubt, daß in seinem Heimatland der Kommunismus jemals Fuß fassen könnte. Er war der Meinung, Castros Tage wären gezählt. Doch Alonzo Menéndez hatte sich geirrt. Mit fünf Dollar in der Tasche und einem einzigen Koffer in der Hand wurde ihm nun klar, daß die großen Tage der Familie Menéndez als Zigarrenkönige auf Kuba endgültig vorüber waren.

Es hatte alles angefangen, als Alonzo 1890 als Tabakhändler kubanischen Boden betrat. Sein Beruf führte ihn später auch nach Tampa, New York, Boston und schließlich zurück nach Havanna. Während der dreißiger Jahre stellte die Familie Menéndez zusammen mit ihrem Partner Pepe García eine sehr berühmte Zigarre her: die »Montecristo«. (Die ebenfalls legendäre »H. Upmann« erwarben sie später.) Der »Montecristo« liegt eine besondere Mischung aus allen fünf Blattlagen zugrunde. Nicht zuletzt deshalb verleihen sowohl der milde und glatte *Centro Ligero* als auch das zuletzt geerntete *Corona*-Blatt der Füllung ihr einzigartiges Aroma.

Die erste Lieferung ging von Kuba aus nach Spanien und in die Vereinigten Staaten, und auch nach dem Zweiten Weltkrieg wurden Zigarren mit dem Namen »Montecristo« hergestellt. – Eine Bemerkung am Rande: In England hat »Dunhill« die »Montecristo« noch immer als exklusive Premium-Zigarre im Sortiment, obwohl sie heute außer in Kuba auch in der Dominikanischen Republik hergestellt wird.

Später ließ sich Benjamín eine Zeitlang in Madrid nieder und stellte Zigarren auf den Kanarischen Inseln her. Dort kreierte er zusammen mit Pepe García die »Montecruz«, die aus nichtkubanischen Tabaken gefertigt wurde, da aufgrund des US-Embargos gegenüber der Karibikinsel kubanischer Tabak immer schwerer zu bekommen war.

In dem tagtäglichen Bemühen, die Produktion großer Zigarren an sich zu ziehen, erwarb »Consolidated Cigar« im Jahre 1975 auch die Rechte an den Marken »Montecristo« und »H. Upmann«. »General Cigar« sicherte sich derweil die Rechte an der Marke »Partagas«, die bis dahin bei Ramón Cifuentes gelegen hatten. Damals,

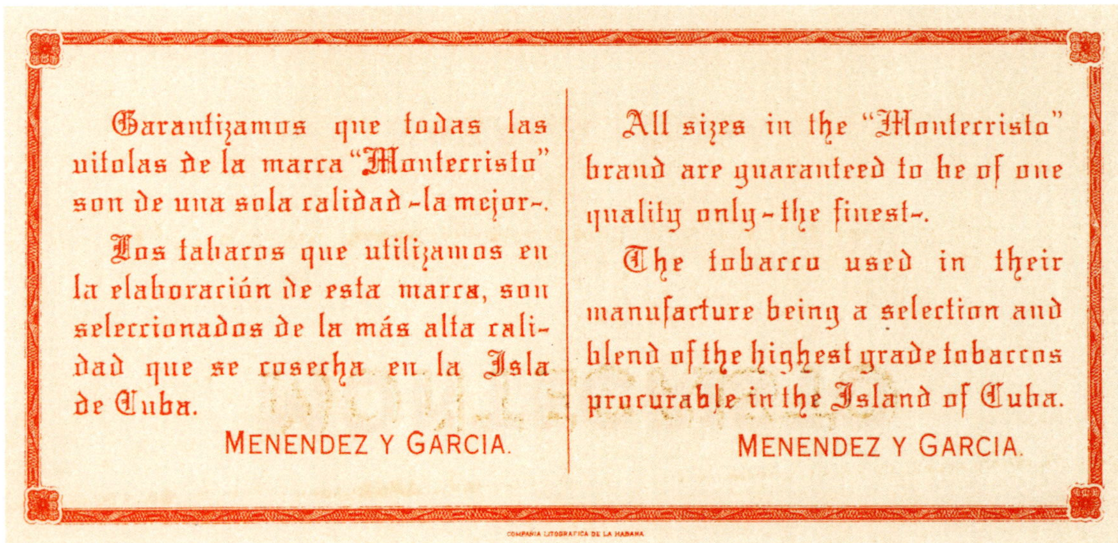

Rechts: **In der Zeit vor Castro wurden alle Aufkleber für Montecristo auf der Rückseite mit diesem Zertifikat bedruckt.**

in Havanna, waren die Familien Menéndez und Cifuentes Konkurrenten gewesen. Nun kamen sie zusammen, um in der Dominikanischen Republik die Produktion der »Partagas« aufzunehmen. Freunde waren sie von jeher, da die Liebe zur Zigarre sie verband. In diesem Jahr, also 1997, wird »Partagas« mehr als achtzig Millionen Zigarren in der Dominikanischen Republik herstellen.

Menéndez und Cifuentes sind kluge und kultivierte Zeitgenossen, die mit ihren Kollegen, aber auch mit ihren Konkurrenten ein wunderbares Wissen teilen. Hin und wieder zündet sich Benjamín Menéndez eine kubanische »Montecristo« an, um dann, umgeben von deren blauem Dunst, eine meditative Pause einzulegen. Schließlich hat er diese Zigarre geschaffen – auch das kommunistische Kuba wird die wahre Herkunft dieser Zigarre niemals leugnen können.

»Sie ist noch immer ziemlich gut«, gesteht er. »Das vollmundige Aroma einer Havanna war eben schon immer etwas Besonderes«, fügt er wehmütig hinzu, denn in solch einem Moment denkt er wohl daran, was er durch die Machtergreifung Castros verloren hat. »Manchmal bin ich jedoch vom Mangel an Beständigkeit und Ausgeglichenheit in der Mischung enttäuscht. Die richtige Reifung und die Mischung – damit steht und fällt die Zigarre. Das ist es, was man in meinem Heimatland lernt.«

»Die Zeiten sind schwer im heutigen Kuba. Um so erstaunlicher ist es, daß wir, obwohl wir etwas verloren haben, auch etwas Neues fanden. Aus kubanischem Saatgut haben wir neue Blätter gezogen und die ›Partagas‹ gemacht. Der Ort ist neu, aber die Zigarre ist die alte. Das Erbe unserer Vorväter kann uns keiner nehmen. Neue Mischungen, andere Landschaften – und unser aller Wissen und Erfahrung: Ich bin mir sicher, daß wir eine qualitativ beständige und bisweilen großartige Zigarre produzieren. Wir verfügen heute auch hier über guten Tabak und ebensolche Technologien.«

Benjamín Menéndez' Top Ten

»Jede Zigarre hat ihre Tageszeit. Je milder der Geschmack, desto besser kann sie am Morgen genossen werden. Je voller der Körper, um so mehr eignet sie sich für den Abend.«

1. Partagas Royal Limited Reserve: »Starkes, volles Aroma, sehr ausgereift. Außergewöhnlicher Rauchgenuß nach dem Dinner.«

2. Macanudo Baron de Rothschild: »Eine eher leichte Zigarre, deren Geschmacksvielfalt niemals enttäuscht.«

3. Macanudo Hyde Park: »Ein eher großes Ringmaß, welches eine Mischung mit vollem Körper zuläßt.«

4. Partagas No. 4: »Eine gute kleine Zigarre.«

5. Macanudo Petit Corona: »Klein und süß.«

6. Macanudo 1993 Vintage: »Eine runde Sache von der Einlage bis zum Deckblatt.«

7. Partagas Sabrosa: »Gut geschützt in einer Hülse. Bleibt lange frisch.«

8. Partagas No. 2: »Dasselbe Format wie die ›Macanudo Hyde Park‹, aber etwas robuster im Geschmack.«

9. Macanudo Hampton Court: »Eine kürzere ›Baron de Rothschild‹ in der Hülse.«

10. Partagas No. 10: »Eine große Zigarre. Echtes ›Partagas‹-Aroma. Süß und mit vollem Körper.«

H. UPMANN
1844
Chairman's Reserve
H. UPMANN
1844
Chairman's Reserve
Chairman's Reserve

Der Mann von »Consolidated«

Richard DiMeola

Richard DiMeola, Vizepräsident der »Consolidated Cigar Company«, ist ein eleganter, redegewandter Mensch, der die vergangenen vierzig Jahre seines Lebens den besten Zigarren der Welt gewidmet hat. DiMeola ist gut informiert und entschlußkräftig. Er spricht lieber stolz von seinem Unternehmen als von sich selbst.

Über die gegenwärtigen Trends in der US-amerikanischen Zigarrenindustrie und die Rolle seines Unternehmens macht sich Richard DiMeola seine eigenen Gedanken: »Bevor das Embargo gegen Kuba in Kraft trat, wurden in den Vereinigten Staaten hundertfünfundachtzig Millionen Zigarren verkauft, von denen lediglich acht Prozent aus Kuba stammten. Der größte Teil des aus Kuba in die Vereinigten Staaten exportierten Tabaks ging nach Tampa für die ›Clear Havanna‹ – bis Anfang der sechziger Jahre aus den bekannten Gründen der Tabakvorrat knapp wurde und der Zigarrenverkauf unter fünfzig Millionen sank.«

Da sich die großen kubanischen Tabakfamilien nun im Exil befanden und ihre Handelsmarken somit herrenlos geworden waren, kaufte »Consolidated« nach und nach die US-Rechte an einigen großen kubanischen Marken, unter anderem an der »Montecristo« und der »H. Upmann« – heute zwei Flaggschiffe des Unternehmens im Bereich der Premium-Zigarren. Hergestellt werden beide aus Schatten-Deckblatt und Broadleaf-Einlage, gezogen in der Dominikanischen Republik, Indonesien und Connecticut.

1975 hatte »Consolidated«, unterstützt von Benjamín Menéndez und Pepe García, mit der »Montecristo« und der »H. Upmann« das große Comeback der kubanischen Marken gestartet, bald gefolgt von »General Cigar« mit Ramón Cifuentes' »Partagas«. Das Ziel war, große Havannas mit derselben Sorgfalt und Erfahrung wie eh und je zu produzieren, allerdings außerhalb Kubas.

Es gelang. In der Mitte der achtziger Jahre erreichte die Produktion die Hundert-Millionen-Marke, und in den neunziger Jahren übertraf sie sogar die Höchstwerte Kubas in der Zeit vor dem Embargo, und zwar mit einem Auftragsüberhang von achteinhalb Millionen Zigarren.

Dann brach Mitte der achtziger Jahre ein regelrechter Zigarren-Boom aus, als im Bostoner »Ritz-Carlton« eines der ersten Zigarren-Dinners stattfand. Die Dinners kamen in Mode, und die jugendlichen Trendsetter beiderlei Geschlechts bestimmten den Markt durch Engagement und Konversationskunst. Schließlich erschien im Herbst 1992 erstmals das Magazin *Cigar Aficionado*. Dazu sagt DiMeola: »Das Magazin sprang auf einen Zug, der eben erst anfuhr. Der Jet-set sorgte dann für den endgültigen Höhenflug der Zigarre bis in die Stratosphäre.«

Kürzlich brachte »Consolidated« eine Marke auf den Markt, die ursprünglich dem Besitzer der »Company«, Ronald Perelman, gewidmet war. Des Vorsitzenden »Reserve« steht für exzellente Qualität und Geschmack, ganz im Einklang mit DiMeolas Vision: »Man raucht mit dem Auge, dem Gefühl und dem Tastsinn.«

Und er schwärmt: »Meiner Meinung nach ist das Connecticut-Deckblatt auf der Welt unübertroffen. Es verstärkt am besten den intensiven Geschmack einer perfekten Einlage.«

Gegenüber: **Die hochgeschätzte »Reserve« von Upmann wurde in der Dominikanischen Republik für Ronald Perelman, den Vorsitzenden der Consolidated Cigar Co., kreiert.** Rechts: **Das kubanische Originaletikett für H. Upmann von der Manufaktur in Havanna, die 1844 von Hermann und August Upmann aus Bremen gegründet wurde.**

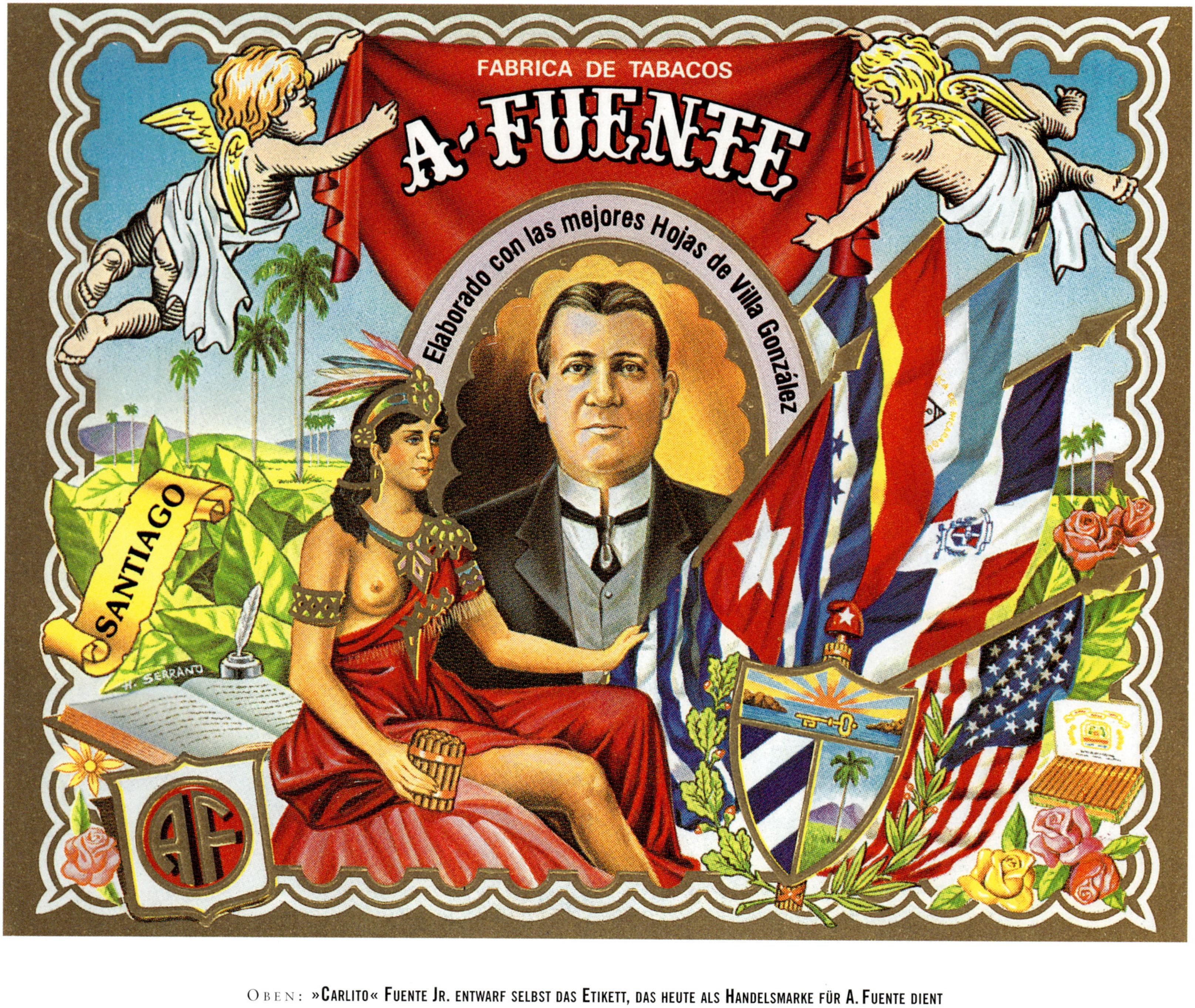

OBEN: »CARLITO« FUENTE JR. ENTWARF SELBST DAS ETIKETT, DAS HEUTE ALS HANDELSMARKE FÜR A. FUENTE DIENT

Würdiger Vertreter einer alten Familie

Carlos Fuente Jr.

»Die Zigarre ist der einzige Kamerad, der deinen Gedanken lauscht.«

Diejenigen Kubaner, die auf der Flucht vor den Folgen des Spanisch-Amerikanischen Krieges das »richtige« Tabakblatt nach Florida brachten, hatten den Segen ihres Nationalhelden José Martí. Unter ihnen war auch Arturo Fuente, der 1898 nach Key West übersiedelte. Seine erste Fabrik wurde ein Opfer der Flammen, und so gründete er 1912 in Tampa eine neue, um »Clear Havannas« herzustellen. »Tampa Sweetheart« war der Name, den seine erste Zigarre trug. Später entwickelte er eine Zigarre mit einer ausgefallenen Mischung, die als Vorläufer der großen »Fuente« angesehen werden kann. Fuentes zweite Fabrik versank im Feuer, nicht jedoch seine Vision: Er nahm die Produktion nun in seinem Haus in Ybor City, der großen kubanischen Zigarrenkommune Tampas, wieder auf.

1954 übernahm Arturos Sohn Carlos das Erbe der Familie Fuente, und kurz danach wurde der jetzige Leiter, Carlos Jr., geboren.

Als nach Inkrafttreten des US-Embargos die Vorräte an kubanischem Tabak schwanden und keine »Clear Havannas« mehr hergestellt werden konnten, wanderte die Familie nach Nicaragua aus, wo sie jedoch 1977 durch die Sandinistische Revolution abermals gezwungen wurde, Hab und Gut zurückzulassen. Schließlich ließ sie sich in der Dominikanischen Republik nieder, wo sie bemerkenswerte Erfolge mit der »Arturo Fuente«, der »Château Fuente«, der »Flor Fina 8-5-8«, der »Hemingway« und der »Montesino«, erzielen konnte. Die Mischung der »Flor Fina« (»Feinste Blüte«) hat Arturo Fuente persönlich aus vier verschiedenen Tabaken komponiert. Sie erschien anläßlich der Feier seines fünfundachtzigsten Geburtstags mit dem Ringmaß 47 – und ist eine wundervolle Zigarre.

Die größte Errungenschaft der Fuentes ist vielleicht die »Opus X«, der triumphale Höhepunkt des ehrgeizigen Unterfangens, ein neues Deckblatt von Weltklasse zu entwickeln. Angeregt durch Angel Oliva, der als erster mutig die Länder der Erde durchstreifte, um für das kubanische Saatkorn perfekte Boden- und Klimaverhältnisse zu suchen, damit aus dem Saatgut Blätter erster Qualität heranwachsen konnten, begannen die Fuentes mit dem »Projekt X«, ein Unternehmen, das viele Experten von vornherein zum Scheitern verurteilt sahen. Nach etlichen kostspieligen Fehlschlägen waren die Tabakspezialisten zu dem Schluß gekommen, sehr gute Deckblätter könnten ausschließlich in Kuba, Kamerun, Ecuador und Connecticut gedeihen. Aber eines Tages ging die Saat am Ufer eines Flusses in der Dominikanischen Republik doch noch auf.

Das dominikanische *Rosado*-Deckblatt, das ursprünglich auf der Plantage »Château de la Fuente« gezogen wurde, liefert einen Tabak, der voller im Geschmack ist und bessere Brenneigenschaften besitzt als das erstgezogene. Boden und Klima bekommen dem Saatgut ausgezeichnet, und die Fuentes sind überzeugt, daß ihr Tabak, der in Cognacfässern der Marke »Courvoisier« reift, den vertrauten Havanna-Geschmack besitzt und so aus ihm aromatische, reiche Zigarren mit komplexem Aroma entstehen. Die wunderschön gemachten Zigarren reifen ein Jahr lang unter besten Bedingungen in Gewölben, die mit Zedernholz verkleidet sind, bevor sie in Kisten verpackt werden.

»Fuente« produziert mehr als 34 Millionen Zigarren pro Jahr, davon allein 750 000 »Opus X«. Kürzlich gab es eine Auseinandersetzung zwischen der Firma »Mondavi/Rothschild« und dem Zigarrenhersteller »Fuente«. Der Weinhersteller hegt die Absicht, künftig neben seinem Spitzenwein »Opus I« auch eine Zigarre mit diesem Namen anzubieten. In Abwandlung eines Shakespeare-Zitats kann man da nur sagen: »Auch unter einem anderen Namen wäre eine ›Opus‹ keine ›Opus‹.«

Die Fuentes sind der Überzeugung, daß die Produktion einer großen Zigarre ihre Zeit braucht. »Vom Keim der Hoffnung bis zur Geburt eines Traumes pflanzen, mischen und lassen die Fuentes ihren Tabak reifen, ohne je etwas beschleunigen zu wollen.« Und ein berühmter Ausspruch der Familie besagt: »Der stete Tropfen höhlt den Stein, und schließlich ist ein Canyon da.«

Folgende Seiten: **Carlos Fuente Senior und Junior auf ihrer Plantage in der Dominikanischen Republik.**

Der Poet

Hendrik Kelner

»Der Tabak sagt dir schon, was er braucht – du mußt nur lernen, ihm zuzuhören«, sagt Hendrik Kelner, der Poet unter den Tabakleuten. Kelner, der Ausbildung nach Ingenieur, nun profunder *Conocedor*, Tabakkenner, Romantiker von Natur, Sohn holländischer Eltern, kam in der Dominikanischen Republik zur Welt – und dort führt er das noble Erbe seines Vaters fort.

El tabaco es como la mujer.
Para conocerlo hay que comprenderlo.
Para comprenderlo hay que amarlo.

(Tabak ist wie eine Frau.
Um ihn zu kennen, muß man ihn verstehen.
Um ihn zu verstehen, muß man ihn lieben.)

Als die Situation für Zino Davidoff in Kuba untragbar wurde und er für seine Produktion einen neuen Standort suchte, fielen seine und Ernst Schneiders Blicke auf eine Firma in der Dominikanischen Republik, die versprach, alle notwendigen Qualitätsanforderungen zu erfüllen. Ergebnis: Es wurde eine neue Generation von Zigarren geboren. Sie zeichnet sich gegenüber der Konkurrenz durch bessere Machart und Qualität aus, ist außerdem milder und beständiger – und sie trägt ein wunderschönes Deckblatt. Davidoff kannte den Unterschied zwischen »gut« und »exzellent«, und Kelner ist ein »Alchimist«, der Zigarren machen kann, die fast perfekt sind. Kelner verwendet drei verschiedene Blattsorten, die in der Provinz San Vincente aus kubanischen Saaten gezogen werden. Zusammen mit einem Connecticut-Shade-Deckblatt wirken die eleganten Zigarren wie Gemälde, wobei ein jedes mit einer eigenen Komposition daherkommt. Und jede Marke, ob sie nun »Avo«, »Davidoff« oder »Griffin's« heißt, erfüllt ganz spezielle Anforderungen und Erwartungen.

Für die einzelnen Marken hat Kelner bestimmte Zielsetzungen, um die jeweils typischen Eigenschaften zu erreichen. Im Vordergrund stehen immer gleichbleibende Qualität und Ausgewogenheit. Kelner verwendet Tabak aus dem Yaque-Tal, wo sechs verschiedene Bodenarten anzutreffen sind. Dieser Umstand sorgt – zusammen mit den entsprechenden Anbaumethoden und den Klimaschwankungen (stets wechseln mit jeder Ernte Wetter und Lesezeit) – für die notwendige Geschmacksvielfalt. Schließlich wird allen Arbeitsphasen – Anbau, Trocknung, Fermentation, Reifung des Tabaks, Herstellung der Zigarren und deren Nachreifung – ein hohes Maß an Kontrolle und Sorgfalt entgegengebracht.

Kelner arbeitet hart, aber dennoch mit leichter Hand, und er gehört sicherlich zum Kreis der größten Tabakkenner der Welt. Aus fünf verschiedenen Blatternten wählt er sorgfältig die notwendigen *Ligero*-Anteile für die richtige Würze und die erforderlichen *Seco*-Anteile für die Ausgewogenheit des Geschmacks. Schließlich nimmt er einen Anteil *Volado*, um gute Brenneigenschaften zu erreichen. Seine Liste enthält alle Eigenschaften und Kombinationsmöglichkeiten des Tabaks. Außerdem enthalten seine Mischungen die notwendige Portion an persönlichen Erfahrungen – Geheimnisse, die nur Hendrik Kelner kennt. Oft stehen für Einlage und Umblatt fünfundzwanzig verschiedene Mischungen zur Verfügung, und mit dem neuen dominikanischen Deckblatt, das er kreiert hat, scheint die perfekte Zigarre in greifbarer Nähe zu sein.

»Erst der Luftstrom bewirkt das Zusammenspiel der Geschmacksnuancen«, sagt Kelner. »Beim Mischen des Tabaks muß man die verschiedenen Punkte der Geschmackswahrnehmung im Mund unbedingt berücksichtigen: *dulce* [süß] schmeckt man vorn, *salado* [salzig] an den Seiten und *amargo* [bitter] hinten im Gaumen. Der

Luftstrom bewirkt die Stimulation all dieser »Sensoren«, so daß schließlich jene faszinierende Geschmacksvielfalt entsteht, wie wir sie sonst nur von den Gerichten der Meisterköche kennen, die ihre Gewürze und besonderen Zutaten ebenso kunstvoll vermischen wie wir unseren Tabak.« So ist alles vorhanden, was zur Herstellung dieser seltenen, robusten und, ja, »revolutionären« Zigarre notwendig ist: sorgfältige Planung und Kontrolle der Abläufe, hervorragende Böden und ausgezeichnetes Klima, eine gute Mischung von Geschmack und Aroma – und nicht zuletzt eine Reifezeit von vier Jahren. Dies also ist die Poesie oder, besser, die »Kunst der Komposition« des Hendrik Kelner. Und ebenso das Vermächtnis von Zino Davidoff.

Hendrik Kelners Top Ten

1. Davidoff 1000: »Kleiner, guter Körper. Gut bei der Arbeit.«

2. Grand Cru Series No. 3 und No. 1: »Jeweils gute Zigarren, für die man Zeit braucht.«

3. Double RR: »Eine After-Dinner-Zigarre. Braucht mindestens eine Stunde Zeit.«

4. Paul Garmirian Petite Bouquet.

5. Avo XO Intermezzo: »Voller Körper mit viel Gewürz.«

6. Davidoff Torpedo: »Komplex, muß entdeckt werden. Aus fünf verschiedenen Tabaken hergestellt.«

7. Macanudo: »Gutes Connecticut-Shade-Deckblatt.«

8. Griffin's 300: »Kubanisches Aroma. Anregender, ziemlich direkter Smoke.«

9. Partagas: »Sie gefällt mir wegen des guten Kamerun-Deckblatts.«

10. Kelner Blend: »Nicht im Handel. Eine wundervolle Corona.«

Villazon & Co.

Frank Llaneza

Seit über hundert Jahren stellt das Unternehmen »Villazon«, dessen Ursprünge in Tampa liegen, Zigarren der Spitzenklasse her, darunter »Hoyo de Monterrey«, »Excalibur« und »Punch«. Unter der Leitung von Frank Llaneza, der die Neigung hat, des öfteren aufs Ganze zu gehen, produzieren die»Villazon«-Fabriken heute 60 Millionen Zigarren pro Jahr.

Als 1961 das Embargo gegenüber Kuba in Kraft trat, beschloß Llaneza, seine Zigarrenfertigung zu verlegen. Die Kanarischen Inseln kamen nicht in Frage, da die Produktionskosten dort sehr gestiegen waren, nachdem die spanische Monopolgesellschaft »Tabacalera« auch dort die Kontrolle übernommen hatte. Llaneza und sein Partner Dan Blumenthal sowie Angel Oliva von »Oliva Tobacco« kannten sich bereits mit den Tabaksorten aus, die in der Dominikanischen Republik gezogen wurden, und außerdem besaßen sie dort sogar eine Plantage (die schließlich an Carlos Fuente verkauft wurde). Da ihnen jedoch die klimatischen und sonstigen Bedingungen in Honduras besser gefielen, führten sie dort unter dem Namen »Villazon« den Tabakanbau sowie die Zigarrenproduktion ein. Llaneza und Blumenthal hatten sich im Laufe der Zeit mit Fernando Palicio, dem die Marke »Hoyo de Monterrey« in Havanna gehörte, angefreundet, und eines Tages gelang es ihnen, von Palicio die Rechte dieser berühmten Marke zur Produktion außerhalb Kubas zu erwerben.

In Honduras gründete Llaneza im wahrsten Sinne des Wortes eine »Tabakschule«, in der er den Farmern beibrachte, wie man reines, kubanisches Saatgut anbauen mußte, um in Honduras einen aromatischen und vollmundigen Tabak daraus zu ziehen. Außerdem mußten die Honduraner lernen, wie man aus diesem Tabak Zigarren fertigte. Es wurde ein Connecticut-Deckblatt aus großen,

hellen Blättern hinzugefügt, und so kamen schließlich eine gute Mischung und eine hervorragende Zigarre heraus.
Wie steht es nun um Frank Llanezas Vorlieben? Auf jeden Fall mag er die milde »Excalibur No. 4« mit ihrem Connecticut-Shade-Deckblatt, und die »Punch Corona«, die einen reichen Geschmack durch ihr Sumatra-Deckblatt aus Ecuador erhält.

Frank Llanezas Top Ten

1. Hoyo de Monterrey Excalibur No. 4: »Eine sanfte Zigarre mit viel Geschmack.«
2. Punch Double Corona EMS: »Robuster Geschmack.«
3. El Rey del Mundo Flor de Llaneza: »Schwer, sehr aromatisch.«
4. Hoyo de Monterrey Excalibur No. 1: »Lange Brenndauer, sehr sanft.«
5. Macanudo Baron de Rothschild: »Ein wunderschönes Deckblatt und ein milder, sehr sanfter Smoke.«
6. Partagas No. 10: »Ein ausgezeichneter Smoke mit einem würzigen EMS-Deckblatt.«
7. Belinda Breva a la Conserva: »Ein wunderbarer Smoke für den täglichen Rauchgenuß mit einem sehr wohlschmeckenden Deckblatt.«
8. Hoyo de Monterrey Churchill: »Robuster, sehr guter Geschmack.«
9. Hoyo de Monterrey Rothschild Maduro.
10. Punch Rothschild Maduro: »Robuster Geschmack, exzellente Brenneigenschaften.«

Frank Llanezas Favoriten vor Castros Zeiten

1. Montecristo No. 1: »Feines Aroma.«
2. Partagas Derby: »Eher kurzer Rauchgenuß, feines Aroma.«
3. Montecristo No. 2: »Robust, schwer.«

Der erste Mann von »Partagas«

Jorge Concepción Luna

In einer ruhigen Strasse in der Altstadt von Havanna erhebt sich die gegen Mitte des achtzehnten Jahrhunderts erbaute »Partagas«-Fabrik. In ebendieser *fábrica* nahm der junge Jaime Partagas vor mehr als hundertfünfzig Jahren die Zigarrenproduktion auf. Tritt man durch die weiten Eichentüren gleich am Eingang, so gelangt man in einen Klimaraum, der erfüllt ist von einem betörenden Aroma: Der Duft kubanischer Zigarren und kubanischen Kaffees vermengen sich zu einer ganz eigenen Symbiose. An den Wänden reihen sich die Kisten jener Havannas, von denen ich seit jeher träume: »Cohiba«, »Hoyo de Monterrey«, »Montecristo«, »Partagas«, »Romeo y Julieta«. Da ruhen sie nun alle, wunderschön und sehr einladend. Hier ist also das Paradies aller Raucher, geleitet von Jorge Concepción Luna, der mich gerade einlädt, ihm in seine »Zigarren-Bibliothek« zu folgen.
Luna, in eine Zigarrenherstellerfamilie hineingeboren, ist der Stellvertretende Direktor von »Partagas« in Havanna. Sein Vater war von den Kanarischen Inseln gekommen, wo er Tabak in der Provinz Las Villa angebaut hatte. Unter seiner Anleitung wurde Jorge zu einem Experten für die Beschaffenheit des Tabakblatts. Obwohl die

in der Dominikanischen Republik hergestellte »Partagas« in ihrer Einlage einen Tabakanteil hat, der aus kubanischen Saaten gezogen wurde, ist Luna davon überzeugt, daß die in Kuba hergestellte »Partagas« doch anders schmeckt: »Es ist unmöglich, in einem Land genau dieselben Voraussetzungen zu finden wie in einem anderen. Deshalb sind auch die Zigarren niemals gleich.«
In vier verschiedenen Regionen des Inselstaates überwacht der Kubaner große Teile des Tabakanbaus. Er erklärt uns, daß im Vuelta Abajo die besten Deckblätter *(capas)* und ein hervorragendes Einlageblatt, der *triepo*, wächst. Im angrenzenden Semi-Vuelta-Tal gedeiht unter Musselintüchern ebenfalls Einlagetabak, während sich im Landesinneren, entlang der Berge, in östlicher Richtung die Remedios-Region befindet. »Dies ist das Land der ›Partagas‹«, versichert uns Luna.
Wir sitzen nun zusammen an einem langen, polierten Tisch, und Luna bietet uns mit einem großzügigen Lächeln auf den Lippen seine Freundschaft an. Er erzählt mehr von seiner geliebten »Partagas«: »Jeder Raucher, der ein gutes, kräftiges Aroma schätzt, wird eine Partagas wegen ihrer gleichbleibenden Stabilität und Qualität mögen, Eigenschaften, die nur durch jahrelange Erfahrung zu erreichen sind – eben durch Tradition.«
Die Anbausaison für Tabak dauert in Kuba von September bis Februar, aber Luna hat mir im stillen anvertraut, daß er an bemerkenswerten neuen Methoden arbeitet, mit deren Hilfe die Saison um fünf weitere Monate verlängert und die Produktion somit auf 140 Millionen Zigarren jährlich erhöht werden könnte. Ein kühnes Konzept – soviel ist sicher.

OBEN: **DIE EHEMALIGE PARTAGAS-FABRIK, ABGEBILDET AUF DER RÜCKSEITE EINES KUBANISCHEN ETIKETTS**

Der »Tabak-Engel«

Angel Oliva

Seit der Mensch Tabak raucht, bittet er höhere Mächte um Schutz für seine Ernte. In Kuba heißt der Gott des Tabaks Hatuey, während in der Dominikanischen Republik Prinzessin Anacaona, eine anmutige indianische Göttin, die Tabakernte beschützt. Fast könnte man auch Angel Oliva in diese Liste einreihen. Von den Zigarrenkennern in aller Welt wird er jedenfalls hoch verehrt, und Lew Rothman von »JR Tobacco« nennt ihn gar den »Albert Einstein des Tabaks, dem absolut keiner das Wasser reichen kann«.

Als Angel Oliva vor über fünfundsiebzig Jahren nach Tampa in Florida kam, überfiel ihn die Vision, daß die schmutzigen Wege, die nach Ybor City führten, eines Tages von grünen Tabakpflanzen gesäumt sein könnten. Sein Vater, Juan Francisco Oliva, war Vorarbeiter auf einer Farm in Pinar del Rio gewesen, und auch Angel selbst hatte als Tabakpflanzer in Kuba begonnen. Die Vereinigten Staaten hielt er für das Land der großen Möglichkeiten, und zwar nicht nur in bezug auf ein besseres Leben, sondern auch im Hinblick auf die Einrichtung von Tabakfabriken und Plantagen. Da lag er gar nicht so falsch, obwohl zu seiner Zeit guter Tabak ausschließlich in Kuba wuchs, und das wußte er nur zu gut.

Die im Jahre 1932 gegründete Handelsgesellschaft »Oliva Tobacco Company« lieferte für die Herstellung der berühmten »Clear Havanna« zunächst einmal ein gutes kubanisches Deckblatt an über fünfzig Tabakfabriken in Tampa, aber auch den Rohstoff für Einlagen und Umblätter. Sein Lager quoll meist über von tausenden Tabakballen, die er höchstpersönlich handverlesen hatte. Oliva schloß Geschäfte in gutem Vertrauen per Handschlag ab – bis seine Lieferanten in Kuba ihr Wort brachen.

Bis zum Embargo hing die Zigarrenproduktion in Tampa allein vom Tabak der größten Karibikinsel ab. Nach 1961 machte

Die Top Ten der Olivas

1. Fuente Opus X: »Wir mögen alle Zigarren dieser Produktreihe. Die reichen Deckblätter machen sie zu absolut phantastischen Smokes. Eine Struktur wie keine andere Zigarre.«

2. Ashton Vintage Cabinet No. 2: »Eine wunderbar gemachte sanfte Zigarre. Wir heben sie für besondere Gelegenheiten auf.«

3. Bering Plaza: »Erschwingliche Zigarren für den täglichen Rauchgenuß. Ein Beispiel für eine gute Zigarre, die trotzdem nicht das ›letzte Hemd‹ kostet.«

4. Cuba Aliados Valentino: »Eine gute Zigarre mit mittlerem Körper und einem großartigen Deckblatt. Diese großformatige Zigarre eignet sich gut für die Tagesmitte, auch für die Krönung einer üppigen Mahlzeit.«

5. Cuesta Rey 1884: »Eine Zigarre von großer Konsistenz mit leichtem Körper – perfekt für den Tagesbeginn.«

6. Hoyo de Monterrey Excalibur: »Noch eine wunderbare Produktreihe. Das Aushängeschild für Honduras – immer ein wunderbarer, komplexer Rauchgenuß.«

7. JR Ultimate: »Auch eine phantastische Produktreihe. Mächtige Smokes mit vollem Aroma, die uns an Kuba denken lassen.«

8. La Gloria Cubana Wavell: »Eine Zigarre, die sich mit ihrem Aroma von den anderen unterscheidet und ihrem ausgezeichneten Ruf absolut gerecht wird.«

9. Punch Grand Cru Superior: »Zweifellos eine unserer Favoritinnen. Das schöne EMS-Deckblatt macht sie zu einem Klassiker.«

10. Tabacos San José Torpedo: »Ein wenig bekanntes Juwel, das in Miami hergestellt wird. Eine der am besten gemachten und aromatischsten Torpedos, die es gibt.«

Oliva Tobacco Company
PACKERS OF DOMESTIC AND IMPORTED TOBACCOS

sich Oliva – notgedrungen – auf die Suche nach neuen Rohstoffquellen. Er arbeitete mit Farmern in Connecticut, Florida und Honduras zusammen und investierte dabei viel Zeit, Energie – und seine Ersparnisse, weil er mehrere Projekte mit dem Ziel begann, ein Blatt zu entwickeln, das ebensogut war wie jenes, das sein Vater seinerzeit in Kuba angebaut hatte. Mit geradezu missionarischem Eifer arbeitete er ohne Pause zusammen mit seinen Brüdern Martin und Marcelino daran, dem Tabakgeschäft wieder auf die Beine zu helfen. Zigarrenmacher und Freunde baten ihn gleichermaßen um Rat und Unterstützung.

Oliva brachte denn auch einiges an Geld auf, um seine Familie und eine Reihe von Freunden aus Kuba in die USA zu holen, um ihnen ein besseres Leben zu ermöglichen. Noch heute hat die Firma der Olivas stets ein offenes Herz für Kubaner in Not und hilft ihnen mit Rat, aber auch mit Tat über schwierige Zeiten hinweg.

Schließlich lieferte Oliva den Beweis, daß die Tabakanbauer in Connecticut sehr wohl in der Lage waren, ein hervorragendes Deckblatt zu produzieren: das *Candela*-Deckblatt, das zweiundsiebzig Stunden lang über Feuer getrocknet wird, um Farbe und Geschmack zu konservieren. Dieses Blatt findet noch heute nur bei Top-Zigarren Anwendung.

Oliva hatte nun zwar das Deckblatt-Problem gelöst, aber die Vorräte an kubanischem Einlagetabak schwanden nach wie vor dahin. Der Unermüdliche ergriff wiederum die Initiative. Diesmal ging es ihm um Boden und Klima – und so betrieb er ausgiebige Studien in Ländern, welche vergleichbare geographische, klimatische und topographische Voraussetzungen wie Kuba aufwiesen. Sein erstes Experiment mit einem Stück Land in Honduras brachte sogleich Erfolg. Er machte weiter – und produzierte natürliche, in der Sonne gezogene Einlageblätter, welche die Zigarrenindustrie zum Überleben so dringend benötigte. Dieses unerwartete Ergebnis verblüffte sämtliche Zigarrenmacher.

Nun ist Oliva nicht jemand, der sich auf seinen Lorbeeren ausruht, und so bereiste er bald weitere Länder Lateinamerikas, um mit seinen Söhnen und seinem Enkel, Angel Jr. und Johnny sowie John Jr., weitere Versuche zu unternehmen, noch mehr »gelobte Länder« für seine kubanischen Saaten zu finden.

Die Olivas trotzten Kriegen und politischen Unruhen, beispielsweise in Nicaragua, überstanden rauhe Klimaverhältnisse und andere Widrigkeiten, entwarfen Trockenschuppen und bildeten Tabakpflanzer aus, kultivierten Böden und entwickelten Saatgut, teilten ihr Wissen und ihre Erfahrung – und traten dabei immer mit Höflichkeit und Respekt auf. Sie lieferten den Tabak für so berühmte Marken wie »Belinda«, »Fuente«, »Hoyo de Monterrey«, »La Gloria Cubana« und »Punch«.

Heute entwickelt die Familie Oliva nicht nur in Honduras Tabak für Premium-Zigarren, sondern auch in Ecuador und der Dominikanischen Republik. Ursprünglich waren sie auch für die Plantage »Château de la Fuente« zuständig, überließen sie jedoch Fuente, damit dieser dort seine hervorragenden Deckblätter ziehen konnte. Keiner anderen Familie wird unter den Tabakanbauern und Zigarrenmachern wohl so viel Liebe und Respekt zuteil wie den Olivas. »Sollte das Embargo jemals aufgehoben werden«, sagt Johnny Oliva, »so werden wir zurückgehen – nicht um dort zu leben, sondern um Tabak anzubauen. Kuba ist unser Heimatland, und der Tabak von dort ist einfach großartig. In so mancher Hinsicht ist Kuba ein vielversprechendes Land. Vielleicht werden wir dort sogar dominikanische Saaten kultivieren. Sie sind ziemlich gut.«

Geschichte und Eleganz

Nicholas Freeman

Als sich anlässlich des dreißigjährigen Bestehens der »Cohiba« die hellsten Fixsterne des Zigarren-Firmaments in Havanna trafen, war das eine willkommene Gelegenheit, einige der erstaunlichsten Tabakhändler kennenzulernen. Unter ihnen befand sich auch Nicholas Freeman, Vorstandsmitglied von »Hunters & Frankau«, dem Alleinimporteur kubanischer Zigarren nach Großbritannien, der jährlich einen Gesamtabsatz (einschließlich deutscher, holländischer und schweizerischer Marken) von 25 Millionen Zigarren tätigt. Wie die Familie Cullam von »Consolidated« in den Vereinigten Staaten, sind auch die Freemans seit fünf Generationen im Tabakhandel. Nicholas Freeman ist mit (der) Havanna durch und durch vertraut. Zum einen kennt er das Geschäft, und zum anderen weiß er eine gute Zigarre zu erkennen und schätzen.

Freemans Ururgroßvater, James Rykers Freeman, gründete die Firma, nachdem er in Holland das Tabakgeschäft bis in jedes Detail kennengelernt hatte, und bald war er stolzer Besitzer von drei Zigarrenfabriken in England. Eine Zeitlang besaß er die Marke »H. Upmann«, was seine Präsenz auf dem kubanischen Markt sehr stärkte und ihm half, neue Verbindungen zu knüpfen und alte zu festigen.

Über die Jahre hatte sich Freemans Firma auf das Geschäft mit kubanischem Tabak konzentriert, doch Englands Devisenbeschränkungen während des Zweiten Weltkriegs mündeten in ein Embargo gegenüber kubanischen Waren, das von 1939 bis 1953 währte.

Während dieser Zeit schuf die Familie in enger Zusammenarbeit mit Alonzo Menéndez einen ansehnlichen Markt für jamaikanische Zigarren, doch obwohl das Geschäft florierte, kehrte die Familie wieder zur Havanna zurück, sobald es die Umstände erlaubten.

Heute ist der elegante und smarte Nicholas Freeman am Ruder, und mit Stolz und Hingabe hat er seinen Teil zum stetigen Wachstum der Tabakindustrie beigetragen. Er sagt: »Seit fünfhundert Jahren setzt uns das Tabakblatt immer wieder in Erstaunen. Eine Weile hatte ich das Gefühl, als hätte es die Zigarette geschafft, die Tabakindustrie abzuwerten. Aber langsam kehrt man zu den wahren Werten und Traditionen zurück. Ich würde mir wünschen, daß in zweihundert Jahren die Zigarette der Vergangenheit angehörte, während die Zigarre in den Geschichtsbüchern einen gebührenden Platz erhielte.«

Ein stolzer Patriarch

Rolando Reyes

Vor der Kubanischen Revolution wurden im Familienbetrieb »Aliados« in Havanna mehr als sechs Millionen Zigarren pro Jahr hergestellt. Und es war das Familienoberhaupt Rolando Reyes, das die erfolgreiche Fabrik führte – ein Mann mit einer großen Passion für perfekte Zigarren. Zuvor hatte Reyes dreißig Jahre lang für »Upmann«, »Partagas« und »Romeo y Julieta« gearbeitet, ehe er beschloß, seine Erfahrungen in einer eigenen Fabrik zur Anwendung zu bringen. Das tat er mit viel Elan und Engagement.

Als 1970 die Regierung sein Unternehmen verstaatlichte, ließ sich Don Rolando in Honduras nieder, einem Land, das sich seiner Meinung nach am besten für die Produktion handgerollter Zigarren eignete. »Das Klima ist gut, die Leute arbeiten schwer, und die Regierung ist vielversprechend«, sagte sich Reyes. Also nahm die »Aliados«-Fabrik hier die Produktion ihrer berühmten handgerollten Zigarren wieder auf.

Vor einiger Zeit brachte die Firma, die heute den Namen »Cuba Aliados« trägt, in ihrer in Danlí gelegenen Fabrik eine neue Marke heraus: »Puros Indios«. Diese neue Zigarre unterscheidet sich von anderen durch ihre Mischung aus, wie es heißt, »Ultra-Premium-Tabaken« und wird in verschiedenen Größen und Formaten hergestellt.

Reyes, der persönlich jeden Schritt der Herstellung überwacht, verdankt seinen Erfolg der Beachtung eines jeden Details sowie einer sorgfältigen Qualitätskontrolle.
Für die Einlagemischung verwendet er nur sehr gut gereifte Blätter aus kubanischen Saaten, in der Dominikanischen Republik gezogen, während die Deck- und Umblätter aus Sumatra-Saaten in Ecuador angebaut werden. Neuerdings baut Reyes auch in Jalapa, an der Grenze zu Nicaragua gelegen, Einlagetabak an. Das hier investierte Kapital – mehrere Millionen Dollar – zeitigt offensichtlich guten Erfolg.
»Alle Verarbeitungs- und Reifungsprozesse erfolgen nach meinen Anordnungen«, sagt Don Rolando. Und er fügt erklärend hinzu: »Und wenn der Tabak nicht lange genug reifen kann, dann werden die Zigarren nachher nicht gut sein. Machen wir uns doch nichts vor – Zigarren können nur so gut sein wie der Tabak, den sie enthalten.«

Die Seele von »Davidoff«

Dr. Ernst Schneider

Beständigkeit und Organisation – der Mann hinter der Legende. Mit glühender Leidenschaft, die den Schnee auf den Alpen in der Nähe seines Baseler Wohnsitzes zum Schmelzen bringen könnte, hat Ernst Schneider immer das gute Leben verehrt. Seine Philosophie des Genusses lautet: »Iß weniger, aber iß nur das Beste. Trink weniger, aber trink nur das Beste. Rauche weniger, aber rauche nur das Beste. Und rauche nur Davidoffs.« Vor über fünfundzwanzig Jahren kaufte er sich bei »Davidoff & Co.« für über eine Million US-Dollar ein, um als stiller Teilhaber im Hintergrund zu bleiben, während der legendäre Zino Davidoff als Sprecher und Botschafter der Firma unermüdlich für die wunderbare Zigarrenserie, die er geschaffen hatte, an die Öffentlichkeit trat. Davidoff, ein Gentleman mit unbeirrbarem Geschmack, war ein wahrer Connaisseur. Zusammen mit Ernst Schneider bildete er ein perfektes Team. Davidoffs Erfahrungen als Zigarrenmacher und seine charismatische Persönlichkeit verbanden sich hervorragend mit Schneiders Fähigkeiten als Stratege im Business-Bereich, und so gelang es beiden, die Firma zu einem maßgeschneiderten Marketing- und Verkaufsunternehmen zu entwickeln, das seinen Stil und seine Produkte inzwischen weltweit präsentiert. Heute gibt es die eleganten »Davidoff«-Läden in Genf, London und New York, in Hongkong, Singapur und Taipeh, seit neuestem auch in Moskau und Schanghai. »Davidoff fing mit einem Baum an, und nun ist daraus ein Wald geworden«, sagt Schneider in Anbetracht dieser Entwicklung.

»Ein wahrer Connaisseur liebt Zigarren in der gleichen Weise wie Musik, Wein und das Leben.«
Ernst Schneider

Nach dem Zweiten Weltkrieg organisierte Schneider als Mitglied des »Schweizer Roten Kreuzes« medizinische Hilfe für Personen, die ihre Heimat verloren hatten oder Opfer des Konzentrationslagers in Dachau geworden waren. 1949 trat er in die Firma »Oettinger« ein, die von seinem Schwiegervater geleitet wurde, nachdem er seine Lehrjahre als Import-Export-Kaufmann und Einzelhändler bei »Loens & Co.« verbracht hatte.
Der Vertrieb der Marke »Davidoff« erfolgt nach Schneiders Strategie: Die Hauptläden haben die gleichen Schaukästen wie diejenigen in Genf und London. Daneben gibt es ein sich ständig erweiterndes Netz kleinerer Verkaufsstellen oder »Depositars«, wie Schneider sie gerne nennt. Drei Punkte stehen auf der Checkliste der »Davidoff«-Läden ganz oben. Erstens: Die Ausstattung des Ladens muß vollständig sein; Qualität und Preis müssen immer übereinstimmen; es muß immer eine komplette Serie von Premium-Zigarren – von »Davidoff« oder einem anderen Hersteller – im Angebot sein und in perfektem Zustand gehalten werden. Zweitens: Das optische Angebot muß durch ein entsprechendes akustisches Konzept unterlegt werden. Drittens: Die Verkaufsstrategie muß die Ausstrahlung des Außergewöhnlichen haben.

»Davidoff« stellt vier Zigarrenmarken her. Tabak von spezieller Qualität ist für die mildeste Serie reserviert, also für die Formate »No. 1, No. 2 und No. 3« Diese Serie führt die Parade an, gefolgt von der »1000«er- und der »2000«er-Reihe. Es schließt sich die »Grand Cru«-Serie an, die Reihe mit den Initialen »R« und »T« bildet den Abschluß. Seit kurzem gesellt sich dazu eine neue Connaisseur-Reihe: Die »Avo«, »Griffin's« und die »Zino« sind mit ihren charakteristischen, ausgezeichneten Mischungen allesamt spezielle Zigarren für spezielle Märkte. Die Rezepte stammen, wie die übrigen »Davidoffs« auch, von Hendrik Kelners »Tabacos Dominicanos«.
Als auch bei Davidoff und Schneider die Beziehungen zu Kuba in eine Sackgasse gerieten, suchten sie nach einem neuen Partner für ihre Zigarrenproduktion. Nachdem sie Brasilien, Haiti, Java und Nicaragua in Erwägung gezogen hatten, gingen sie schließlich in die Dominikanische Republik, wo sie nicht nur die besten Klima- und Bodenbedingungen, sondern auch den Familienbetrieb der Kelners vorfanden, der auf eine jahrelange Tradition und entsprechende Erfahrungen zurückblicken konnte.
Davidoff und Schneider waren ob der guten Qualität von Kelners Marke »Griffin's« so sehr begeistert, daß sie ihn augenblicklich unter Vertrag nahmen. Die Ehe funktioniert bis heute ausnehmend gut. Mit Ausnahme der »Zino«, die in Honduras gefertigt wird, werden heute alle »Davidoff«-Marken ausschließlich in der Dominikanischen Republik hergestellt – mehr als zehn Millionen Zigarren pro Jahr.
Ernst Schneider vergleicht die Havanna gerne mit einem guten Wein aus Burgund. »Ein guter Burgunder zeichnet sich vor allem dadurch aus, daß er aus nur einer Traube gemacht wird – eine gute Havanna wird aus nur einem Tabak gemacht«, erklärt er. »Die ›Davidoff‹ ist eher wie ein Bordeaux, der aus einer Mischung verschiedener Trauben gemacht wird. Wir verwenden eine Mischung verschiedener Tabake, die der Zigarre meiner Meinung nach einen feineren, aromatischeren und weicheren Geschmack verleihen. Daher sind sie nicht so stark wie die echten Havannas.«
Anläßlich eines Dinners, das Dr. Schneider an meinem letzten Abend in Genf gab, reichte er einigen Freunden eine Zigarre mit der Bemerkung, er sei gerade von einer Reise nach Kuba zurückgekehrt. »Ah«, riefen einige Aficionados aus, »es gibt doch nichts Schöneres als eine gute Havanna.« Schneiders Zigarren stammten jedoch aus der Dominikanischen Republik.
In diesem Zusammenhang fragte ich den Leiter von »Davidoff«, ob er die Absicht habe, jemals nach Kuba zurückzukehren, vielleicht mit der berühmten alten »Château«-Serie. »Nein«, lautete seine Antwort. »Ich denke, ich werde in der Dominikanischen Republik bleiben. Doch sollte sich Kuba öffnen, werde auch ich offen sein. Vielleicht werden wir für einige Projekte nach Kuba zurückkehren. Wahrscheinlich würde es vier oder fünf Jahre dauern, bis jene Beständigkeit und Qualität, die wir erwarten, wiederhergestellt wären. In Kuba gibt es großartigen Tabak, aber leider auch viel Unbeständigkeit.«

»Cohibas« First Lady

Emilia Tamayo

Emilia Tamayo steht sozusagen mit ihren exquisiten »Coronas Especiales« auf einer Stufe – was heißen soll: Als Direktorin von »Cohiba« – von den etwa einhundertachtzig Mitarbeitern der Fabrik sind über die Hälfte Frauen – führt sie mitunter ein strenges Regiment. Vor rund drei Jahrzehnten nahm Castro nicht nur ein erstes Exemplar seiner geliebten Zigarrenmarke in die Hand, sondern er praktizierte von nun an auch die Gleichberechtigung der Geschlechter sowohl im Management als auch in der Produktion – und brach so mit einer alten Tradition, derzufolge die Zigarrenherstellung reine Männersache ge-

»Ich werde Ihnen jetzt etwas über die ›Cohiba‹ erzählen. Früher gab es diese Marke in Kuba nicht. Aber ich sah häufig einen Mann, der als Bodyguard stets in meiner Nähe war, wie er so eine sehr aromatische, hübsche Zigarre rauchte. Er erzählte mir, es sei keine spezielle Marke, aber ein Freund, der Zigarren mache, gebe sie ihm immer. Ich probierte die Zigarre und fand sie so gut, daß ich sagte: ›Laß uns zu deinem Freund gehen.‹ Wir trafen ihn und fragten, wie er diese Zigarre herstelle. Dann bauten wir eine Werkstatt in ›El Laguito‹ auf, und er erläuterte uns seine Tabakmischung. Er erzählte uns, welche Blätter von welchen Plantagen er verwendete, welche Deckblätter und so weiter. Wir fanden ein paar Zigarrenmacher, gaben ihnen das nötige Material, und die Fabrikation wurde aufgenommen. Ich wollte auch Möglichkeiten für Frauen schaffen, und so wird die Fabrik vor allem von ihnen betrieben. Heute ist die ›Cohiba‹ in aller Welt bekannt, und was ich gerade erzählt habe, liegt dreißig Jahre zurück.«

Fidel Castro

wesen war. Seit einundzwanzig Jahren überwacht Emilia Tamayo die Produktion einer Zigarre, die unter Aficionados als unübertroffen in Qualität und Aroma gilt. Eines der Erfolgsgeheimnisse von Emilia Tamayo ist ihre menschliche Ausstrahlung. Sie liebt ihre Mitarbeiter und ihre Fabrik, eine im italienischen Stil erbaute Villa im Stadtteil *El Laguito,* die für zwei Jahrzehnte die Marke »Davidoff« beherbergte. Das Gebäude liegt in einer ansprechenden Umgebung, in der Nähe von Botschaften und Konsulaten, was durchaus angemessen erscheint, ist doch die »Cohiba« schlechthin die Botschafterin Kubas in aller Welt, deren Portfolio nur die besten Referenzen enthält. In der »El-Laguito«-Fabrik fühlt man sich sogleich an die Oper *Carmen* erinnert: In hohen Räumen sitzen Frauen an Reihen von alten Tischen aus poliertem Holz und rollen Zigarren.

Die kubanische Gesamtproduktion an Zigarren beträgt zur Zeit rund 65 Millionen pro Jahr, wovon 1,6 Millionen auf die »Cohiba« entfallen. Der größte Tabakanteil für die angeblich beste Zigarre der Welt stammt aus dem *Vuelta Abajo*, dessen ideale klimatische und topographische Voraussetzungen bekanntlich einmalig auf der Welt sind. In der Vergangenheit wurden kubanische Zigarren oft wegen ihrer Qualitätsschwankungen kritisiert – das betraf vor allem die »Lanceros« und »Esplendidos« von »Cohiba«. Emilia Tamayo kündigte daraufhin an, die gesamte Kontrolle und Verantwortung für die Qualität übernehmen zu wollen – mit Erfolg.

Neben der »Cohiba« wird bei »El Laguito« noch eine begrenzte Stückzahl von »Montecristos« hergestellt, ebenso die legendäre »Trinidad«, eine exklusive Zigarre, die nur auf persönliche Bestellung Castros und seines Staatsministers gefertigt und als Staatspräsent überreicht wird. Pro Monat werden nur wenige Kisten mit ihrem goldenen Etikett hergestellt.

DIE »TRINIDAD«

DIESE MYSTERIÖSE ZIGARRE, die auf dem Markt nicht zu haben ist, wird nur auf Veranlassung des kubanischen Präsidenten Fidel Castro hergestellt. Sie ist so etwas wie ein Staatsgeheimnis und deshalb Ehrengästen vorbehalten. Die »Trinidad« ist nach einer der schönsten und historisch interessantesten Städte Kubas benannt. Sie wird in der Fabrik »El Laguito« hergestellt, und zwar nur in einem einzigen Format, der »Vitola de Galera« (firmenintern »Laguito No. 1«). Dieses Format entspricht der »Cohiba Lancero« und mißt etwa 190 x 15 mm bei einem Ringmaß von 38. Die »Trinidad« hat einen mittleren bis vollen Körper und ist dem persönlichen Geschmack von Simon Chase zufolge die beste Zigarre überhaupt. Sie wird aus der feinsten Tabakauswahl hergestellt, und viele Experten stimmen in ihrer Bewertung mit Simon Chase überein.

Ich fragte Emilia Tamayo, warum die »Cohiba« so außergewöhnlich sei. Mit ihrem warmen Lächeln antwortete sie mir: »Wir haben den *Volado* für ein gutes Brennverhalten, den *Seco* für das Aroma und den *Ligero* für die Stärke. Die »Cohiba« ist außerdem die einzige Zigarre, welche drei Fermentationsphasen durchläuft. Das wichtigste aber ist: Sie wird mit Liebe gemacht.«
Auch wenn sie nicht gerade auf den Schenkeln schöner Frauen gerollt wird, so wird die »Cohiba« doch mit extremer Sorgfalt und Emilias ganzer Beachtung bedacht.

Der Troubadour

Avo Uvezian

»Von jeher gehörte meine Liebe der schönen Musik. Dann kam ich zur Zigarre. Eine gute Zigarre ist wie Musik. Nun habe ich zwei große Lieben.«

DA SITZT ER an seinem Klavier ... mit einer respektablen Zigarre im Mund, der große Avo – Komponist, Musiker und Liebhaber. Mit seinem Freund Hendrik Kelner von »Tabacos Dominicanos« komponiert er die »Avo«-Zigarren in derselben virtuosen Art und Weise, wie er Musik macht. Seiner Meinung nach sind die besten vier Zigarrenmacher der Welt Hendrik Kelner, Daniel Nuñez und Benjamín Menéndez von »General Cigar« sowie die Familie Fuente.
Avo wurde in Beirut als Sohn armenischer Eltern geboren, und mit sechzehn Jahren gründete er sein eigenes Jazz-Ensemble. Nach Abschluß seiner Studien an französischen und nordamerikanischen Universitäten und der »Juilliard School of Music« in New York, lud ihn irgendwann einmal der Schah von Persien ein, in seinem Palast in Teheran zu spielen. So wurde Avo der persönliche Pianist des Schahs und seiner Frau Soraya. Außerdem komponierte er den Welthit »Strangers In The Night«. Später ging er nach New York zurück um unter Teddy White seine Studien fortzusetzen.
Zurück in New York erhielt er seine Einberufung zur US Army. Dort machte er Karriere auf seine Art, denn irgendwann hatte er einen Platz in der »US First Army Band« sicher. Jeden Abend spielte er nun im Offiziersclub, und bald erfuhr er, daß der Kommandant in »Fort Dix« aus »Fort Wayne« in Indiana stammte. Für den General erklang nun jeden Abend der Song »Back Home In Indiana«, was Avo möglicherweise davor bewahrte, nach Korea abkommandiert zu werden.
Jahre später, anläßlich der Taufe seiner Tochter Karyn in der Schweiz, erlitt er einen Wutanfall: Er war außer sich, als ein Tabakhändler ihm 25 Dollar für eine schlechte Zigarre abknöpfte. Kurz darauf inszenierte er einen weiteren großen Auftritt in den Büros von Hendrik Kelner in Santiago, der ihm schließlich eine Zigarre ganz nach seinem eigenen Geschmack kreierte. Diese Zigarre war hervorragend, und bald verteilte Avo sie an die Gäste seiner Pianobar in Palmar de Mar in Puerto Rico. Eine erste Bestellung wurde dann durch »J & B« in England verkauft.
Mit der Zeit verlangten Fans in aller Welt nach dieser Zigarre, einschließlich Zino Davidoff persönlich. Was gefiel Zino wohl besser: die Musik oder die Zigarre? Wahrscheinlich beides gleichermaßen. Davidoff und Ernst Schneider kauften jedenfalls die Marke »Avo« für »Davidoff«.
Anfangs ließ Avo nur zwanzigtausend Zigarren pro Jahr herstellen, gedachte er doch der Maxime Michael Roux' von der Firma

»Carillon Importers«: »Kümmere dich um deinen kleinsten Kunden ebenso intensiv wie um deinen größten.«
Mit »Davidoff« stellt Avo nun mehr als zwei Millionen Zigarren pro Jahr her. Zur Zeit entsteht eine neue Mischung: die »Avo XO Quartetto«. Sie wird in denselben vier Formaten wie die »Avo XO« erhältlich sein, und sie werden die Namen »Allegro«, »Fantasia«, »Notturno« und »Serenata« tragen.
Avo ist der Überzeugung, daß seine Zigarren Geschmack, Harmonie und Vielfalt haben, so wie die Noten und Themen in einer musikalischen Komposition. »Die Geschmacksnuancen der ›Avo‹«, sagt er, »kann man vergleichen mit den Teilen eines Musikstücks: Präludium, Intermezzo und Maestoso.« Wenn das nicht Musik in den Ohren ist …

BRAVO, AVO

Nach einem Dinner an einem schönen Juni-Abend mit Hendrik Kelner, Benjamín Menéndez und Avo Uvezian im »Grande Almirante« in Santiago bot mir Avo eine Zigarre an: »Sie werden nun eine neue, wundervolle Zigarre rauchen«, verkündete er – und mit einer großartigen musikalischen Fanfare präsentierte er mir das Kleinod. »Ich möchte, daß Sie diese hier probieren.« – »Wie heißt sie?« – »Kein Name. Genießen Sie sie einfach.«
Der Abend war weit fortgeschritten, ein herrliches Essen lag hinter uns, Freundschaften waren im Entstehen, und die Konversation war gut. Nun lag vor mir auch noch diese brandneue Mischung mit einer außergewöhnlichen *capa* aus der Dominikanischen Republik, entwickelt und hergestellt von Hendrik Kelner. Schon nach wenigen Minuten wußte ich: Das war wirklich die beste Zigarre, die ich jemals geraucht hatte. Wie Seide. »Bravo, Avo!« sagte ich. Es verging ein Augenblick, dann lächelte er. »Ja, das ist es. Danke, Nathaniel.«
Eigentlich müßte ich doch ihm danken, dachte ich, und blickte ihn etwas verwirrt an. »Bravo, Avo«, wiederholte er. »Gerade haben Sie den Namen für meine neue Zigarre gefunden.«

Beiname Robin Hood

Lew Rothman

In den Vereinigten Staaten hat Lew Rothmans Firma »JR Tobacco« einen Marktanteil von vierzig Prozent beim Absatz von Premium-Zigarren. Für jemanden, der so großen wirtschaftlichen Einfluß hat, ist Lew Rothman ein erstaunlich natürlicher Mensch geblieben.
Rothmans Imperium in Fakten: Zunächst ist da das Warenlager in North Carolina mit wahrhaft gigantischen Ausmaßen; dann befindet sich in New Jersey der größte Zigarrenladen (gleichzeitig der größte begehbare Humidor) der Welt; schließlich kann sein Versandhandel, der jeden Winkel der Vereinigten Staaten beliefert, auf eine Kundschaft zählen, die ihm aufgrund seiner äußerst günstigen Preise (bei gleichbleibend guter Qualität) die Treue hält.
Der Mann, der auch schon mal »Robin Hood der Zigarren« genannt wird, wollte eigentlich Jura studieren. Dazu kam es jedoch nicht, weil ihn die Krankheit seines Vaters zwang, für den Familienunterhalt zu sorgen – und so übernahm er das elterliche Geschäft. Rothman bemerkte bald, daß er in einem sehr preisbewußten Umfeld arbeitete – sogar die vermeintlich loyalsten Kunden waren bereit, ihm untreu zu werden, sobald sie anderswo günstiger kaufen konnten. Deshalb stand für ihn schon früh fest: Niemals sollte es irgend jemandem gelingen, seine Preise zu unterbieten.
Innerhalb relativ kurzer Zeit schaffte er es, einer der fünf Top-Zigarrenhändler New Yorks zu werden. Der geschäftliche Erfolg ermöglichte es ihm, seine eigenen Marken zu kreieren, und 1980 ließ Rothman in Manhattan einen tausend Quadratmeter großen »Supermarkt« für Zigarren bauen.
»Die Leute kamen in unser Geschäft und sahen Kisten mit Zigtausenden von Zigarren, die sich an den Wänden auftürmten. Wir plazierten damals tausend Kisten unserer Marken direkt neben tausend Kisten der Marke Macanudo – das verlieh unseren Produkten »Legitimität«.
Wir versorgen unsere Kundschaft mit derselben Qualitätsware wie unsere Konkurrenz, nur zu viel günstigeren Preisen«, sagt Rothman. »Wir könnten die Zigarren auch teurer verkaufen, aber wir haben unsere Prinzipien. Unsere Strategie hat zwanzig Jahre lang funktioniert, und deshalb werden wir sie nicht ändern: Je

Lew Rothmans Top Ten

1. El Rey del Mundo Flor de Llaneza: »Die beste Zigarre, die ich je sah.«

2. Macanudo Vintage No. 2: »Immer wieder die konsistenteste Zigarre überhaupt.«

3. El Rey del Mundo Cedar: »Ein einzigartiger Geschmack. Mein Favorit ist das Format sieben mal zweiundvierzig [etwa 178 x 17 mm], das länger ist als andere Zigarren mit diesem Ringmaß.«

4. Dunhill Samana: »Eine milde, sauber schmeckende Zigarre ohne Nachgeschmack.«

5. Casa Blanca Bonita: »Die einzige kleine Zigarre [etwa 102 x 14 mm], die schmeckt wie eine große.«

6. El Rey del Mundo Rectangulares: »Kommt dem Geschmack einer kubanischen Zigarre am nächsten. Ein viereckiges, hart gestopftes Schwergewicht.«

7. Marsh Wheeling Virginians: »In Wheeling, West Virginia, maschinell gefertigt und mit einem Connecticut-Broadleaf-Deckblatt versehen. Ich rauche sie gern beim Autofahren.«

8. JR Special Jamaican Bonita: »Ebensogut wie alle etwas teureren ›Torpedos‹.«

9. Santa Clara Premier: »Gut zu transportieren, da in der Hülse. Im allgemeinen schätze ich den Geschmack mexikanischer Zigarren nicht besonders, aber diese finde ich sehr angenehm am Gaumen.«

10. Don Diego Privada No. 4: »Die konsistenteste der ganzen ›Don Diego‹-Serie. Sehr mild und aromatisch.«

besser ich einkaufen kann, desto besser kann auch mein Kunde kaufen.«

Manchmal gerät Rothman über seine größten Verkaufserfolge ins Schwärmen: »Einmal verkauften wir tausend Kisten ›Te-Amo Meditations‹ an einen Kunden aus Argentinien, einen Rancher namens Oliveros. Er betrat an einem Samstag unser Geschäft und fragte nach dem Preis für eine Kiste dieser Marke. Er betrug damals neunzehn Dollar fünfundneunzig. ›Okay, wieviel kosten dann tausend Kisten?‹ – ›Tausend mal neunzehn Dollar fünfundneunzig‹, lautete meine Antwort. Er sagte, er werde sich anderswo umschauen und dann eventuell zurückkommen. Ich sagte: ›Sie brauchen sich nicht umzusehen, denn niemand ist preiswerter, und niemand sonst hat tausend Kisten Meditations vorrätig‹. Er kam später zurück und kaufte die Zigarren gegen Barzahlung.«

Ein anderer denkwürdiger Moment war der, als Lew Rothman eine Kiste Zigarren an Fidel Castro verkaufte. Das geschah im Jahre 1961. Rothman war damals ein Teenager und half des öfteren im Laden seines Vaters aus. Castro weilte zu dieser Zeit in New York anläßlich Gesprächen mit der UNO und wohnte im Hotel »Theresa«, das gegenüber von Rothmans Geschäft lag.

»Er betrat den Laden in Begleitung einiger Burschen, die in Kampfanzügen steckten«, erinnert er sich. »Die beste Zigarre, die wir damals führten, war die ›La Corona Corona‹. Sie kostete fünfunddreißig Cent beziehungsweise einen Dollar für drei. Castro kaufte eine ganze Kiste zu fünfzig Stück für siebzehn Dollar fünfzig. Es war der größte Verkauf, den ich bis dahin getätigt hatte. Wenn während meiner Kindheit irgend jemand an den Tresen meines Vaters trat und drei ›Corona Coronas‹ verlangte, verstummte augenblicklich jedes Gespräch, denn alle Leute schauten, wer sich da drei ›La Corona Coronas‹ auf einmal leisten konnte.«

»Castro fragte in gebrochenem Englisch nach dem Preis. Draußen standen überall berittene Polizisten herum, und außerdem waren wahnsinnig viele Leute unterwegs. Es war das einzige Mal in meinem Leben, daß ich so viele Polizisten auf einmal sah. Damals hielt ich Fidel für einen Helden, denn immerhin hatte er Kuba befreit.«

Zu den Kunden Lew Rothmans gehörten und gehören so illustre Persönlichkeiten wie Milton Berle, Bill Cosby, Robert DeNiro, Cary Grant, Alan King, Jack Lemmon, Walter Mondale, Carroll O'Connor, Jack Paar, Joe Pesci, Mario Puzo, Doc Severinson und Gay Talese und unter anderem fast alle Stars, die in dem Film *Der Pate* mitwirkten.

Im Jahre 1985 verlegte Rothman sein Unternehmen nach New Jersey, wo er noch immer den größten Zigarrenladen der Welt unterhält, und 1990 nach North Carolina – »Robin Hood« ist jedoch niemals weiter entfernt als das nächste Telefon.

Des Aficionados Alternative

Über zweihundert Jahre lang sind kubanische Zigarren wegen ihres vollen Körpers und ihres erdigen Geschmacks und Aromas hoch gelobt worden. In Geschichten, Liedern und Versen, etwa von Kipling und Byron, wurden legendäre Smokes gefeiert. Von Winston Churchill bis John F. Kennedy, von Victor Hugo bis Ernest Hemingway, von Whitehall bis zum Weißen Haus – immer wurden Havannas assoziiert mit Macht und Prestige.

Als dann kubanische Zigarren in den Vereinigten Staaten seit dem Handelsembargo von 1961 nur noch illegal zu haben waren (und die Sehnsucht nach ihnen mit den Jahren immer stärker wurde), sann der erfinderische Lew Rothman von »JR Tobacco« auf Abhilfe.

Zwischen Nicaragua und Honduras liegt das Jamastram-Tal, dessen klimatische Bedingungen denen des *Vuelta Abajo*, in dem die besten kubanischen Tabaksorten gedeihen, sehr nahe kommen. Hauptsächlich hier sollte der Tabak von Rothmans »Alternativen« wachsen.

Anfang 1989 begann Rothman, Muster vieler großer kubanischer Zigarren zusammenzustellen und sie zu »F. Palicio & Co.« in Honduras zu schicken. Dort stellte er ein Team zusammen, dem auch Frank Llaneza, der weltberühmte Zigarrenmacher, angehörte. Außerdem waren Estello Padron, ein Exil-Kubaner und Meisterroller, sowie John Oliva von »Oliva Tobacco«, einer der größten Spezialisten für Tabakblätter, mit von der Partie. Diese vier Kapazitäten machten sich nun ans Werk, um berühmte Havanna-Marken wie »Bolívar«, »Montecristo« und »Partagas« in Stil, Format und Geschmack nachzuahmen.

Als sie dieses Ziel erreicht hatten, machten sie sich daran, Alternativen zu Zigarren aus Jamaika, der Dominikanischen Republik und Honduras zu schaffen. Insgesamt hat »JR« mittlerweile mehr als 175 berühmte Zigarren nachgeahmt, um so den herrlichen Geschmack teurer Zigarren erschwinglicher zu machen.

Das ist einer der Gründe, weshalb Rothman immer wieder als »Ein-Mann-Zigarrenvermarktungs-Phänomen« und als »Robin Hood der Zigarrenwelt« gelobt wird (um nur einige Titulierungen zu nennen). Die »JR Alternatives« sind über den Versandhandel zu beziehen, und zwar zu einem Bruchteil dessen, was Zigarren dieser Qualität normalerweise kosten. Ein Beispiel: Die »Hoyo de Monterrey Epicure No. 1«, die normalerweise circa 370 US-Dollar pro 25-Stück-Kiste kostet, bietet »JR« für 20,95 Dollar pro 20-Stück-Kiste an; das bedeutet einen Stückpreis von 1,05 US-Dollar gegenüber 14,80 Dollar! In Insiderkreisen erzählt man sich, daß die meisten Raucher wohl große Schwierigkeiten hätten, bei einem Blindtest den Unterschied zwischen einer »JR Alternative« und der entsprechenden Originalzigarre zu erkennen.

Design^d & Eng^d by J. L. Busby

Persönlichkeiten, Prestige und Privilegien

Eine Zigarre ist mehr als nur ein guter Smoke – sie ist auch häufig der Mittelpunkt gesellschaftlicher Ereignisse. Die Persönlichkeiten, die sie rauchen, sind ebenso individuell und vielfältig wie die Marken und Bauchbinden ihrer Zigarren. Im Laufe der Jahrhunderte hat die Zigarre die größten Triumphe mitgefeiert und den größten Niederlagen Würde verliehen. Sie war fast stets zur Stelle, wenn es galt, den Sieger zu feiern, aber auch, um dem Besiegten ein Stück Würde wiederzugeben.

Das alte brasilianische Sprichwort: »Jede Zigarre geht schließlich in Rauch auf« ist schon wahr. Dennoch kostet es enorme Anstrengungen, den Tabak zu kultivieren und die Zigarren herzustellen, und so sollte man den Genuß, den die Zigarre letztendlich bereitet, auch dementsprechend würdigen.

Die Zigarre war stets ein Synonym für Romantik, Kunst und Idealismus. Schließlich stand ihre Wiege im kulturellen Europa, und sie wuchs heran im neunzehnten Jahrhundert, einer Ära, die geprägt war von Liebe und Leidenschaft, von Schöngeist, aber auch von Unruhe und Krieg.

Doch in der Alten wie in der Neuen Welt war sie immer wenigen Privilegierten vorbehalten. Schon bei den Azteken durften Zigarren bzw. deren Vorläufer nur von hohen Priestern und Adligen genossen werden. Diejenigen Rauchobjekte, die an Montezumas Hof aus religiösen und medizinischen Gründen geraucht wurden, waren durchmischt mit Halluzinogenen. Auch als die ersten Europäer eintrafen, war der Radius des Personenkreises, der von der neuen Pflanze erfuhr, zunächst so eng wie der jener Bauchbinden, welche die Zigarren umschließen. John Smith erlangte mit der ersten Tabakplantage, die er in der Neuen Welt aufbaute, jedenfalls bestimmt so viel Aufmerksamkeit wie mit seiner Hochzeit – immerhin heiratete er die indianische Prinzessin Pocahontas. Auch

später, in Spanien und Portugal, war der Genuß des Tabaks Persönlichkeiten in hohen Positionen vorbehalten.

Als Statussymbol und Mythos entdeckte aber erst das neunzehnte Jahrhundert die Zigarre und führte sie in ihr erstes Goldenes Zeitalter – darüber sind sich Historiker wie Aficionados einig. Die Havanna stand nun für jene romantisch verklärten Werte, wie sie von Monarchen und Präsidenten, von Schauspielern und Schriftstellern gleichermaßen postuliert wurden. Von Victor Hugo bis zu Otto von Bismarck verkörperte die Zigarre Glück und Unglück einer Zeit, die von Aufbruchstimmung und Goldgräbermentalität, aber auch von Irrungen und Wirrungen geprägt war. Gestandene Männer und – im wahrsten Sinne des Wortes – »herausragende« Frauen rauchten Zigarren und umgaben sich so mit einem Hauch

DIESE SEITE: **Gekrönte Häupter wurden mit Erinnerungsetiketten geehrt, wie diesen, die La Corona für den britischen Markt entwarf.** GEGENÜBER: **Dieser Stich des 19. Jahrhunderts rühmt die Freuden einer guten Zigarre.**

von Macht und Noblesse. Als Bismarck im Jahre 1870 einmal im preußisch besetzten Paris durch den Bois de Boulogne ritt, hörte er hinter seinem Rücken verärgerte Stimmen. Der »Eiserne Kanzler« war ohne Begleitung unterwegs, also bei eventuellen Gefahren auf sich allein gestellt. Bismarck zog mit der größten Ruhe eine seiner besten Zigarren heraus, um einen Passanten um Feuer zu bitten. Obwohl jener Bürger von Paris dem Kanzler seine Bitte sicherlich gerne abgeschlagen hätte, besann er sich eines besseren und reagierte diplomatisch. Einem Mann den Rauchgenuß zu verweigern, auch wenn es sich um den Feind handelte, wäre schließlich gegen die Etikette gewesen. Beim Aufflammen der Zigarre verstummten die hitzigen Rufe. So hatte Bismarck einen möglichen Handel im Keim erstickt – nicht durch eine Demonstration seiner Macht (als Besatzer) sondern mit dem Rauch einer Zigarre.

TROTZ UND SELBSTVERTRAUEN

SCHON IMMER WOHNTE den Zigarrenrauchern dieser Welt ein gewisser Mut zum Widerstand inne. Eines der frühesten Zeugnisse dieses Phänomens findet sich in einer makabren Fußnote der Geschichte: Als Napoleons Marschall Ney im Jahre 1815 vor sein Erschießungskommando trat, verlangte er als letzten Wunsch eine Zigarre, die er dann auch in aller Ruhe rauchte und schließlich den letzen Zug gen Himmel schickte. Don Juan bat im Angesicht der Hölle den Satan um Feuer für eine Zigarre, woraufhin dieser ihm eine brennende Fackel reichte. Persönlichkeiten, die Zigarre rauchen, strahlen fast immer ein gesundes Selbstvertrauen aus. Anscheinend stehen diese Eigenschaften in engem Zusammenhang mit der Zigarrenkultur.

Einer der berühmtesten Kunden des Davidoff-Ladens in der Schweiz war Lenin. Damals war der Revolutionär, ebenso wie die Davidoffs, schon längst im Schweizer Exil. Zino Davidoff erinnerte sich: »Der Laden meines Vaters ... war klein ... und in keiner Weise mit anderen vergleichbar. Von Zeit zu Zeit versammelten sich dort bizarre Herren mit konspirativem Blick. Und wirklich – sie sahen nicht nur aus wie Verschwörer, sie *waren* auch welche. Schon der Befreier Kubas, José Martí, hatte seine Geheimbotschaften von Florida nach Kuba geschmuggelt, indem er sie in Zigarren rollte. Dann schmiedeten die Feinde des Zaren ihre umstürzlerischen Pläne in einem Zigarrenladen in Kiew. Der Verschwörerring flog jedoch auf, und ich mußte Rußland mit meiner Familie in einem Planwagen verlassen.

In Genf eröffnete mein Vater eine kleine Werkstatt, mit der er ein neues Geschäft aufbaute. Wieder wurde der Laden von Konspiratoren aufgesucht: Dieses Mal ging es darum, vom Exil aus die Revolution in Rußland vorzubereiten. Einer der Herren beeindruckte mich besonders. Er hatte ein schmales Gesicht mit leuchtenden Augen und sprach mit sehr lauter Stimme. Er nahm auch Zigarren mit, ohne je dafür zu bezahlen. Mein Vater unternahm auch keinerlei Versuch, das Geld einzutreiben. Eine alte Rechnung, die ich zum Andenken aufbewahre, trägt den Stempel *Nicht bezahlt* und den Namen des Kunden – Wladimir Uljanow.« Das war der eigentliche Namen Lenins.

Ein französischer Dichter des neunzehnten Jahrhunderts, Auguste Barthélemy, stellte zwischen der Kunst des Rauchens und bestimmten Führungsqualitäten einen interessanten Zusammenhang her: »Wer die Kunst des Zigarrerauchens beherrscht, weiß auch, wie man Entscheidungen trifft. Der wahre Raucher vermeidet, dem Vesuv nachzueifern. Vielmehr ist er in der Lage, eine Zigarre eine Dreiviertelstunde lang in seiner Hand zu halten, ohne daß sie erlischt.«

»Tabak ist die Pflanze, die Gedanken in Träume verwandelt.«

Victor Hugo

KÜNSTLER UND SCHRIFTSTELLER

DIE ZIGARREN, die im neunzehnten Jahrhundert in Sevilla hergestellt wurden, waren den Schriftstellern, Malern und Komponisten jener Zeit eine große Quelle der Inspiration. Byron und Hugo, Bizet und Ravel, Renoir und van Dongen – allen bedeutete die Zigarre ebensoviel wie ihr Künstlertum. Auf einem Portrait von Manet erkennt man den Dichter Stéphane Mallarmé, wie er, offensichtlich sein Werk überdenkend, mit einer Zigarre in der ruhigen Hand dasitzt.

Aurore Dupin, verheiratete Baronin Dudevant, besser bekannt unter ihrem Künstlernamen George Sand, gilt als die erste Frau, die es wagte, in der Öffentlichkeit zu rauchen, da die »Zigarre in der Lage war, die einsamen Stunden mit einer Million liebenswürdiger Bilder anzufüllen«. Mit Ausnahme von George Sand und ein paar anderer Frauen, die allenfalls im stillen Kämmerlein rauchten, verkörperte die Zigarre den Machismo. Das beste Beispiel hierfür ist vielleicht Casanova, von dem man weiß, daß er sich hin und wieder eine Zigarre anzündete. Das strenge Aroma, der kräftige Geschmack, die straffe Struktur des Deckblatts – ein wahres Symbol der Männlichkeit und Abenteuerlust.

Die Welt des Rauchens ist aber auch nicht ohne Katastrophen, wie folgendes Zitat belegt. Englands Edward VII. gab einem jungen Lord an seinem Hofe einmal folgenden Rat: »Durchbohre die Zigarre mit einer Lanze und schwenke sie nach dem Anzünden durch die Luft.«

Sigmund Freud wiederum, der Vater der Psychoanalyse, pflegte immer eine Zigarre zu rauchen, während seine Patienten bzw. Patientinnen ihre Träume referierten. Vielleicht ebnete der Rauch

für den passionierten Zigarrenfreund den Weg zur Erkenntnis, der Quintessenz dieser Träume – wer weiß?
Auch viele Künstler unseres Jahrhunderts pflegten den Genuß des Zigarrerauchens. So war Ernest Hemingway, der einmal Ava Gardner eine Bauchbinde zur Erinnerung an ihr Zusammentreffen schenkte, seiner in Havanna gefertigten »Corona« treu ergeben. So fanden im Hause Virginia Woolfs und ihres Gatten Leonard die (verräucherten) Treffen der »Bloomsbury Group« statt. Und so wählte der Pianist Artur Rubinstein, der in Kuba eine Tabakplantage besaß, seine Zigarren mit derselben Sorgfalt aus wie seine Noten. Eines ist jedoch merkwürdig: In Graham Greenes Roman *Unser Mann in Havanna* findet sich keinerlei Anspielung auf Zigarren.

VIKTORIANISCHE VISIONEN

DER KRITIKER MARK ALYN, der gern das Zigarrerauchen mit dem totgeschwiegenen Sexualleben des Viktorianischen Zeitalters in Verbindung brachte, sagte einmal: »Der Zigarrenraucher ist wie der perfekte Liebhaber oder der Dudelsackspieler ein ruhiger Mann, langsam und selbstsicher bei allem, was er tut.« Mallarmé wiederum erinnerte sich, daß stets »Visionen tanzender Mädchen im Raum schwebten«, sobald sein Vater eine Kiste »Valles«, »Upmanns« oder »Clays« öffnete, »und um der Vision gerecht zu werden, entfernte ich die Bauchbinden von den Zigarren«. Und Prosper Mérimée, der Autor der Novelle *Carmen*, gestand einmal, daß die Mädchen, die in den Zigarrenfabriken von Sevilla arbeiteten, ihn geradezu in ihren Bann geschlagen hätten.

BLAUER DUNST UND GLITZERWELT

PRINZ AGA KHAN, die Barone Élie und Edmond de Rothschild, der Bankier Gérard Perèire und die großen US-Industriellen John P. Morgan und Andrew Carnegie waren allesamt starke Zigarrenraucher. Manche von ihnen bliesen Monat für Monat den Rauch von rund tausend Stück in die Luft. Da sie die Zigarre nie aus der Hand legten, waren sie auch wohlvertraut mit den Herstellungs- und Aufbewahrungsmethoden ihrer Lieblinge. So kontrollierten sie stets sorgfältig ihre Humidore und vervollständigten ihre Sammlungen.

Eine Zeitlang veränderte die maschinelle Massenproduktion drastisch die Machart der Zigarren, besonders im Hinblick auf Geschwindigkeit und Produktionsvolumen, was auch die Dynamik des Zigarrerauchens beeinflußte. Die großen, teuren Smokes blieben jedoch die Domäne der reichen Industriellen, politischen Führer und Filmstars.

In dem Film *The Gold Rush* mit Charlie Chaplin gibt es jene unvergeßliche Szene, in welcher der große Darsteller einen kleinen Tramp spielt, der einen von einem Millionär weggeworfenen Zigarrenstummel von der Straße aufliest, in den Mundwinkel steckt und dabei die Gestik eines hochmütigen Tycoons nachahmt. Das Publikum liebt es, wenn Komiker die Privilegierten bloßstellen. Gleichwohl waren es Charles Chaplin, W. C. Fields, George Burns und Groucho Marx, die, allesamt passionierte Zigarrenraucher, ihre Fans mit der Kunst des Zigarrerauchens vertraut machten.

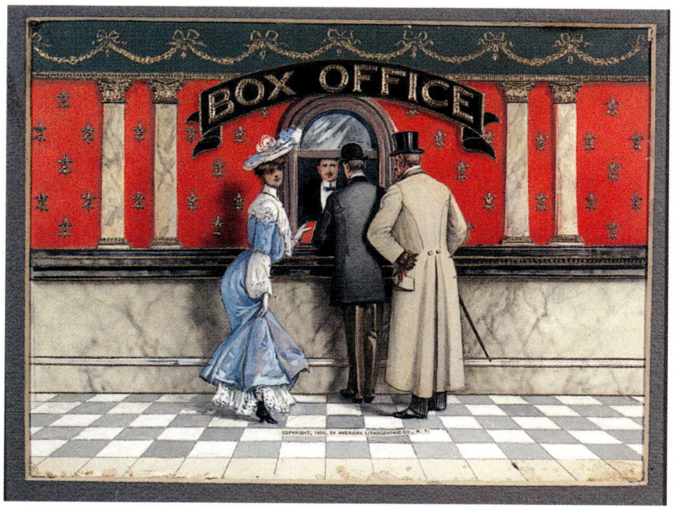

HOLLYWOOD

Seit siebzig Jahren wird die Zigarre von vielen Hollywood-Darstellern heiß und innig geliebt. Coburn und Coppola rauchen sie ebenso wie DeNiro und DeVito. Zu den großen Zigarrenrauchern der Vergangenheit zählen beispielsweise Edward G. Robinson, John Wayne und Orson Welles (um nur einige Namen zu nennen). Hollywood beherbergt immer noch schauspielernde Aficionados ...

Milton Berle: »Die Davidoffs sind einfach gut gemacht. Ich denke, auch die einheimischen Zigarren werden mit der Zeit immer besser. Außerdem kann man sich auf die Qualität der Havannas nicht mehr unbedingt verlassen. Dennoch – meine Lieblingszigarre ist und bleibt die Havanna. Die ›Montecristo No. 2‹, eine ›Figurado‹, ziehe ich allen anderen Zigarren vor. Ich liebe dieses Format.

Als ich damals von dem bevorstehenden Embargo hörte, klapperte ich alle Läden ab, um kubanische Zigarren zu hamstern. Ich wollte so viele wie möglich kaufen, damit ich über die Runden kam, bis diese Sache vorüber war. So rannte ich von Laden zu Laden ... Dunhill, Davidoff ...

Einmal fragte ich einen Verkäufer, ob er ›Upmanns‹ für mich hätte, und er hatte tatsächlich noch einige am Lager. Er fragte mich, ob ich gerne eine kosten möchte, und ich war einverstanden. Ich zündete die Zigarre an und nahm ein paar Züge, aber dies war keine ›Upmann‹. Ich beklagte mich bei dem sehr netten Verkäufer, aber der versicherte mir, dies sei eine ›Upmann‹.

In diesem Moment unterbrach mich ein kleiner Mann mit einem Schnurrbart, der auf einer Couch saß. Es sei tatsächlich eine ›Upmann‹, sagte er.

Diese Art der Einmischung verärgerte mich ein wenig. ›Wer sind Sie?‹ fragte ich. Die Antwort kam prompt: ›Ich bin Experte für ›Upmanns‹, und ich handele mit ihnen. Glauben Sie mir, es ist eine ›Upmann‹.‹ ›Wollen Sie nicht endlich den Mund halten? Wer sind Sie überhaupt?‹

Er wandte sich mir zu und versicherte mir auf äußerst diplomatische Weise: ›Mein Name ist Upmann, H. Upmann. Meine Familie gründete das Unternehmen.‹«

Whoopi Goldberg bevorzugt kleine Zigarren, auch wenn sie schon dabei gesehen worden ist, wie sie mit Freunden eine »Cohiba Corona Especial« geraucht hat. Ihr Favorit ist die »80 Aniversario«, eine kubanische Zigarre, die speziell für Zino Davidoffs achtzigsten Geburtstag auf den Markt gebracht wurde und schwer zu bekommen ist.

Gregory Hines: »Ich liebe diesen Geschmack. Und ich liebe dieses Ritual: Erst schneide ich die Zigarre an, dann rolle ich sie zwischen meinen Fingern. Ich betrachte das Deckblatt. Dann zünde ich die Zigarre an. Das Aroma. Es gefällt mir, daß es lange dauert. All das entspannt mich wirklich. Vor kurzem rauchte ich ›Zinos‹ und ›Davidoffs‹. Sie sind wunderschön gemacht.«

Lauren Hutton: »Es ist wie ein Abkommen mit dir selbst: dir Zeit zu nehmen, um auszuspannen und eine Zigarre zu rauchen. Das Rauchen von Zigarren vermittelt ein Gefühl von ›In-der-Welt-Sein‹. Und brauchst du Nachschub, so hast du ein Ziel, wohin du gehen kannst. Unter anderen mag ich besonders die dominikanische ›H. Upmann‹ mit Ringmaß einundvierzig.«

Jack Nicholson: »Als ich den Film *The Last Detail* machte, wollte ich, daß der kleinliche Officer, den ich spielte, ein Zigarrenraucher sein sollte. Also rauchte ich während der Drehzeit Zigarren – echte kubanische Zigarren, versteht sich, denn sie sind natürlich die besten. Um ehrlich zu sein – sie sind die Zigarren an sich. In Kanada, wo wir den Film drehten, waren sie ja zu bekommen. Und so fing ich auch wieder an, Zigaretten zu rauchen – bis vor ungefähr vier Jahren, als ich Golf spielen lernte. Wenn ich Golf spielte, wurde ich so nervös, daß ich bisweilen eine halbe Packung Zigaretten während einer einzigen Runde rauchte. Um meinen Konsum einzuschränken, gewöhnte ich mir an, um das fünfte Loch herum eine Zigarre anzuzünden und sie bis zum Ende der Runde zu rauchen. Das half, mich zu beruhigen und meinen Zigarettenkonsum einzuschränken. Ich bin jetzt runter auf (Handicap!) zwölf.«

Arnold Schwarzenegger: »Ich machte 1977 Bekanntschaft mit ›echten Zigarren‹, als ich Maria Shriver auf einem Tennisturnier für Prominente traf. Ihr Vater, Sargent Shriver, überreichte mir nach dem gemeinsamen Dinner eine seiner Zigarren. Wissen Sie, es ist ein großes Glück im Leben, wenn Ihre Frau keinen Grund hat, sich über Ihre Zigarren zu beklagen. Ich kann zum Beispiel immer sagen: ›Schau mal, Schatz, dein Vater hätte mich doch niemals mit etwas bekannt gemacht, das schlecht ist.‹ Ich mag ›Cohibas‹, ›Punch Punch‹, ›Hoyo de Monterrey‹ und bisweilen eine ›Romeo y Julieta‹ oder eine ›Davidoff‹.«

Tom Sellecks Auswahl

Montecristo No. 2
Hoyo de Monterrey Double Corona
Punch Double Corona
Ramón Allones Gigante
Cohiba Robusto
La Gloria Cubana (in den USA hergestellt)
Davidoff Special R
Davidoff Special T
Davidoff Special Double R

SCHEIN UND SEIN

IM ZWANZIGSTEN JAHRHUNDERT war das Erscheinungsbild der Zigarre weitgehend vom Film geprägt. 1949 beispielsweise bedachten die US-Zigarrenimporteure Edward G. Robinson mit dem Beinamen »Mister Cigar«. Dieser legendäre Leinwandstar, der Gangster spielte wie kein zweiter, verhalf der Zigarre zu noch mehr Präsenz. Aber ob nun im Mundwinkel eines Ganoven oder als ständige Begleiterin des Westernhelden John Wayne – ihr häufiges Erscheinen auf der Leinwand war in jedem Fall ein Zeugnis ihrer weitverbreiteten Popularität.

Im richtigen Leben waren es jedoch nicht die Bösewichte, sondern immer die Guten, die sich eine Zigarre anzündeten. Adolf Hitler, in aller Ruhe eine Havanna paffend – kaum vorstellbar. Aber aus dem Mundwinkel seines Widersachers Winston Churchill war die Zigarre nicht fortzudenken. Der britische Premierminister erfreute sich großer Popularität auch außerhalb der Grenzen des Empire, und so war auch Zino Davidoff bereit, ihm eine Marotte zu vergeben, die in den Augen des großen Connaisseurs einer Todsünde gleichkam: Churchill hielt die Zigarre beständig zwischen Zeige- und Mittelfinger statt zwischen Zeigefinger und Daumen.

Von Churchill existiert wohl kaum eine Photographie ohne seine geliebte Zigarre, beredtes Zeugnis einer wahren Leidenschaft. Als der Dunhill-Laden in London bei einem deutschen Luftangriff schweren Schaden genommen hatte, wartete Churchill bekanntlich äußerst ungeduldig auf die Nachricht, ob seine geliebten Zigarren alles gut überstanden hatten. Das galt besonders für seine Lieblings-Havanna, die »Double Corona«. Einmal brüstete sich Feldmarschall Montgomery damit, immer zu hundert Prozent in Form zu sein, da er weder rauche noch trinke und sich genügend ausruhe. Churchill konterte mit den Worten: »Ich trinke jede Menge, rauche eine Zigarre nach der anderen und schlafe kaum. Das ist der Grund dafür, warum ich zweihundert Prozent in Form bin.«

Churchill rauchte seine Zigarren für gewöhnlich nur zur Hälfte – und er probierte alle möglichen feinen Havanna-Sorten aus, darunter solche mit dunklem Tabak, manchmal »Double Coronas«, auch »Lonsdales« und, bisweilen, eine »Panetela«, und oft genug trug die Bauchbinde sein Konterfei. Einige Havanna-Formate wurden ihm zu Ehren mit dem Namen »Churchill« versehen. Kollegen und Bewunderer versorgten ihn regelmäßig mit Zigarren, während er seinerseits einiges von seinen Vorräten anderen zukommen ließ, wie dem finnischen Komponisten Jean Sibelius.

Es gab einmal die Überlegung, Churchill auf den Klippen von Dover ein Denkmal zu errichten – eine mächtige Statue mit einer Zigarre in der Hand, wobei die (erleuchtete!) Asche als Orientierungshilfe für die Schiffe auf See dienen sollte.

Es gibt aber noch weit mehr »Zigarrenbilder« aus dem Zweiten Weltkrieg als solche mit Winston Churchill. Weltbekannt ist zum Beispiel jenes Photo von dem GI, der mit einer Zigarre im Mund auf seinem Panzer sitzt. GIs rauchten auch Zigarren in Filmen wie *The Longest Day*, in dem Robert Mitchum von der Landung der US-Truppen in der Normandie bis zum Siegestag der alliierten Truppen eine »Panetela« im Mundwinkel hat.

Auch viele Rebellen des zwanzigsten Jahrhunderts waren passionierte Zigarrenraucher. Pancho Villa beispielsweise, der mexikanische Revolutionär, riet seinen Männern, vor dem Frühstück eine Zigarre zu rauchen. Und Fidel Castro stellte bei seinem Abstieg aus der Sierra Maestra nicht nur einen Bart, sondern auch eine Zigarre zur Schau. Als er dreißig Jahre später zum Nichtraucher konvertierte, nahm kaum einer davon Notiz – Revolutionen und ihre Führer hatten wohl schon ihre besten Zeiten hinter sich.

GEGENÜBER: **PANCHO VILLA UND SEINE *COMPADRES*.** OBEN: **WINSTON CHURCHILL MIT DER NACH IHM BENANNTEN ZIGARRE.**

AFICIONADAS – ZIGARRENLIEBHABERINNEN

MÄNNER UND IHRE ZIGARREN – das ist das Bild, das wir kennen. Von bekannten Persönlichkeiten wie Fidel Castro, Sigmund Freud, Victor Hugo und Winston Churchill sprachen wir ja bereits – nicht zu vergessen Groucho Marx. Dessen Ehefrau stellte ihn einmal vor die Wahl – sie oder die Zigarren. Angesichts der Gefahr, seine geliebten Smokes aufgeben zu müssen, antwortete er ihr, geistreich wie immer: »Nicht die Zigarren, aber wir könnten gute Freunde bleiben.«

Als Ritterlichkeit und Zuvorkommenheit der sexuellen Revolution wichen, blieb die Zigarre in mancherlei Hinsicht im Epizentrum. Noch immer verkörperte sie einige der sinnlichen Eigenschaften, die ihr im viktorianischen Zeitalter zugefallen waren – Format, Macht, Ritterlichkeit, Wohlstand und … Machismo. Während der Zeit, in der George Sand ihr Leben mit dem Komponisten Frédéric Chopin teilte, bekam sie einmal von dem russischen Adligen W. de Lenz zu hören: »Madame, in keinem Salon habe ich jemals eine Frau Zigarren rauchen sehen.« Frauen, die rauchten, boten seinerzeit einen provokanten Drahtseilakt …

Der US-amerikanischen »Cigar Association« zufolge bilden weibliche Raucher nach wie vor eine Minderheit. Ihr Anteil macht nur etwa zwei Prozent aller Zigarrenraucher aus – aber dennoch: Sie sind auf dem Vormarsch, und ihre Akzeptanz wächst. Und wirklich: Überall kann man sie heute antreffen – in Trendschuppen, auf der Titelseite von Magazinen und im Privatleben.

Immerhin, das zwanzigste Jahrhundert ist das Zeitalter des Frauenstimmrechts und der Frauenrechte überhaupt. Frauen besetzen mittlerweile Schlüsselpositionen im politischen, sozialen und kulturellen Bereich. Außerdem bewähren sie sich als Unternehmensleiterinnen und Gewerkschaftsführerinnen, als höhere Angestellte und als Arbeiterinnen. Viele von ihnen haben ihr eigenes Unternehmen gegründet, haben auch Berufe ergriffen, die traditionell von Männern ausgeübt wurden und werden. Frauen haben es beispielsweise zwar immer noch schwerer, in einer Firmenhierarchie aufzusteigen, aber die Gleichberechtigung schreitet dennoch unaufhaltsam voran. So nehmen immer mehr Frauen im Geschäftsleben, in der Politik und in der Unterhaltungsindustrie Führungspositionen ein, und da ist es nur zu natürlich, wenn immer mehr von ihnen auch zur Zigarre greifen.

»Eine Sache, die ich bei Frauen noch nie verstanden habe, ist die, daß sie keinen Augenblick zögern, sich mit dem Duft eines Liters Parfum zu umgeben, ein Pfund Talkumpuder sowie übel riechendes Lippenrouge aufzutragen, einen seltsamen Geruch verbreitendes Haaröl und ein halbes Dutzend verschiedener Körperöle zu verwenden, um sich dann über den Duft einer guten Zigarre zu beklagen.«

Groucho Marx

Sei es aus demonstrativen Gründen, sei es einfach aus Vergnügen – nicht wenige Frauen haben sich mittlerweile dem Rauchen von Zigarren zugewandt. Whoopi Goldberg, Lauren Hutton, Demi Moore – sie alle zünden sich gerne einmal eine Zigarre an. Sogar die Hüterin der US-amerikanischen Weiblichkeit, Helen Gurley Brown, gibt zu, »hin und wieder eine zu paffen«, obwohl sie, notabene, keine *aficionada* ist. Auch jenseits des Rampenlichts gibt es eine Menge Frauen, die sich mit Vorliebe dem Tabakgenuß hingeben.

Heute besuchen Frauen Zigarren-Seminare und »Big Smokes« in wachsender Zahl. Es gibt auch bereits »Ladies-only-Smokes«. Viele der Frauen, die solche Informationsabende besuchen, sind Bankfachfrauen, Grundstücksmaklerinnen, Managerinnen und Inhaberinnen kleiner und mittlerer Unternehmen. Jedenfalls sind Frauen heute als Teil der Zigarren-Lobby anerkannt. Als zum Beispiel ein Steakhouse im mittleren Westen der Vereinigten Staaten einmal ein Dinner für Powerfrauen aus dem Business ausrichtete, waren alle Plätze besetzt – ausschließlich mit Raucherinnen. Das Zigarrerauchen ist heute ebensowenig eine reine Männerangelegenheit wie Golfspielen, Jagen und Tennis.

Obwohl Zigarrenliebhaberinnen heute absolut im Trend liegen, sind sie doch kein absolut neues Phänomen. In viktorianischen Zeiten riet man Frauen, ihren Mann auszusuchen wie eine Zigarre. Und in *Gigi* schreibt Colette: »Erinnere mich daran, daß ich dir beibringe, wie man Zigarren auswählt. Wenn eine Frau die Vorlieben eines Mannes kennt – einschließlich seiner Lieblingszigarre – und wenn ein Mann weiß, was eine Frau mag, dann sind beide für ihre Zusammenkunft wohl gerüstet.« Ob im achtzehnten Jahrhundert Katharina die Große, ob im zwanzigsten Greta Garbo und Marlene Dietrich – sie alle waren glühende Verehrerinnen des Rauchgenusses.

Es ist schwer, eine allgemeine Erklärung dafür zu finden, warum Frauen gerne rauchen, und es ist ebenso schwer, sie demographisch zuzuordnen. Experten meinen dennoch behaupten zu können, die typische *aficionada* sei berufstätig und verfüge über ein relativ hohes Einkommen, habe eine gute Ausbildung hinter sich, wobei ihr Alter zwischen Mitte Zwanzig und Ende Vierzig liege. Sie sei ferner eine wahre Kennerin, die sich für alles interessiere: für die feinsinnigen Aspekte des Inhalierens, für rein Technisches und die Mystik, für das Anschneiden und das Anzünden bis hin zu der Entscheidung, ob frau die Bauchbinde entfernen solle oder nicht.

Einigen Frauen gefällt auch einfach der Schockeffekt, wenn sie mit einer Zigarre in der Hand in Erscheinung treten. Die Kulturhistorikerin Camille Paglia, selbst Raucherin, sagt, Frauen hätten dann »das Gefühl, den Mächtigen anzugehören, dabei dennoch weiblich zu sein, ohne ihre Heterosexualität beziehungsweise ihre Weiblichkeit in Frage zu stellen müssen. Im Gegenteil, dieses Bild erhöht in ihren Augen sogar ihre Attraktivität.«

ZIGARREN IM WEISSEN HAUS

Von den rauchgeschwängerten Hinterzimmern in Boston bis zu den eleganten Versammlungen der Mächtigen in Washington – immer hatten Zigarren ihren Anteil an Pomp und Prunk der Politik in den Vereinigten Staaten. Momentan scheint die Demission der Zigarre aus dem Weißen Haus kurz bevorzustehen, aber es gab auch Zeiten, da sie vom jeweils amtierenden Präsidenten hoch geschätzt wurde. Sie hielt früh Einzug ins Weiße Haus: James Madison und John Quincy Adams zum Beispiel frönten ausgiebig dem Rauchgenuß; Andrew Jackson und seine Frau Rachel pflegten in Schaukelstühlen vor dem Kamin zu sitzen und Zigarre zu rauchen; Ulysses S. Grant, dessen Slogan für seine Wahlkampagne »A Smokin His Cigar« lautete, rauchte mehr als zwanzig Zigarren pro Tag; William H. Taft brachte seinen Humidor mit ins Weiße Haus; Calvin Coolidge, der auch auf den Beinamen »Silent Cal« hörte, unterstrich seinen Ruf als Schweiger häufig durch eine Zigarre; und Richard Nixon, obwohl kein richtiger Zigarrenraucher, nahm dennoch gerne einmal einen zeremoniellen Zug in Anwesenheit erlauchter Staatsoberhäupter.

In jüngerer Zeit hat sich Bill Clinton in die Anordnungen der First Lady im Weißen Haus gefügt und das Rauchen aufgegeben. Manchmal kann man ihn jedoch im Oval Office oder während einer Einsatzbesprechung beobachten, wie er eine nicht brennende Zigarre in der Hand hält und somit keinem einen Grund gibt, seine Behauptung, »niemals inhaliert zu haben«, in Zweifel zu ziehen.

Kurz nachdem Pierre Salinger von John F. Kennedy zu dessen Pressesprecher ernannt worden war, rief ihn der Präsident zu sich, um ihn feierlich um einen Gefallen zu bitten: »Ich brauche ungefähr tausend ›Petit Upmanns‹.« Salinger fragte etwas erstaunt, für wann der Präsident sie denn brauche. »Morgen früh«, lautete die Antwort. »Sobald Sie sie haben, lassen Sie es mich wissen. Es ist sehr wichtig.«

Salinger verließ das Oval Office in der Hoffnung, die Zigarren auftreiben zu können. Mit Hilfe einiger Diplomaten und durch offizielle Kontakte war er schließlich in der Lage, seine Mission zu erfüllen. Nachdem der Privatmann Kennedy hinreichend mit Havannas versorgt war, verkündete der Präsident ein paar Stunden später das Wirtschaftsembargo der Vereinigten Staaten gegen Kuba.

Die Erinnerungen des Schriftstellers William Styron an Kennedy und Nathaniel Landes persönliches Zusammentreffen mit Lyndon B. Johnson lassen als Momentaufnahmen die (zeitweilige) Rolle der Zigarren im Weißen Haus in einem interessanten Licht erscheinen.

William Styrons persönliche Erinnerungen an John F. Kennedy und die Beschreibung von Nathaniel Landes eigener Begegnung mit Lyndon B. Johnson werden in den Sammlungen des Weißen Hauses aufbewahrt.

Der Präsident und seine »Partagas«

Nachdem Eiscreme und Kaffee gereicht worden waren, verteilte der Präsident unter den Herren »Partagas«-Zigarren, die aus Havanna stammten und in Hülsen verpackt waren. Ich rollte meine genüßlich zwischen den Fingern und verkniff mir dabei ein Lächeln.

Mir war vollkommen bewußt, daß es sich hier um verbotene Ware handelte, die unter das Embargo gegenüber kubanischen Waren fiel. Mir war auch klar, daß das Embargo von ebenjenem Mann verhängt worden war, der mir gerade eine dieser Zigarren in die Hand gedrückt hatte. Das war ein Grund mehr, die »Partagas« noch ein Weilchen in ihrer schützenden Hülle zu lassen, als keckes Mahnmal sozusagen, als hervorragender Konversationsgegenstand mit einem Touch ins Skandalöse. Ich beobachtete den Präsidenten, wie er vergnüglich rauchte – von Geheimnistuerei keine Spur. In einem unbeobachteten Moment verbarg ich die »Partagas« in meiner Jackentasche, um sie für eine besondere Gelegenheit aufzubewahren. An ihrer Stelle zündete ich mir eine meiner »Coronas« kanarischer Herkunft an. Kurz darauf überkam mich jedoch eine undefinierbare Traurigkeit, deren Ursache ich nicht so ganz auf den Grund kam – vielleicht handelte es sich auch nur um dasselbe starke Gefühl des Bedauerns, das mich später noch einmal beschlich, als ich meine Erinnerungen an eine denkwürdige Bootsfahrt beschrieb, während der »unüberbrückbare Schwierigkeiten und eine wütende Animosität zwischen Castro und Kennedy« standen. »Von allen Staatsoberhäuptern der Welt waren sich der Harvard-Absolvent und der Marxist aus Havanna in ihren Temperamenten und ihren geistigen Ansprüchen sicherlich am ähnlichsten. Womöglich wären sie gute Freunde geworden, hätte nicht der Sturm der Geschichte des zwanzigsten Jahrhunderts mit seinen bizarren Fügungen sie zu starren Feinden gemacht.«

Ich begegnete Kennedy ein weiteres Mal im darauffolgenden November auf einer eleganten, doch überfüllten Party eines Freitag nachts in New York ... Rose und ich entdeckten ihn, als wir gerade zum Dinner schritten, wie er am Fuße eines Treppenaufgangs stand und ziemlich verloren und verlassen dreinschaute. So, als fühle er sich überwältigt von einem plötzlichen Gefühl der Einsamkeit, sprach er zu niemandem, sondern betrachtete nur nachdenklich seine Zigarre ... Beiläufig fragte er mich dann, ob mein Roman Fortschritte machte ... Schließlich riß ihn jemand aus seinen Gedanken, und er verschwand in der Menge. Etwas später fing er im Hinausgehen meinen Blick ein und sagte lächelnd: »Take care.«

Eigentlich hätte ich diese Worte zu ihm sagen sollen, denn zwei Wochen später, auch an einem Freitag, starb er in Dallas. Ich rauchte die »Partagas« zu seinem Gedenken.

William Styron

Die »Upmann-Freundschaft«

Es war ein grosser Abend. Nach einem formellen Staatsdinner im »East Room« des Weißen Hauses lud mich Jack Valenti, der damalige Pressesprecher des Präsidenten, zusammen mit einigen anderen Gästen ein, dem Präsidenten in die obere Etage zu folgen. Ich war damals sehr jung und hatte im Weißen Haus einer Aufführung des Musicals *Salute to Congress* beigewohnt, das die Errungenschaften der »Great Society« würdigte. Die Vorstellung endete mit einer bewegenden Erzählung aus Thomas Wolfes Werk *You Can't Go Home Again (Es führt kein Weg zurück)*. Im Hintergrund spielte leise eine Originalmusik von Ferde Grofé.

> *So, then, to every man his chance ... / To every man, regardless of his birth, / His shining, golden opportunity – / To every man the right to live, / To work, to be himself, / And to become / Whatever thing his manhood and his vision / Can combine to make him – / This seeker, / Is the promise of America.*

> *(Jedem also seine Chance ... /Jedem, ohne Ansehen seiner Herkunft / Seine glänzende, goldene Gelegenheit – / Jedem das Recht zu leben, / Zu arbeiten, er selbst zu sein, / Und das zu werden, / Wozu auch immer sein Menschsein und seine Vision / Sich zusammenschließen, um ihn zu erschaffen. / Dieser Suchende / Ist die große Hoffnung Amerikas.)*

Dem Präsidenten gefielen diese Worte. Mit ihm, Vizepräsident Humphrey, Gregory Peck und Jack Valenti zusammen im »Lincoln Room« zu sitzen war wahrlich eine außergewöhnliche Erfahrung. Nicht so sehr wegen der erlauchten Gesellschaft, sondern vielmehr wegen der Situation als solcher.
Der Präsident, der im Begriff war, sich zur Nacht zurückzuziehen, erhielt gerade eine Massage. Ganz in seiner Nähe saßen wir nun zusammen und wußten nicht so recht, was wir sagen oder tun sollten. Dann reichte jemand Havannas herum. Es handelte sich um geschmuggelte »H. Upmanns« in mittelgroßen silbernen Hülsen, und sofort änderte sich die Stimmung. Eine gute Zigarre in guter Gesellschaft und bei guter Konversation verhalf uns zu jenem oft zitierten »einmaligen Gefühl der Zusammengehörigkeit«. Ich hatte schon viel von historischen Rauchertreffen in Hinterzimmern gehört, und nun war ich selbst Teil einer solchen Zusammenkunft – wenn auch als Nichtraucher.

»Schöne Worte haben Sie da vorgetragen, Nathaniel, sind sie von Ihnen?« fragte der Präsident. »Nein, Sir«, antwortete ich, »sie sind von Thomas Wolfe.« – »Übrigens, das sind ja wohl keine kubanischen Zigarren, oder?« fragte der Präsident und blickte dabei mißtrauisch zu uns herüber. »Aber nein, Sir«, antworteten wir unisono. »Yep, prima Abend heute«, sagte daraufhin der Präsident schelmisch und setzte dabei sein breites Texas-Grinsen auf.
Nach dieser Bemerkung sprang er von seiner Massageliege und ging hinüber zu einer großen Chippendale-Kommode, zog die oberste Schublade auf, nahm ein paar kleine Kisten heraus und verteilte goldene Manschettenknöpfe, von denen jeder mit einer Nachbildung des Präsidentensiegels versehen war. Johnson war splitternackt.
Wir standen alle in respektvoller Haltung, mehr erfreut als überrascht von dieser ungewöhnlichen Stegreif-Zeremonie. Der Präsident hüpfte zurück auf seine Massageliege und fragte noch einmal: »Waren das wirklich keine kubanischen Zigarren?« – »Nein, nein«, riefen wir nochmals im Chor, während sich dabei unsere Blicke im blauen Rauch, der sich zur Decke hinaufschlängelte, verloren. Ein wenig plagte uns nun doch das schlechte Gewissen. Der Präsident gab sich nun wieder voll und ganz seiner Rückenmassage hin und blätterte dabei in Aktenordnern. So ging der Abend schließlich vorüber und wurde zur Erinnerung.

Einige Wochen danach stand der Präsident zu Füßen der Freiheitsstatue, um einer Zeremonie beizuwohnen. Ein neues Einwanderungsgesetz hatte soeben den Kongreß passiert. Lyndon B. Johnson schloß seine Rede mit dramatischen Worten, wobei sein Blick in die Ferne schweifte. »Also dann, jedem seine Chance ... «

> *»Jedem also seine Chance ... Und das zu werden, / Wozu auch immer sein Menschsein und seine Vision sich zusammenschließen, um ihn zu erschaffen./ Dieser Suchende ist die große Hoffnung Amerikas.«*

Diese Worte hatten dem Präsidenten gefallen. Sie gefielen ihm so sehr, daß er sie sich zu eigen gemacht hatte. Ich mußte an jenen Abend denken, an die »Nacht der Zigarren«. H. Upmann, der Präsident und die Manschettenknöpfe. Unglaublich, aber wahr, diese Upmann(freund)schaft.

Nathaniel Lande

PUBLIZIST AUS PASSION

Marvin Shanken, Publizist und Herausgeber des Cigar Aficionado

ALS 1992 MARVIN SHANKENS Magazin *Cigar Aficionado* mit einer Startauflage von 20 000 Exemplaren herauskam, wurde es von der Werbe- und Publizistengemeinschaft mit Hohn und Spott überschüttet. Als aber innerhalb von vier Jahren die Auflage auf 400 000 stieg, verwandelten sich die Buh-Rufe in Hurra-Geschrei.

»Erst haben alle behauptet, das könne nie etwas werden«, erzählt Shanken, »dann haben alle gesagt, *sie* hätten schon immer gewußt, daß es klappen würde.«

Der *Cigar Aficionado* findet seine Nische als Männermagazin mit hohem Niveau, das nicht nur über Zigarren und deren Umfeld berichtet und Bewertungen liefert, sondern auch je eine Rubrik für Essen, Kunst, Reisen und Sammeln enthält. Shankens Begeisterung für Premium-Zigarren brachte ihn auf die Idee, die Zeitschrift herauszubringen.

Seine Büroräume sind ein Hort der Kunst, der erlesenen Weine – und natürlich der Zigarren. Hier findet man die guten Dinge, von denen man sonst nur zu träumen wagt. Außerdem bewahrt Marvin Shanken hier einige Kleinodien auf, die ihm besonders am Herzen liegen. Auf einer Seite seines Empfangsraums befindet sich ein gläserner Weinkeller, der mit hunderten sehr seltener Jahrgänge gefüllt ist, einschließlich einer Flasche »Margaux«, abgefüllt für Thomas Jefferson. Entlang der schneeweißen Wände entdeckt der Besucher eine bemerkenswerte Reihe von Original-Jugendstil-Plakaten in goldenen Rahmen, die ihn zu einer Serie von begehbaren Humidoren führt, gefüllt mit fünftausend Zigarren, darunter Havannas aus der Zeit vor dem Embargo. Eine Kiste mit Zigarren aus Churchills Nachlaß ist in ebenso greifbarer Nähe wie John F. Kennedys Humidor, den Shanken kürzlich auf einer Auktion erworben hat. Kein schlechter Ort, um den Tag zu beginnen, und eine saubere Leistung für einen Mann, der ganz klein angefangen hat. Allerdings war Marvin Shanken immer ein Ausbund an Phantasie.

Mit unkonventionellen Geschäftsmethoden und einer konservativen Gesinnung hat er mehr getan, um das Zigarrengeschäft voranzutreiben, als irgend jemand sonst in der heutigen Zeit. Marvin Shanken ist ein glühender Zigarren-Verehrer, ein Mann der Renaissance, ein »Held aller Raucher dieser Welt«, ein Produkt des »American Dream« – und ein Publizist und Herausgeber, der seine Seiten zu Ehren der Leser schreibt.

Die Idee zu seinem Magazin kam ihm bei der Rückkehr von einer Reise nach Havanna. Dort hatte er vor Ort für eine Geschichte recherchiert, die in seiner Zeitschrift *Wine Spectator* erscheinen sollte.

»Nachdem ich die großen Fabriken und Plantagen besucht hatte, war ich im siebten Tabak-Himmel, und ich wußte: Du mußt ein Magazin über Zigarren machen«, sagt Shanken. »Ich habe gelernt, daß Zigarrenraucher ebenso von Leidenschaft und Passion erfüllt sind wie die Liebhaber großer Weinjahrgänge.«

UNTEN: **Erster Subskriptionsaufruf für Marvin Shankens neugegründetes Zigarrenraucher-Magazin.** GEGENÜBER: **Der Schwergewichtschampion Jack Dempsey geniesst seine Zigarre auf einer Wahlveranstaltung der Demokratischen Partei.**

Grosse Persönlichkeiten rund um die Zigarre

Auf der Speisekarte des Restaurants »Legal Seafood« in Boston steht zu lesen: »Zigarre- und Pfeiferauchen verboten, außer für **Red Auerbach**«. **Honoré de Balzac** schätzte im Gegensatz zu einigen großen Charakteren seiner Bücher Zigarren nicht besonders. Colonel Chabert (in *Le Colonel Chabert,* 1852) zum Beispiel verbrachte, als er aus dem Exil zurückgekehrt war, die ersten Momente seines neuen Lebens mit dem Kauf von Zigarren. **Otto von Bismarck,** Deutschlands »Eiserner Kanzler«, war ein großer Zigarrenliebhaber und der Überzeugung, die Zigarre spiele in der hohen Diplomatie eine wesentliche Rolle. Einer Legende zufolge soll er, als er einem sterbenden Soldaten seine letzte Havanna schenkte, gesagt haben: »Niemals habe ich eine Zigarre so genossen wie diejenige, die ich niemals geraucht habe.« Aus der Feder von **Lord Byron** stammt die erste poetische Hymne an die Zigarre: »Sublime Tobacco«. Die Meuterei auf der Bounty (1789) hatte Byron zu diesem Gedicht angeregt, das mit der Zeile endet: »Give me a cigar!« **»H. de Cabanas y Carbajal«** ist eine der ältesten im Handelsregister von Havanna eingetragenen Markennamen (1810). Im selben Register ist außerdem zu lesen: 1827: »Partagas«; 1830: »Mi Fama por el Orbe Vuelta« und »José García«; 1834: »Por Larrañaga«; 1840: »El Figaro de Julian Rovera«; 1844: »H. Upmann«; 1845: »La Corona«. **Casanova** war einer der ersten Europäer, dessen literarisches Werk einer Zigarre zu Ruhm verhalf: In *Histoire de ma vie* verteilte er *cigaritos* an seine Kollegen mit den Worten, da sie die Damen nicht stören, stören sie auch ihn nicht. **Winston Leonard Spencer Churchill** entdeckte die Zigarre während des Spanisch-Amerikanischen Krieges, als er gerade einmal zwanzig Lenze zählte. Historiker meinen zu wissen, er habe während seines Lebens mehr als 300 000 Zigarren geraucht. Auch in seinem politischen Leben spielte die Zigarre hin und wieder eine Rolle. Während der Wahlkampagne im Juni 1945 wurde er von Angehörigen der »Labour Party« gescholten, weil er teure Zigarren rauchte, während die kleinen Leute für ein lumpiges Päckchen Zigaretten Schlange stehen müßten. 1947 schlug Lord Chorley, Minister der »Labour Party«, sogar vor, Churchill solle für die schweren Verleumdungen, die er über die Führer der »Labour Party« verbreitet habe, mit zwei Jahren Zigarrenentzug bestraft werden. Der Antrag wurde abgelehnt. **Cigar,** ein sechsjähriges Rennpferd edlen Geblüts, brachte 1996 den bis dahin bestehenden Rekord des legendären Galoppers »Citation«, der sechzehnmal hintereinander gewonnen hatte, erheblich in Gefahr. In seinem siebzehnten Rennen versuchte »Cigar«, »Citations« Serie zu brechen, verlor aber um dreieinhalb Längen. Knapp vorbei ... Im Mai 1995 feierte US-Präsident **Bill Clinton** die abenteuerliche Rettung des in Bosnien abgeschossenen Fliegers Captain Scott O'Grady, indem er mit dem Sicherheitsberater Anthony Lake auf dem Eisenhower-Balkon des Weißen Hauses nachts um ein Uhr eine Zigarre rauchte. **Raoul Dufy,** der französische Maler und Graphiker, tauschte etliche seiner Werke gegen Zigarren. **Edward VII.** bestieg nach sechzig Jahren Wartezeit in der Rolle des Prince of Wales endlich den Thron, wobei er die unvergessenen Worte an seine geladenen Gäste (männlichen Geschlechts) richtete: »Gentlemen, Sie dürfen rauchen.« So brach er den Bann, den seine Mutter, Queen Victoria, über den Tabak und alle damit verbundenen Genüsse gelegt hatte. Auch **Edward VIII.,** der 1936 dem Thron entsagte, um die zweimal geschiedene Amerikanerin Wallis Warfield Simpson zu ehelichen (und fortan lediglich den Titel »Duke of Windsor« führte), war ein großer Zigarren-Aficionado. Auch **Ludwig Erhard,** Vater des deutschen Wirtschaftswunders der fünfziger Jahre, wurde selten ohne seine geliebte Zigarre gesehen. Wie kaum ein anderes Luxusobjekt wurde sie zum Symbol des neuen Wohlstandes. **König Faruk von Ägypten** liebte Zigarren im allgemeinen und große Formate im besonderen. **Sigmund Freud,** der Begründer der Psychoanalyse, rauchte ständig, während er die Träume seiner Patienten interpretierte. Entgegen dem Rat seiner Ärzte war er zeit seines Lebens nicht in der Lage, das Rauchen aufzugeben. **Oscar Hammerstein I.,** Theaterdirektor und Vater des berühmten Broadway-Autors, hatte zweiundvierzig Patente angemeldet, die mit Tabak zu tun hatten. Als das von ihm geleitete Theater »Olympia« pleite machte, stürzte das seinen Besitzer in den Ruin. Und als letzterer einen Freund auf der Straße traf, sagte er zu ihm: »Ich habe alle meine Theater verloren, mein Haus und alles, was ich besaß. Mein Vermögen besteht aus zwei Zigarren – ich möchte es mit Ihnen teilen.« **Ernest Hemingway** war der Havanna geradezu ergeben – jedenfalls hatte der Rauch einer Havanna für ihn dieselbe Bedeutung wie der Zuckerkuchen für Marcel Proust. **Victor Hugo** ist in den Zigarrenfabriken Kubas ein berühmter Name, gehörten doch die Bücher des französischen Romantikers lange Zeit zu den beliebtesten der Vorleser. Der Dichter Robert Desnos war bei seinem Besuch auf Kuba im Jahre 1928 jedenfalls begeistert, als einige Arbeiter Passagen aus des Franzosen Werk aus dem Stegreif zitieren konnten. **Rudyard Kipling** maß der Zigarre einen hohen Wert bei. In bezug auf seine tägliche Zigarre schrieb er einmal: »Wenn Maggie keine Rivalin ertragen kann, dann möchte ich sie nicht heiraten.« Von ihm stammt auch der berühmte Satz: »Eine Frau ist nur eine Frau, aber eine gute Zigarre ist ein Smoke«. Der **Duc de La Rochefoucauld-Liancourt,** Philanthrop und Gründer der ersten Sparkasse in Frankreich, ist der Verfasser des ältesten bekannten französischen Lobgesangs auf die Zigarre. **Bartolomé de las Casas** war der erste Chronist, der von der Entdeckung der Zigarre und der Eroberung der Neuen Welt durch die Spanier berichtete. In seiner *Historia general de las Indias* schrieb der spätere Bischof von Chiapas (Mexiko) über die Zigarre: »Wenn man zuviel raucht, wird man davon betrunken wie von starkem Wein ... Ich habe das selbst ausprobiert.« Der 1953 in den Adelsstand erhobene **Franz Liszt** reiste immer mit einem Havanna-Vorrat, den er in einer eigens für diesen Zweck gefertigten dreifächrigen Holzkiste aufbewahrte. Nachdem er 1865 die niederen Weihen eines Abbé erhalten hatte, brauchte er – laut päpstlicher Dispens – selbst hinter klösterlichen Mauern nicht auf seine Zigarren zu verzichten, denn er durfte rauchen, wann und wo immer es ihm beliebte. Von ihm stammt der Ausspruch: »Eine gute kubanische Zigarre schließt die Tür vor den Vulgaritäten der Welt.« **Amy Lowell,** Dichterin und Kritikerin, war eine wunderbare Frau. Die Nachfahrin der berühmten Bostoner Familie besaß mehrere große Talente. So verfaßte sie unter anderem *Patterns* und *Lilacs* – und wurde hin und wieder mit einer Zigarre gesehen. Der gefeierte **Mark Twain** war ebenfalls leidenschaftlicher Zigarrenraucher. Am Mississippi lehrten ihn die Pokerspieler schnell den Unterschied zwischen einer echten Havanna und ihrem Gegenstück aus Tampa. Samuel Langhorne Clemens, so der bürgerliche Name des Vaters von Huckleberry Finn und Tom Sawyer, bevorzugte eindeutig die echten Havannas. **José Martí,** der große kubanische Patriot, begann seine Karriere als Vorleser in einer *fábrica.* Er war es, der die Saat der Revolution unter den Tabakarbeitern verteilte, die schließlich mit Fidel Castro endgültig aufgehen sollte. **Groucho Marx,** der von allen Marx Brothers am längsten lebte, wurde selten ohne sein Markenzeichen, die Zigarre, gesehen, obwohl in seinen Filmen niemals eine Zigarre wirklich angezündet war. **William Somerset Maugham,** der große englische Schriftsteller, beschäftigte sich ausgiebig mit der Zigarre und ihrer Kultur: »Eine gute Havanna bereitet das größte Vergnügen, das ich mir vorstellen kann. Als ich noch jung und arm war, rauchte ich nur Zigarren, die mir angeboten wurden. Damals schwor ich, mir jeden Tag nach dem Lunch und nach dem Dinner eine Zigarre zu Gemüte zu führen, sobald es meine finanziellen Möglichkeiten zulassen würden. Dieser Vorsatz war der einzige meiner Jugend, den ich wahr gemacht habe, und die einzige Leidenschaft, die keine Enttäuschung

brachte.« **Herman Melville**, Schöpfer des *Moby Dick*, war der festen Überzeugung, das kubanische Klima gebe dem dort angebauten Tabak das beste Aroma – und den Kubaner(inne)n den schönsten Teint der Welt. **Napoleon III.** fällt eine besondere Ehre zu: Der Aficionado erhielt das größte Geschenk der (Zigarren-)Geschichte: 20 000 Havannas mit Goldspitze und seinem Monogramm. Damals betrug ihr Wert 50 000 US-Dollar. **Aristoteles Onassis** teilte seine Passion für Havannas mit seinem Freund Winston Churchill, der auch häufig Gast des Tankerkönigs war. Auf des Griechen Yacht »Christina« fehlte es praktisch an nichts – selbst ein Humidor gehörte zum Inventar. **Fürst Rainier** von Monaco ist ein wahrer Connaisseur. Zu seinen Lieblingen gehört die »Château-Margaux« von »Davidoff« und die »Lonsdale« von »Rafael Gonzalez«. Eine Zeitlang war er Geschäftspartner von Onassis, und aus dieser Zeit erzählt man sich, daß der griechische Magnat seine Zigarren nach der Länge, der Fürst jedoch nach der Bauchbinde beurteilte. **Sir Walter Raleigh** rauchte – falls man den Chronisten aus dem Jahre 1618 Glauben schenken darf – noch auf dem Richtblock eine Zigarre. Oft wird der Name des englischen Seefahrers und Entdeckers mit Tabak in Verbindung gebracht, insbesondere mit solchem aus Virginia. **Maurice Ravel** liebte Havannas, auch deshalb, weil sie ihn – seinen eigenen Worten zufolge – beim Komponieren inspirierten. **Edward G. Robinson** kaute in seinen Gangsterfilmen zwar heftig auf seinen Zigarrenstummeln herum, doch im wirklichen Leben rauchte er seine Zigarren mit der gebotenen Eleganz. **»Pepin« Fernandez Rodriguez**, einer der agilsten Unternehmer der Zigarrenwelt, erlangte nicht nur Berühmtheit, indem er der »Romeo y Julieta« zu Weltruhm verhalf, sondern auch durch seinen Versuch, das Haus des Liebespaares in Verona zu erwerben, um es in einen Zigarrenladen zu verwandeln. Schließlich erhielt er die Erlaubnis, vor dem Haus eine Bude aufzustellen und jedem Besucher eine Gratis-Zigarre überreichen zu dürfen. Die Mitglieder der Familie **Rothschild** gehörten von jeher zu den größten Zigarrenverehrern dieser Welt. Allein Baron Élie aus dem französischen Zweig bestellte jedes Jahr zweitausend »Château-Lafites« bei Davidoff. **Artur Rubinstein**, der berühmte Pianist, verteilte Zigarren mit Bauchbinden nach seinem Design-Entwurf. Zwei deutsche Spione tarnten sich im Ersten Weltkrieg als Zigarrenhändler und bereisten die britischen Seehäfen, um dann über die dort liegenden Kriegsschiffe zu berichten. Bestellten sie sechshundert »Double Coronas«, so bedeutete dies: Wir haben sechs Kampfschiffe ausgemacht, während mit hundert »Demi Coronas« ein U-Boot gemeint war. Dies Treiben ging eine Weile so. Doch bevor der »Zigarrenhandel« zu wahrer Blüte gedieh, kam die britische Abwehr den beiden ehrenwerten Herren auf die Spur. Sie wurden festgenommen, abgeurteilt und schließlich hingerichtet. **Stendhal** berichtete in einer Publikation vom 10. April 1838 mit dem größten Respekt über junge Geschäftsleute in Marseille, die »acht- oder zehntausend Francs am Tag verdienen ... und Zigarren in ihren Westentaschen herumtragen«. Der französische Schriftsteller rauchte italienische »Toscani«. »An einem kalten Wintermorgen«, schrieb Stendhal, »stärkt eine Toscani die Seele.« Zu seiner Zeit durften aus kubanischen Blättern gemachte Zigarren, die in Sevilla gefertigt wurden, nicht nach Italien eingeführt werden – und dort, in Mailand, lebte Marie Henri Beyle, wie er eigentlich hieß, von 1814 bis 1821. Wladimir Iljitsch Uljanow gehörte zu den säumigen Kunden im Schweizer Tabakladen der Familie Zino Davidoffs. Später sollte er als **Lenin** nach Rußland zurückkehren, um dort die Revolution anzuführen. **Queen Victoria** haßte Zigarren und verbot deren Genuß in ihrer Gegenwart bzw. in der ihres Gefolges. Nicht nur das: Sie erweckte auch die strengen Verfügungen ihres Vorgängers, Jakobs I., einem der erbittertsten Tabakgegner unter der Sonne, zu neuem Leben. **Jack Warner**, der berühmte Chef von »Warner Bros.«, bevorzugte leichten Tabak. An dem Tag, an dem er im Casino von Cannes sein berühmtes »Banco« – es ging um eine Wette über hundert Millionen Francs – durch die Räume hallen ließ, rauchte er eine »Panetela« von »Hoyo de Monterrey«. Zur Erinnerung an dieses Ereignis bewahrte er eine solche Zigarre stets in einem Silberkästchen auf. **John Wayne** rauchte in seinen klassischen Western eine Zigarre, die speziell angefertigt und länger als normal war. Bevor **Orson Welles** Zigarren kaufte, verlangte er grundsätzlich das vorherige Öffnen der Kiste. So hatte er niemals Grund zu späterer Reklamation. Die Favoriten des Filmgenies waren die »Montecristo« und die »Por Larrañaga«. **Darryl F. Zanuck**, der berühmte Filmproduzent und Connaisseur, besaß Anteile an Plantagen im Vuelta Abajo. Niemals erwarb er weniger als fünftausend Zigarren auf einmal.

Einmal gelang es dem wegen seiner unschlagbaren »Home runs« berühmten Baseball-Spieler bei den »New York Yankees«, George Herman (»Babe«) Ruth, bei einem Baseball-Match in Tampa den Ball so weit zu schlagen, daß der über das Spielfeld hinaus auf ein benachbartes Feld flog. Mehrere Reporter aus New York maßen die Entfernung und berichteten anschließend, der Ball sei 630 Fuß (rund 192 Meter) weit geflogen. Während viele Reporter auf die Unvorstellbarkeit einer solchen Entfernung für einen »Home run« verwiesen, schrieb ein anderer Reporter, er wisse zwar nicht, wie weit der Ball nun wirklich geflogen sei, aber bei seiner Rückkehr zur Erde sei er mit Eis bedeckt gewesen. So wurde »Babe« Ruth zur Baseball-Legende. Nicht in den Bereich der Fabel gehört auf jeden Fall die Tatsache, daß der Star während seiner New Yorker Zeit seine eigene Zigarrenmarke herstellen ließ. Was lag da näher, als den »Perfectos« aus seiner Produktion den Namen »Babe Ruth« zu geben?

ANA - J. CUESTA - HABANA - J. CUESTA - HABANA - J. CUESTA - HABANA - J. CUESTA - HABANA

3

Die Liebhaber-Gemeinschaft

Die Zigarre: Freude und Genuss

Nur wer Zigarren wirklich liebt, wird den wahren Rauchgenuß erfahren. Genießen Sie das Vergnügen, Ihre Zigarre gesucht und gefunden zu haben, genießen Sie es, Ihre Zigarre anzuzünden und sie dann zu rauchen. Es wird immer wieder neue und andere Zigarren geben, die Sie probieren, und viele Gelegenheiten, Ihr Wissen zu erweitern und Ihren Geschmack zu verfeinern. Es ist ein ständiger Prozeß, der nicht zum Stillstand kommt (weil Sie sich ebenfalls ständig weiterentwickeln).

WORAN ERKENNT MAN EINE GUTE ZIGARRE?

NATÜRLICH IST DIE ENTSCHEIDUNG, welche Zigarre Ihnen am besten schmeckt, eine ganz subjektive Angelegenheit, aber dennoch gibt es ein paar objektive Beurteilungsrichtlinien, an denen alle guten Zigarren gemessen werden können. Die drei maßgeblichen Kriterien für eine gute Zigarre gleichen denen für guten Wein: Körper, Geschmack und Aroma.

Körper. Diese Bezeichnung bezieht sich auf die Stärke des Tabaks, also auf die Gesamtwirkung, die sie beim Raucher hervorruft. Hier gelten die Abstufungen leicht, mittel, voll.

Geschmack. Der Geschmack läßt sich in vier Grundkategorien einteilen: bitter, salzig, sauer, süß. Bitter und süß sind leicht zu unterscheiden, während salzig und sauer schwerer zu erkennen sind, da hier die subjektive Empfindung eine wesentliche Rolle spielt. Connaisseurs verwenden Ausdrücke wie »blumig«, »fruchtig«, »krautig«, »nussig«, »würzig«, um der Kombination und der Balance der verschiedenen Geschmacksempfindungen gerecht zu werden. Sie unterscheiden ferner Geschmacksnuancen nach Kategorien wie »Holz«, »Kaffee«, »Leder«, »Muskat«, »Nuß«, »Pfeffer«, »Sahne«, »Schokolade«, »Zedernholz«, »Zimt«, »Zitrone«. Die Klassifikationen mild, mittelstark und stark beziehen sich auf die Intensität des Geschmacks.

Aroma. Das Aroma einer Zigarre soll Ihnen einfach gefallen.

Hat man einmal gelernt, die Hauptaromen zu unterscheiden, ist der erste Schritt auf dem Weg vom bloßen Liebhaber zum Connaisseur getan. Um einen Überblick über die Details bei der Auswahl einer guten Zigarre zu bekommen, greifen wir auf die Sachkenntnis Richard DiMeolas von »Consolidated Cigar« zurück, dessen Empfehlungen wir hier weitergeben.

»Es gibt zwei elementare Dinge, die zur Herstellung einer handgemachten, nur aus Naturtabak hergestellten Zigarre mit Langblattfüllung unverzichtbar sind: Qualitätstabak *und* eine sehr gute Machart«, sagt DiMeola. »Um nun eine gute Zigarre als solche zu erkennen, hat nur ein einziges Kriterium wirklich Bedeutung: die Verläßlichkeit ihrer Qualität. Die Welt des Sports etwa hält zur Veranschaulichung viele Beispiele parat. Ein Basketballspieler wird an seiner Genauigkeit und Verläßlichkeit gemessen. Bei Golfspielern und Baseballspielern verhält es sich genauso. Eine gleichbleibende Leistung, immer und immer wieder – das ist das Erkennungszeichen für hervorragende Qualität.
Nahezu jeder Hersteller von Premium-Zigarren ist in der Lage, hin und wieder eine gleichmäßig brennende Zigarre mit großer Geschmacksvielfalt herzustellen. Ein wirklich ausgezeichneter Hersteller wird sich dadurch abheben, daß er einen Weg entwickelt, ein solches Ergebnis grundsätzlich zu erreichen.«

Die Qualität einer Marke zu bestimmen dauert eine Weile, betont DiMeola. Man kann nicht einfach eine Zigarre rauchen, ihre gute Qualität bewundern und automatisch dieses Maß an Qualität auf die ganze Marke übertragen. Gelingt es einem Hersteller tatsächlich, daß hundert Zigarren von hundert eine ausgezeichnete Qualität haben, so hat er mit ziemlicher Sicherheit bereits einen Weltklassestatus erreicht. Das heißt allerdings, daß man eine Menge Zigarren rauchen muß, um zu einer endgültigen Qualitätsbestimmung zu gelangen. Am besten beginnt man bei der Beurteilung mit dem äußeren Erscheinungsbild der Zigarre.
Bevor Sie eine Kiste kaufen, sollten Sie zunächst einmal deren Inhalt begutachten. Jeder seriöse Zigarrenhändler wird Ihnen gerne die Kiste öffnen und Sie sie in Augenschein nehmen lassen. Versichern Sie sich, daß die Zigarren glatt und elastisch sind, ihre Deckblätter gut aussehen und daß ihr Geruch angenehm ist. Über-

Oscar Boruchins Top Ten

Oscar Boruchin, Leiter des Fachgeschäfts »Mike's Cigars« in Miami Beach, spielt eine bedeutende Rolle im Zigarren-Einzelhandel. Michael Mersel, Gründer des Ladens und inzwischen über achtzig Jahre alt, übt hier noch immer eine beratende Tätigkeit aus. Boruchin, der vor über dreißig Jahren aus Kuba kam, hat mehrere Marken kreiert, darunter die »Bauza« und die »Licenciados«, beide in der Dominikanischen Republik hergestellt.

1. **Arturo Fuente Opus X:** »Voller Körper, solide Machart, perfekter Zug.«
2. **Partagas 150 Anniversary:** »Ein wunderbarer mittelvoller Geschmack mit sanftem Zug.«
3. **Dominican Montecristo No. 2:** »Mittelstarker Körper mit einem schönen, waldigen Abschluß.«
4. **Arturo Fuente Don Carlos Robusto:** »Ein schöner, pfeffriger Geschmack.«
5. **Licenciado Toro:** »Mittelstarker Körper mit ganz verschiedenen Geschmacksnuancen. Ich rauche sie herunter, bis ich mir die Finger versenge.«
6. **La Gloria Cubana Torpedo:** »Nicht mehr so gut wie noch vor drei Jahren, aber immer noch eine ausgezeichnete Zigarre.«
7. **Fonseca 2-2 Maduro:** »Ein milder bis mittelstarker Smoke mit viel Würze. Brennt wundervoll wie alle MATASA-Produkte.«
8. **Bauza Robusto:** »Verläßlich wie alle Produkte von Fuente. Sie hat einen süßen, waldigen Beigeschmack.«
9. **Macanudo Vintage No. 4:** »Sie hat den guten Geschmack eines gereiften Tabaks. Schöne Machart.«
10. **Dominican Partagas No. 1:** »Ein sehr weicher, mittelvoller bis voller Smoke.«

prüfen Sie auch, ob der Händler seine Ware sachgemäß lagert. Sind all diese Voraussetzungen erfüllt, wird das Rauchen Ihrer Zigarren zum Smoke-Erlebnis.
Und noch etwas sollten Sie beachten: Kaufen Sie nur bei angesehenen Händlern, deren Empfehlungen Sie vertrauen können. Selbst wenn Sie letztendlich selbst entscheiden, was Sie rauchen, so ist es nicht selten Ihr Händler, der Ihnen manch nützlichen Rat geben kann – und für Sie so zum Partner wird.

DIE MACHART

DAS ÄUSSERE ERSCHEINUNGSBILD einer Zigarre ist ein wichtiger Hinweis auf die Sorgfalt und Kunstfertigkeit, mit der sie hergestellt wurde. Zigarren sollten sich zunächst einmal glatt anfühlen, wenn man sie zwischen den Fingern rollt, außerdem nicht nur gut aussehen, sondern innerhalb einer Kiste auch farblich übereinstimmen. Ist dies nicht der Fall, hat der Hersteller die Sortierung nach Farben vernachlässigt, denn auch wenn Zigarren aus einer Ernte stammen, weisen sie nicht selten über zwanzig, ja dreißig verschiedene Farbschattierungen auf. Im Grunde haben Farbabweichungen keinen Einfluß auf die Qualität der Zigarre, aber ein Hersteller, der auf Details achtet, achtet auch auf die wesentlichen Dinge bei der Fertigung.

> **»Eine gute Zigarre schließt die Tür vor den Gemeinheiten des Lebens.«**
> *Franz Liszt*

Das Deckblatt sollte glatt sein und leicht schimmern, und es dürfen keine fehlerhaften Stellen, auch keine Stielansätze vorhanden sein, während sich die Kanten spiralförmig in eine Richtung drehen sollten. Darüber hinaus darf eine Zigarre weder zu trocken noch zu fest sein. (Zur Beachtung: Zigarren in Hülsen sind leichter zu transportieren, aber sie haben die Tendenz, schneller auszutrocknen, da die Hülsen nicht ganz luftdicht schließen.)
Bei der Begutachtung sollten Sie die Zigarre auch einmal leicht zwischen Daumen und Zeigefinger zusammendrücken. Dabei sollte sie dem Druck nachgeben, dennoch so elastisch sein, daß weder Daumen noch Finger eine Druckstelle hinterlassen. Achten Sie auch auf weiche bzw. harte Stellen, welche die Ebenmäßigkeit der Zigarre stören; dies ist ein Hinweis für mangelhafte Verarbeitung. Des weiteren ist es gut zu wissen, welches Aroma einer Zigarre innewohnt – und somit ratsam, etwas davon aufzuneh-

men; verströmt sie wenig oder keines, so nehmen Sie in diesem Moment keine gute Zigarre in Augenschein.
Während die Zug- und Brandeigenschaften wesentlich von der Machart abhängig sind, kann mangelhaftes Aussehen ein früher Hinweis darauf sein, daß Qualität, Geschmack und Aroma zu wünschen übriglassen. Dann liegt die Überlegung nahe, wie es ein Hersteller insgesamt mit der Qualität hält. Stellt jemand ein Premium-Produkt her, sollte auch das Äußere davon zeugen. Hervorragend gemachte Zigarren sprechen den Liebhaber an, so wie guter Wein auch besser aus einem Kristallglas als aus einem Plastikbecher schmeckt.
Kommen wir zum wichtigsten Faktor, der Machart. Man kann den besten und teuersten Tabak nehmen und ihn von Meisterhand mischen lassen – ist die Zigarre nicht gut gemacht, wird die im Tabak verborgene Qualität niemals vom Raucher wahrgenommen.
Enthält eine Zigarre zuwenig Einlage bzw. sind die Einlageblätter ungleichmäßig verteilt, so wird sie einen sehr leichten Zug haben. Das ist jedoch ein Nachteil, da er sich durch zu große Hitze rächt, welche eine gewisse Sprödigkeit erzeugt, sowie durch Lufttaschen, die ein zu schnelles Herabbrennen verursachen.
Ist dagegen eine Zigarre zu fest gestopft, wird der Zug schwierig, wenn nicht gar unmöglich. Hierüber beklagen sich Raucher von Premium-Zigarren relativ häufig – denn eine Zigarre, die zu schwer zieht, gibt dem Rauch viel weniger Volumen, wodurch sie an Geschmack und Aroma verliert.
Es gibt noch weitere wichtige Komponenten. So sollte eine Zigarre bei sachgemäßem Anzünden gleichmäßig herunterbrennen; ungleichmäßiges Brandverhalten ist ein Anzeichen dafür, daß die Zigarre nicht richtig gerollt worden ist. Ferner sollte die Asche relativ fest sein und ohne Probleme mindestens dreißig Millimeter halten (außer bei kleinen Ringmaßen). Schließlich sollte sich eine Zigarre im Mund gut anfühlen. Zwar ist es auf keinen Fall empfehlenswert, das Ende mit den Zähnen festzuhalten, doch sollte die Zigarre fest und rund im Mund liegen. Fühlt sie sich zu weich an, so ist dies ein weiteres Zeichen für mangelhafte Verarbeitung. Eine solche Zigarre im Mund zu halten, bereitet wahrlich kein Vergnügen.

Völlige Einheitlichkeit in Farbe und Konsistenz sowie eine gleichbleibend hohe Qualität sind die wichtigsten Kriterien edler handgerollter Zigarren, wie dieser der Firma Davidoff.

DIE QUALITÄT DES TABAKS

GEHT ES UM DIE Qualitätsmerkmale einer guten Zigarre, so ist es nur zu natürlich, zunächst einmal über den Tabak nachzudenken, der in ihr steckt, spielt er doch in diesem Zusammenhang eine wirklich bedeutende Rolle. Ist beispielsweise die Einlage von minderer Qualität, wird die Zigarre – selbst bei hervorragenden Um- und Deckblättern – einen spröden, rauhen und modrigen Geschmack entwickeln, der sich dann auch noch mit einem unangenehm penetranten Aroma »vermischt«.

Auch hier ist die Konsistenz enorm wichtig. Um einen gleichbleibend guten Geschmack und ein ebensolches Aroma zu gewährleisten, muß der Hersteller in der Lage sein, für konstanten Nachschub des Tabaks zu sorgen, der Jahr für Jahr gerade jene Qualität der Mischungen erzeugt, welche die Zigarre charakterisieren. Da die Ernteerträge ständig schwanken, muß der Hersteller in der Lage sein, seine Lager zu füllen, wenn das entsprechende Blatt ausreichend vorhanden ist, um sich vor Engpässen zu schützen, die durch Dürre, starke Regenfälle, zuviel oder zuwenig Sonne oder durch politische Ereignisse hervorgerufen werden können.

Verfügt ein Hersteller nicht über genügend Ressourcen, um die Qualität seiner Tabake zu gewährleisten, werden sich Geschmack und Aroma seiner Zigarren von Jahr zu Jahr ändern. Eine Blattauswahl, die dem Zufall überlassen wird, macht eine einheitliche

Mischung jedenfalls unmöglich. Gute Lagerbestände sind unerläßlich für Qualität und Beständigkeit einer Marke. Die wahren Experten reisen von Erdteil zu Erdteil, um für ihre Firmen Tabak einzukaufen, wobei sie immer wieder die Anbauer aufsuchen, denen sie seit Jahren vertrauen.

Schließlich: Es reicht nicht aus, daß der Tabak als solcher eine gute Qualität hat – er muß auch sachgemäß verarbeitet worden sein. Alle Sorten, ob Einlage, ob Um- und Deckblatt, haben den ganzen Fermentationsprozeß vollständig zu durchlaufen, bevor die Weiterverarbeitung überhaupt zur Debatte steht.

Sollte Ihre Zigarre herb bzw. bitter schmecken, auch zu leicht ausgehen, dann kann das ein Hinweis darauf sein, daß das Blatt nicht vollständig fermentiert und gereift ist. Geschieht das mit einigen Zigarren in der Kiste, aber nicht mit allen, so steht fest, daß der Hersteller nicht durchgängig dieselben Tabaksorten verwendet

GEGENÜBER: **HISTORISCHES ETIKETT VON RAMÓN ALLONES.**
OBEN: **DIESER ENTWURF EINES KUBANISCHEN ETIKETTS ZEIGT IM VORDERGRUND EINE TABAKPFLANZE.**

DER ANTEIL DES DECKBLATTS AM GESCHMACK EINER ZIGARRE

Einige Experten beharren darauf, der Anteil des Deckblatts am Geschmack mache sechzig Prozent aus, während er für andere mehr, für wieder andere eher weniger beträgt. Es ist indes gar nicht so einfach, diese und andere wichtige Fragen über Geschmack zu beantworten …

Es kommt wirklich darauf an, welcher Moment des Rauchvorgangs gemeint ist. Noch bevor jemand eine Zigarre anzündet, hat er eine erste Geschmacksempfindung, und die kommt zu hundert Prozent vom Deckblatt. Das kann aber nicht als Maßstab gelten. Es gibt Raucher, denen die anfängliche Würze eines »Maduro«-Deckblatts gar nicht behagt, deren Geschmacksempfinden aber dennoch geradezu dafür empfänglich wäre, eine solche Zigarre bis zum Ende zu rauchen. Der erste Geschmackseindruck bei einer Zigarre mit »Maduro«-Deckblatt ist meist folgender: Diese Zigarre ist stark. Und obwohl viele Leute genau sie am Ende vielleicht wirklich mit Genuß rauchen würden, probieren sie sie erst gar nicht. Für solch eine Zigarre braucht man Zeit und einen ausgebildeten Geschmackssinn. Beginnt die Zigarre herunterzubrennen, entfaltet sich auch der Geschmack der Einlage, während das Umblatt meist aus einem Tabak besteht, der den Geschmack des Deckblatts und der Einlageblätter nicht beeinflussen sollte. Andererseits haben in letzter Zeit einige Zigarrenmacher versucht, ein Umblatt zu entwickeln, das die beiden anderen Anteile ihrer Zigarren vervollkommnet. Während des Herunterbrennens verändert sich die Zigarre. In der ersten Hälfte wirken die Länge der Zigarre selbst und der Tabak im Inneren wie ein Filter, so daß der Rauch sehr rein schmeckt. Dann entfaltet sich der Teer und beginnt, das Aroma und den Geschmack zu verstärken. Ich persönlich rauche niemals die zweite Hälfte einer Zigarre, während viele sie ganz herunter rauchen, weil dann der Geschmack immer besser werde.

Lew Rothman

hat. Geschieht das mit dem größten Teil des Kisteninhalts, deutet das darauf hin, daß der Hersteller nicht vollständig gereifte Blätter verwendet und den Tabak verarbeitet hat, bevor alle Phasen seiner »Behandlungszeit« abgeschlossen waren. Auch wenn die Zigarren in der Kiste noch so lange nachreifen, also »altern«, wird eine unzureichende Fermentation des Tabaks nicht mehr auszugleichen sein. Fest steht: Zigarrentabak gewinnt wie Wein durch den Alterungsprozeß an Komplexität. (Mehr über Fermentation ist in Kapitel 2 auf den Seiten 29 ff. zu lesen.)

Wann immer Sie eine Zigarre aus einer Kiste rauchen – versuchen Sie herauszufinden, ob es irgendwelche signifikanten Abweichungen in Geschmack und Aroma gibt. Denken Sie dabei aber stets an eines: Der jeweilige Geschmack einer Zigarre hängt stark von den Umständen ab, unter denen sie geraucht wird – morgens oder abends, nach dem Essen, zu Kaffee oder zu Cognac, im temperierten Wohnzimmer oder an der frischen Luft. Kleine Abweichungen sind akzeptabel, doch auf große Diskrepanzen sollte man schon achten. Denken Sie auch immer daran, daß die schlechteste Zigarre einer Kiste auch nicht weniger kostet als die beste. Sie haben ein Recht darauf, für Ihre Investition den vollen Gegenwert zu erhalten.

Lionel Melendis Top Ten

Lionel Melendi und sein Sohn Ron repräsentieren die dritte und vierte Generation einer Familie mit einer Zigarrentradition, die ihre Wurzeln in Kuba hat. Seit 1963 befindet sich ihr eleganter Laden namens »De La Concha« in New York, in der Avenue of the Americas No. 1390. Lionels Vater, José, kam 1924 aus Kuba als Händler nach New York während sein Großvater noch als veguero *auf den Feldern des Vuelta Abajo gearbeitet hatte.*

1. Cuban Montecristo No. 2: »Voller Geschmack, aber nicht schwer. Eine extrem gut gemachte Torpedo.«

2. Arturo Fuente Opus X Double Corona: »Ein schönes Colorado-Deckblatt. Eine der wenigen *puros*, also zu hundert Prozent aus dominikanischen Tabaken.«

3. Arturo Fuente Don Carlos Grand Reserve Robusto: »Eine Mischung mit vollem Körper in kubanischem Stil. Ausgezeichnete Machart.«

4. Bolívar Belicoso Fino (»Torpedo«): »Sehr guter Tabakgeschmack. Guter Körper. Herausragende Verarbeitung.«

5. Dominican Montecristo Churchill: »Ein milder Smoke – einmal etwas anderes.«

6. Puros Indios Piramide No. 2: »In Honduras hergestellt, mittelstark mit ecuadorianischem Deckblatt, das eine schöne ölige Struktur hat. Brennt sehr gut und weist eine solide weiße Asche auf.«

7. Avo Belicoso: »Ein auffallender, pfeffriger Geschmack. Mittelstark und durchgehend gut.«

8. Cohiba Esplendido: »Wenn sie ›laufen‹, gehören sie zu den besten überhaupt. Die kubanischen Zigarren bilden wunderschöne Marmorköpfe.«

9. Ashton Double Magnum: »Noch ein Smoke, der durch seine Milde für Abwechslung sorgt. Gut geeignet nach einem leichten Abendessen. Die Einzelverpackung aus Zedernholz gibt ihr einen schönen Geschmack.«

10. Don Lino Habana Reserve Churchill: »Eine mittelstarke Zigarre aus Honduras. Feiner Geschmack und sehr gute Machart.«

DIE PREISE

Nach wie vor ist der Tabak der größte Kostenfaktor bei einer guten Zigarre, obwohl eine aufwendige Präsentation und eine luxuriöse Verpackung den Endpreis gewaltig in die Höhe treiben können. Einzelverpackungen aus Aluminium oder Glashülsen, geschliffene oder polierte Zedernholz- und Mahagonikisten, Geschenkpackungen mit fünf oder zehn Zigarren Inhalt – all diese Dinge erhöhen den Preis der einzelnen Exemplare mitunter erheblich.

Überhaupt unterliegen die Preise oft einer großen Variationsbreite. Einige Zigarren kosten das Zehnfache von anderen des gleichen Formats. Für den Raucher ergibt sich daraus das Dilemma, das Preis-Leistungs-Verhältnis herausfinden zu müssen. Bisweilen lassen wir uns vom Preis eines Objektes beeinflussen, so daß wir denken, je höher der Preis, desto besser die Ware. Ein hoher Preis allein garantiert jedoch noch keine gute Zigarre. Man sollte mindestens zehn Zigarren einer Marke geraucht haben, bevor man deren Beständigkeit beurteilt. Handgemachte Zigarren unterliegen da den gleichen Gesetzmäßigkeiten wie andere Tabakprodukte.

Wenn Sie also darüber nachdenken, wieviel Sie bereit sind, für eine Zigarre auszugeben, sollten Sie zuallererst ein kluger Raucher sein. Was immer Sie auf der Suche nach dem perfekten Smoke bereit sind anzulegen – verwenden Sie ihre eigenen Auswahlkriterien, um zu entscheiden, wie gut diese, wie gut jene Zigarre ist. Es ist eine Angelegenheit des persönlichen Geschmacks.

GRÖSSEN UND FORMATE

Die üblichen Grössen einer Zigarre variieren zwischen den Maßen 9 x 64 (etwa 230 mm lang und 25 mm im Durchmesser) bis hinunter auf etwa 4 x 30 (100 mm lang und circa 12 mm im Durchmesser). Die erste Zahl bezieht sich auf die Länge der Zigarre, die im englischen Sprachraum in Inches (Zoll) angegeben wird, im deutschen in Millimetern, während die zweite Zahl das Ringmaß bzw. den Durchmesser der Zigarre angibt, gemessen in 1/64 Inch – siehe hierzu auch das Glossar. Die größte Zigarre, die auf dem Weltmarkt erhältlich ist, ist übrigens eine »Santa Clara Magnum«, die 19,5 Inches (495 mm) lang ist und ein Ringmaß von 66 (≈ 26 mm) hat.

Die meisten Raucher pendeln sich auf ein bestimmtes Format ein, was die Beurteilung von Qualität und Beständigkeit in Geschmack und Aroma einer Zigarre durchaus verzerren kann. Wenn man hauptsächlich auf ein Format eingeschworen ist, wird das Beurteilungsvermögen bei einem ungewohnten Format nicht selten getäuscht, wodurch eine relativ objektive »Benotung« recht selten vorkommt. Mit anderen Worten: Dieselbe Mischung kann in verschiedenen Formaten völlig verschieden schmecken. Ein großes Ringmaß wie 52 oder 50 produziert ein immenses Rauchvolumen (im Gegensatz zu kleineren Ringmaßen wie 28, 36 oder auch 42).

Natürlich beeinflußt der Umfang auch den Geschmack und das Aroma einer Zigarre ganz erheblich. In der Regel gilt: Je dicker die Zigarre, desto voller ist der Geschmack – und desto weniger spröde und heiß brennt sie. Zigarren mit einem größeren Ringmaß neigen jedenfalls dazu, langsamer zu brennen und ein größeres Volumen an kühlerem, runderem und weniger bitterem Rauch zuzulassen; auf der anderen Seite haben sie in der Regel weniger Geschmack. Eine dünnere Zigarre zieht schwerer, und bisweilen brennt sie spröder und heißer. Dieser Umstand liegt zum Teil darin begründet, daß der Umfang zu gering ist, um in der Mischung genügend verschiedene Tabaksorten zur Entfaltung eines subtilen, glatten Rauchgenusses unterzubringen.

In Maßen beeinflußt auch die Länge den Geschmack. Eine Zigarre, die 7 Inches (178 mm) lang ist, wird nach dem ersten Drittel etwas anders schmecken als eine, deren Länge von vornherein nur 5 1/2 Inches (etwa 140 mm) beträgt.

Wenn sich also ein Zigarrenmacher bei der Tabakmischung selbst übertrifft und er dann noch eine riesige Zigarre mit den Maßen 6 1/2 x 42 herausbringt, so heißt das noch lange

Die exotisch geformte Culebra aus drei verflochtenen Panetelas.

nicht, daß die anderen Formate derselben Marke ebenso gut und beständig sind. Es wird Ihnen nichts anderes übrigbleiben, als eine Kiste von jedem Format zu probieren. Bei Ihrer abschließenden Beurteilung sollten Sie das Format einer Zigarre wählen, das für Sie persönlich angenehm zu rauchen ist und das Ihnen vom ästhetischen Gesichtspunkt her am besten gefällt. Denken Sie aber immer daran: Größe und Format beeinflussen den Geschmack.
Im Laufe der Zigarrengeschichte wurden rund tausend verschiedene Größen und Formate in den *fábricas* von Havanna produziert. Heute gibt es in Kuba noch etwas mehr als vierzig klassische *vitolas de galera* – das sind fabrikinterne Bezeichnungen, die sich jeweils auf eine bestimmte Zigarre beziehen. Im Handel befinden sich circa dreißig anerkannte Grundformate. – Ab Seite 174 finden Sie einen anschaulichen Führer der gängigen Formate mit einer Liste der Marken, die Zigarren jener Formate führen. Hier folgt nun eine Liste der allgemein üblichen Formatbezeichnungen.

KLASSISCHE FORMATE mit Standardmaßen, einem viereckig geschnittenen Brandende und einem gerundeten Kopf:

Churchill. Zu Ehren des großen britischen Staatsmannes so benannt, hat dieses Format traditionell die Maße 7 x 48.
Corona. Das klassische Format: 5 1/2 x 42.
Corona Gorda. Eine »lange Robusto« mit den Maßen 5 5/8 x 46.
Double Corona. Eine dicke Zigarre mit den Maßen 7 1/2 (bis 8) x 49 (bis 52).
Lonsdale. 6 1/4 (bis 6 1/2) x 42 (bis 44). Ein weiteres klassisches Format, welches den Namen des britischen Aristokraten trägt, der es als erster rauchte.
Panetela. 5 (bis 7 1/2) x 33 (bis 38) sind die Maße dieser dünnen länglichen Zigarre, deren Bezeichnung auch »Panatela« lautet. Sie war besonders beliebt in den sechziger und siebziger Jahren.
Petit Corona. Sie kommt kleiner daher als die anderen »Coronas«: 4 1/2 x 40 (bis 42).
Robusto. Eine »verkürzte Churchill«, die sich seit Beginn der neunziger Jahre wachsender Beliebtheit erfreut. Klassische Maße: 5 (bis 5 1/2) x 50.

FIGURADOS sind besonders geformte Zigarren, die von der Standardform (gerader Zylinder mit parallelen Seiten und gerundetem Kopf) abweichen. Hierzu zählen:

Belicoso. In der Regel eine kürzere Version der »Pyramide« mit den Maßen 5 (bis 5 1/2) x 50 (manchmal auch weniger), sozusagen eine »Corona« bzw. »Corona Gorda« mit zugespitzen Köpfen.
Culebra. Das exotischste aller Zigarrenformate: Drei Panetelas mit den ungefähren Maßen 5 x 38 werden zu einem Zopf verflochten.
Diademas. Ein anderer »Oldtimer«, im Prinzip eine große »Torpedo«, mindestens 8 Inches lang und mit einem 40er Ringmaß am Kopf und einem 52er (bis 54er) am Brandende.
Ideales. Die längere Version der »Perfecto«, die eine Länge von 6 1/2 Inches aufweist.
Perfecto. Ein Format, das sich im neunzehnten und frühen zwanzigsten Jahrhundert großer Beliebtheit erfreute. Cartoons jener Zeit zeigen oft Tycoons, wie sie eine »Perfecto« schmauchen. Die Zigarre ist in der Mitte dicker als an den Enden und am Brandende zugespitzt (Maße: 4 1/2 [bis 5] x 38).
Pyramide. Verjüngt sich gleichmäßig vom Brandende zum Kopf bei einer Länge von 6 bis 7 Inches und einem Ringmaß von 52 bis 54 am Brandende. Da dieses Format heute kaum noch auf dem Markt vertreten ist, zählt es zu den wahren Juwelen der Zigarrenrollkunst.
Torpedo. Der »Pyramide« ähnlich, jedoch mit geschlossenem Brandende.

ERLESENE ZIGARRENAUSWAHL DER FIRMA EL REY DEL MUNDO, DARUNTER DIE TORPEDOFÖRMIGE FLOR DE LLANEZA UND EINE PYRAMIDE (ERSTE UND ZWEITE ZIGARRE VON LINKS).

FARBTABELLE

Die Farbe der *capa*, des Deckblatts, bestimmt den Geschmack bzw. läßt auf ihn schließen. Je dunkler das Deckblatt, desto voller der Körper und desto süßer die Zigarre – das ist die allgemeine Regel, obwohl es letztlich die Einlage ist, welche den Geschmack der Zigarre bestimmt.

Es gibt ein paar äußere Einflüsse, die den Geschmack und die Qualität der Deckblätter wesentlich beeinflussen: ihr Platz an der Pflanze; der Zeitpunkt der Ernte; die Art der Fermentation und der Trocknung. Je länger das Blatt an der Pflanze geblieben ist, desto mehr Sonnenlicht hat es empfangen und desto dunkler wird es folglich sein. Die Weinregel, je länger die Trauben am Rebstock verbleiben, desto süßer wird der Wein, ist auf den Tabak durchaus übertragbar: Ist das Blatt der Sonne besonders lange ausgesetzt, wird es mehr Öl und Zucker enthalten.

In der *fábrica* werden die Blätter nach einer unendlich feinen Skala von Farbnuancen eingeteilt. Ganz allgemein werden sieben Farbkategorien von den Experten als Norm akzeptiert:

Double Claro (Claro Claro), auch bekannt unter der Bezeichnung »Candela«, ist grünlich-braun, sehr mild und weist wenig Ölanteil auf. Das Blatt wird geerntet, bevor es voll ausgereift ist, und sehr schnell getrocknet, oft mit Hilfe von Feuer. Diese Farbe war in der Vergangenheit in den Vereinigten Staaten sehr beliebt, weshalb sie auf dem US-amerikanischen Markt oft als »American Market Selection« (AMS) bezeichnet wird. In letzter Zeit hat sie jedoch zugunsten einer größeren Variationsbreite in den Farben an Popularität eingebüßt.

Claro hat die blaßbraune Farbe leichten Kaffees und kann als natürlich bezeichnet werden. Die meisten Connecticut-Shade-Deckblätter, die für Zigarren wie die »Macanudo« verwendet werden, sind »Claro« (wobei das gleiche auch für viele kubanische Marken wie die »H. Upmann« gilt).

Colorado Claro bezeichnet ein mittleres Goldbraun, das ebenfalls als natürlich gilt. »Claros« werden in der Sonne gezogen, viele von ihnen in Kamerun, und für Zigarren wie die dominikanische »Partagas« verwendet.

Colorado ist ein aromatisches, rötlich-braunes Deckblatt, das gut gereifte Zigarren mit reichem Geschmack umhüllt. »Colorados« werden zusammen mit anderen braunen Deckblättern als »English Market Selection« (EMS) bezeichnet, obwohl sie mittlerweile auch in den USA sehr populär sind.

Colorado Maduro ist dunkelbraun und mittelstark, etwas aromatischer als »Maduro« und zeichnet sich durch einen reichen Geschmack aus. Es findet bei vielen Premium-Zigarren aus Honduras Verwendung.

Maduro. Ein sehr fettes, dunkles Braun zeichnet dieses Deckblatt aus, das sich vornehmlich für sehr erfahrene Raucher eignet. »Maduro« bietet weniger Aroma, aber mehr Geschmack als »Colorado Maduro«. Die Farbe dieses Deckblatts gilt bisweilen als traditionelle kubanische Farbe und wird auch als »Spanish Market Selection« (SMS) bezeichnet.

Oscuro ist fast schwarz, sehr stark und verfügt über wenig Bouquet. Diese in der Sonne gezogenen Deckblätter sind heute nicht mehr sehr gefragt und werden in kleinen Mengen in Brasilien, Connecticut (»Broadleaf« im Gegensatz zu »Shade«), Mexiko und Nicaragua angebaut.

Die Farbtabelle von Don Diego reicht vom tiefbraunen Maduro-Deckblatt (vierte Zigarre von links) bis hin zum Claro Claro (zweite von links).

Die Grundrechte des Rauchers

Von Gay Talese

Der Duft aromatischen Zigarrenrauchs – schwebte er nicht schon immer über großen Häuptern? Sigmund Freuds Couch war rauchumwoben, und Winston Churchills Bibliothek war ebenso von Zigarrenrauch erfüllt wie das Oval Office im Weißen Haus. Wobei man sich in diesem Zusammenhang erzählt, Bill Clinton habe dort eine »Macanudo Portofino« geschmaucht, während seine Frau auf der »Internationalen Frauenkonferenz« in Peking mit Männer- und Nikotinhasserinnen zusammensaß. Dennoch: Tag für Tag werden harmlose Bürger wie ich, die gern dem harmlosen Genuß einer schönen Zigarre frönen, von ansonsten liberal gesinnten Menschen in New York und anderswo in diesem angeblich liberalen Staate mit wachsender Feindseligkeit überschüttet, sobald sie versuchen, sich nach dem Essen im Restaurant nebenan eine Zigarre anzuzünden.

Es ist mir gesetzlich verboten, draußen in den riesigen und absolut nicht brennbaren Sportstadien aus Stahlbeton zu rauchen, obwohl die Unfähigkeit der Vereine, den Drogenmißbrauch ihrer hormonstrotzenden Athleten auch nur halbwegs in den Griff zu bekommen, in sämtlichen Umkleideräumen ein offenes Geheimnis ist. Das sage ich nicht, weil ich unseren Spitzensportlern übelwill, denn meiner Meinung nach lassen uns ihre hohen Gehälter die Augen vor dem Umstand verschließen, daß ihre Karrieren kurz und voller Ungerechtigkeiten sind und daß sie ihrer Arbeit in einer Umgebung offener Unmenschlichkeit nachgehen.

Vielmehr möchte ich auf eine Absurdität aufmerksam machen: Während das Rauchen inzwischen selbst aus offenen Arealen wie dem Yankee Stadium verbannt wurde, lauern die wahren Gefahren für die Gesellschaft jenseits der Tribünen, und zwar in den Elendsvierteln der Städte, dort, wo die Armut Massen von drogenabhängigen Kriminellen produziert, vor denen ich mich fürchten muß, wenn ich abends meine Hunde ausführe und mir dabei auf den abgasgeschwängerten und somit krebserregenden Straßen, die meine letzte Zuflucht geworden sind, eine Zigarre anzünde. Und selbst dort zieht meine Zigarre mißbilligende Blicke auf sich: seitens gesundheitsbewußter Jogger, herumschweifender Kokser und betrunkener Türsteher – alles Zeitgenossen, deren »Schnüffelorgane« nicht unbedingt zigarrenfreundlich gestimmt sind.

Es ist schon so: Streife ich durch die finstere Nacht, wird die brennende Zigarre zwischen meinen Zähnen zu meinem Leitstern, meiner Lanze, meinem Tapferkeitsabzeichen in einer bedrohlichen Welt, die nichts anderes zu tun hat, als die letzten Bastionen männlichen Vergnügens und Stolzes zu unterhöhlen. Bald werden wieder Moralapostel das Zepter schwingen wie jene Ms. Carry Nation, die zu Beginn unseres Jahrhunderts mit dem Beil in der Hand und Bibelzitaten auf den Lippen in den Kneipen randalierte und gegen das Rauchen wetterte und so dem Prohibitionsgesetz von 1920 den Weg bereitete.

Anfang dieses Jahres eröffnete der »21«-Club in New York seinen Gästen, das Rauchen sei im Restaurantbereich streng verboten. Damit beugte er sich dem Gesetzgeber, der zuvor dem Druck der Rauchgegner nachgegeben hatte, unter denen sich vermutlich mehr als eine enttäuschte und zweimal geschiedene Ehefrau befand. Rauchverbot gilt auch in den meisten Steakhäusern und Privatklubs von New York und anderswo, einst Domänen männlicher Lebensfreude, obwohl diese Etablissements Humidore bereithalten und (wie das »21«) das Rauchen von Zigarren in der Lounge und der Bar oder anderen abgetrennten Bereichen gestatten. Natürlich bedeutet dies, daß sich die noble Gemeinde der Zigarren-Aficionados mit gewöhnlichen Zigarettenrauchern gemein machen muß.

Ritual männlicher Aufmerksamkeit: Männer schenken sich Zigarren zu den verschiedensten Anlässen. Sie werden überreicht als »Friedenspfeife« nach einem Streit, als Symbol der Macht an den neuen Schwiegersohn oder als pures Zeichen des Wohlwollens von tattrigen Patriarchen. Auch kann die Zigarre wie ein elfter Finger sein, der den modernen Korrektheitsregeln den Vogel zeigt. Vor allem ist sie aber wohl zu verstehen als Tribut an ein Handwerk, welches das Tabakblatt ehrt, das sich, ausgesät und gewachsen in einem ganz besonderen Boden unter heißer Sonne, schließlich verwandelt in jene Stifter immerwährender Freundschaften und Erinnerungen.

Niemals gehe ich aus, ohne eine Extrazigarre einzustecken. Nicht nur, um Gleichgesinnte gebührend begrüßen zu können, sondern weil ich der Meinung bin, daß ein Zigarrenraucher, der nicht daran denkt, seine Freunde zu versorgen, ein – gelinde gesagt – engstirniger Kleingeist sein muß, dem man niemals vertrauen sollte.

Immer wenn ich versuche, viele der Trends im heutigen Amerika zu begreifen, die aus unserer Regierung eine moralinsaure Gouvernante gemacht haben, welche sich in alles einmischt und uns böse Buben ausschimpft, wenn wir rauchen, Mädchen mit Brillen necken oder irgendeiner anderen der unzähligen Interessengruppen auf den Schlips treten, immer dann werde ich erinnert an ein Zitat von Joyce Carol Oates, das ich vor einigen Jahren las und oft zitiere: »Wenn Amerika keinen Krieg zu führen hat, so muß das puritanische Bedürfnis, Menschen zu bestrafen, zu Hause herausgelassen werden.« Treffender kann man es meiner Meinung nach nicht sagen, denn der Hang zur Bestrafung ist in unserer Tradition nach wie vor fest verankert, trotz all der Einflüsse, die Amerika durch seine vielen Einwanderer und seine verschiedenen Kulturen erfahren hat.

Viele Zigarrenfreunde, die verärgert sind, weil sie aus den meisten Restaurants und öffentlichen Stätten verbannt werden, aber Geld haben, flüchten sich in die Refugien, die ihnen neuerdings in verschiedener Form angeboten werden. In den letzten Monaten zeichnet sich jedoch eine Trendwende ab: Eine kleine Gruppe resoluter Männer ist dabei, sich zusammenzuschließen, um das verlorene Terrain zurückzuerobern.

DAS RITUAL DES RAUCHENS

Um eine Zigarre richtig genießen zu können, sollte sie niemals in Eile geraucht werden. Nehmen Sie sich Zeit, denn Sie sollten sich schon die ganze Spannbreite des Genusses gönnen – von der Auswahl über das Anschneiden bis hin zum Ritual des Anzündens und endlich dem Rauchen selbst.

Das genüßliche Ritual des Zigarrerauchens beginnt beim Anschneiden. Als bester Anschneider gilt heute übereinstimmend die »Guillotine«. Verwenden Sie jedenfalls niemals die Zähne, ein Messer oder den Fingernagel. Der Anschnitt muß vorsichtig, sauber und schnell durchgeführt werden, ohne die Kappe zu beschädigen. Achten Sie darauf, daß ein genügender Anteil der Kappe – etwa drei Millimeter – bestehen bleibt, damit sich das Deckblatt nicht löst. Wichtig ist: Das Loch muß groß genug sein, um eine genügende Menge Rauch durchzulassen. Die altmodischen Methoden des Lochens (Piercing) oder des V-Schnitts sind nicht empfehlenswert, da die entstandenen Öffnungen zu klein sind, um genug Rauch durchzulassen, und außerdem leicht verstopfen.

Zino Davidoff spricht sich in seinem berühmten »Zigarren-Knigge« gegen das Piercing aus, obwohl Alfred Dunhill gegensätzliche Ratschläge erteilt. Unter britischen Liebhabern war das Piercing offenbar früher sehr beliebt – siehe Edward VII. Während die meisten »Experten« empfehlen, ein Loch in das Ende der Zigarre zu schneiden, das nur wenig kleiner ist als der Durchmesser der ganzen Zigarre so daß von der Kappe nur soviel übrigbleibt, daß sich das Deckblatt nicht lösen kann, bevorzugt Zino Davidoff ein viel kleineres Loch. Seine Empfehlung für das Anschneiden lautet:

»Die Öffnung sollte klein sein, in einer vernünftigen Proportion zur Zigarre stehen und gerade groß genug sein, um eine angemessene Menge Rauch durchzulassen. Die Öffnung muß vor allem sauber geschnitten sein.«

Das Anzünden der Zigarre ist ein Ritual, das jede Menge Spielraum für Theatralik läßt. Es ist oft ein Moment großer Spannung, sozusagen der Höhepunkt der Vorfreude, besonders dann, wenn es sich um die After-Dinner-Zigarre oder jene besondere »Double Corona« handelt, die Sie schon so lange aufbewahren.

Wie bei allen Dingen, die mit Zigarren zu tun haben, gilt auch hier: Sie sollen vor allem Freude empfinden. Dennoch sind ein paar Regeln zu beherzigen. Zunächst sollte die Zigarre mit der geruchlosen Flamme eines Gasfeuerzeugs oder eines Zündholzes (aus Holz, auf keinen Fall aus Wachs oder einem anderen Material) angezündet werden. Halten Sie das Brandende nahe an die Flamme (etwa sechs Millimeter Abstand), und drehen Sie die Zigarre, bis sich rundherum eine gleichmäßige Glut gebildet hat. (Dieser Vorgang wird auch als Toasting bezeichnet.) Erst dann fangen Sie an, leicht zu paffen, ohne die Flamme mit der Zigarre zu berühren. Wenn Sie wollen, können Sie das Ende auch anpusten, um zu sehen, ob sich die Glut gleichmäßig verteilt.

Die Geister scheiden sich hinsichtlich der Frage, ob man die Bauchbinde entfernen soll. Arthur Schlesinger Jr., der große Historiker aus Harvard und Berater von Präsident Kennedy, erzählt gerne folgende Anekdote über ein Dinner, das einmal im Hause von Alfred Knopf, einem Publizisten und Herausgeber, stattgefunden hat: »Nach dem Essen wurde die große Zigarren-Kollektion des Herrn Knopf herumgereicht. Als wir alle vor uns hinpafften, bemerkte ich, daß [Artur] Rubinstein nicht die Bauchbinde von seiner Zigarre entfernt hatte; mir hatte man aber eingebleut, die Bauchbinde vor dem Rauchen zu entfernen. Also wandte ich mich an den großen Pianisten mit den Worten: ›Mister Rubinstein, ich weiß, daß Sie ein großer Zigarrenkenner sind; um so mehr erstaunt es mich, daß Sie nicht die Bauchbinde von Ihrer Zigarre entfernt haben. Machen Sie das immer so?‹ Er gab mir folgendes zur Antwort: ›Ziehen Sie jedesmal, wenn Sie ein Glas Wein zu sich nehmen, vorher das Etikett von der Flasche?‹ Danach habe ich mir niemals mehr die Mühe gemacht, die Bauchbinde von einer Zigarre zu entfernen.« Zusammenfassend läßt sich soviel sagen: Sollten Sie die Bauchbinde entfernen wollen, so warten Sie damit, bis sich die Zigarre etwas erwärmt hat, und entfernen Sie dann die Bauchbinde so vorsichtig, daß das Deckblatt nicht beschädigt wird.

Es gibt mehrere Methoden, eine Zigarre zu rauchen. Persönliche Vorlieben sollten darüber entscheiden, wieviel Rauch wie oft in den Mund gelangen soll. Manche Raucher bevorzugen kleine Züge, während andere lange, gleichmäßige Züge mögen, die ihren Mund ganz mit dem Geschmack der Zigarre ausfüllen. Die meisten Connaisseurs nehmen ungefähr einen Zug pro Minute und lassen den Rauch im Mund kreisen, um ihn auszukosten. Wie lange der Rauch im Mund bleibt, ist nicht so wichtig wie die Geschwindigkeit des Exhalierens. Wenn Sie den Rauch langsam ausstoßen, hat Ihr Gaumen jedenfalls genügend Zeit, um die ganze Geschmacksbreite des Tabaks zu erforschen. Wie ein guter Wein, so muß auch eine gute Zigarre verschwenderisch ausgekostet werden. Raucht man zu schnell, wird die Zigarre heiß, raucht man zu langsam, läuft sie Gefahr zu verlöschen.

Eine andere Streitfrage dreht sich um das Thema, wie weit eine Zigarre heruntergeraucht werden soll. Die meisten Connaisseurs empfehlen, nicht mehr als die Hälfte oder zwei Drittel zu rauchen, aber es gibt genügend Liebhaber, die ihre eigenen Vorlieben pflegen. Ist man erst einmal dabei, den schönen, runden, ausgereiften Geschmack einer Zigarre zu genießen, ist es schwer, sie wegzulegen. Doch bevor die Zigarre anfängt zu beißen, sollte man aufhören – und das ist in der Regel bei der Hälfte, gegebenenfalls kurz vor dem Ende des zweiten Drittels.

Eine gute »Corona« sollte etwa fünfzig Minuten brauchen, um bis zur Bauchbinde herunterzubrennen. Zu diesem Zeitpunkt hat sich das Aroma intensiviert und ist der Rauch ziemlich heiß geworden. Es ist nun an der Zeit, die Zigarre beiseite zu legen. Eine Zigarre erlischt von selbst und muß nicht im Aschenbecher zerdrückt werden – das wäre sogar gegen ihre Würde.

Weithin gilt es als unschicklich, auf einer Zigarre herumzukauen oder sie beständig im Mundwinkel zu halten. Aber das ist völlig Ihnen selbst überlassen – handelt es sich doch um eine Gewohnheit, die viele der absoluten *conocedores*, nämlich die Zigarrenmacher in Havanna, schon immer pflegen.

Sollte Ihre Zigarre ausgehen, so »toasten« Sie sie einfach von neuem. Dabei ist es nicht unbedingt notwendig zu paffen, denn die Zigarre sollte von selbst wieder angehen.

Für jede Tageszeit die richtige Zigarre

Welche Zigarre man zu welcher Tageszeit raucht, hängt vom persönlichen Geschmack ab. In der Regel raucht der Aficionado während des Tages kleine, milde Zigarren und wendet sich erst abends den großen, vollmundigen Smokes zu. Kleinere Zigarren erfordern nicht soviel Zeitaufwand. Daher eignet sich besonders der Abend, wenn man mehr Zeit und Muße hat, um sich den größeren Formaten zu widmen. Fängt man schon morgens mit schweren Zigarren an, so ist der Gaumen später, wenn man zu vollen und milden Zigarren übergehen möchte, bereits ausgereizt und unfähig, die ihm nun angebotenen subtilen Geschmacksnuancen aufzunehmen.

Zigarren und Getränke

Es gibt eine große Anzahl von Getränken, die sich zur Vervollkommnung des Rauchgenusses hervorragend eignen. Cognac ist zum Beispiel von jeher ein beliebter Gefährte der Zigarre. Single Malt Scotch und andere Whisk(e)y-Sorten, Portweine, Armagnacs und Brandys eignen sich ebensogut wie außergewöhnliche Biere. Einige nichtalkoholische Getränke passen aber durchaus auch zur Zigarre, so spezielle Kaffeesorten (Cappuccino und Espresso) und – erstaunlicherweise – Malzbier. Probieren Sie, während Sie rauchen, einfach einige verschiedene Getränke durch, bevor Sie sich entscheiden, welches Ihnen am besten zu Ihrer Zigarre schmeckt.

DIE AUSWAHL DER RICHTIGEN ZIGARRE

Wie bei allen grossen Gaumenfreuden – Essen, Trinken, Rauchen – gilt auch bei der Zigarre: Finde deinen eigenen Weg, mögen die verschiedenen Experten auch noch so viele allgemeine Ratschläge geben wie: »Rauchen Sie dieses oder jenes Format zu dieser und jener Tageszeit; eine milde Zigarre am Morgen, eine mittelstarke nach dem Mittagessen und eine starke nach dem Abendbrot.« Einige raten sogar, daß Leute mit runden Gesichtern kleine Zigarren rauchen sollten, während sich lange, dünne Zigarren für lange Gesichter empfehlen. Es ist und bleibt alles eine Frage des persönlichen Geschmacks.

Der große Zino Davidoff soll hinsichtlich der Zigarrenauswahl das letzte Wort sprechen: »Man muß sich auf den eigenen Geschmack verlassen können, das ist alles. Nun verstehen Sie sicher, warum ich auf die Frage: ›Monsieur Davidoff, wie lautet Ihre Empfehlung?‹ immer so ausweichend antworte. Natürlich wählt man nach Kriterien wie Farbe, Format, Markenname, aber letzten Endes wählt man doch ein oder zwei Zigarren, die einem persönlich als die richtigen erscheinen. Als Anfänger oder Gelegenheitsraucher bleibt man vielleicht bei den feineren Zigarren, den leichten wie zum Beispiel einer ›Panetela‹. Später bekommt man vielleicht Lust, etwas Schwereres kennenzulernen, so daß man dickere und längere Formate wählt. Wenn Sie ohnehin zu viel rauchen, sollten Sie keine Zigarre wählen, die länger als vier Inches [102 mm] ist. Rauchen Sie eine oder auch zwei Zigarren pro Tag, ist eine Havanna von fünf Inches [127 mm], etwa eine ›Corona‹, gerade recht für Sie. Reagieren Sie sensibel auf Rauch, sollten Sie bei leichten Zigarren bleiben. Ein starker Raucher, dessen Geschmackspapillen bereits trainiert sind, kann sich einem ›Maduro‹-Format zuwenden und dessen schweren, würzigen und moschusartigen Geschmack voll auskosten.

Bei all diesen Möglichkeiten ist eines sicher: Wie immer Ihr Geschmack ausgeprägt ist, was immer Ihre Gewohnheiten und Ihre Bedürfnisse sein mögen – es gibt stets eine Zigarre, die sich mit Ihrer Stimmung im Einklang befinden wird.«

Gegenüber: **Musteretikett der American Lithographic Co. mit Inventarnummer.**

SATURN
No. 1599

Die feine Art Zigarren zu rauchen

Von
Alfred H. Dunhill

Anbieten und Auswahl einer Zigarre

Eine Kiste sollte sorgfältig mit stumpfer Klinge geöffnet werden, damit die Zigarren nicht beschädigt werden, Taschenmesser sind für diesen Zweck also nicht geeignet. Gebündelte Zigarren sollten aus den Kisten genommen und wieder hineingelegt werden, indem man das Papier anhebt, welches das Bündel umgibt; liegen die Zigarren flach in einer Reihe, so sollten sie einzeln herausgenommen werden, indem man leicht auf das runde Ende drückt, so daß sich das andere Ende anhebt. Ist man ungeübt und versucht, die Zigarre direkt mit Daumen und Finger herauszunehmen, läuft man Gefahr, das Deckblatt zu beschädigen.

Eigentlich kann man die Qualität einer Zigarre nur beurteilen, indem man sie raucht. Dennoch gibt es ein paar Erfahrungswerte, die eine gewisse Bewertung vor dem Anzünden ermöglichen. Das Deckblatt ist wichtig, aber nicht das einige Kriterium; es sollte glatt und fest, ohne hervortretende Adern und am Kopf ordentlich gearbeitet sein. Ist es blaß, so bedeutet dies nicht unbedingt, daß die Zigarre mild schmeckt, auch wenn im allgemeinen gilt, daß dunklere Blätter auch stärker schmecken. Ein paar helle Flecken (manchmal hervorgerufen durch Morgentau, der auf dem heranwachsenden Blatt in der Sonne trocknete) hat keinerlei Einfluß auf den Geschmack. Es ist auch wenig hilfreich, die Zigarre, wie oft vorgeschlagen, zu beschnüffeln oder sie ans Ohr zu halten, da auch der leichteste Druck bei einer unreifen Zigarre noch ein leichtes Knacken verursachen wird.

Ein Neuling sollte zunächst ein Format aussuchen, das nicht allzu groß ist – eine »Half Corona« wäre gut. Nach der Begutachtung des Deckblatts sollte die Zigarre leicht gedrückt werden. Sie sollte sich dabei gleichmäßig und fest auf ganzer Länge anfühlen; fühlt sie sich weich an, ist sie vielleicht unreif oder schlecht gefüllt; ein sprödes Knistern ist ein unfehlbares Zeichen von zu großer Trockenheit.

Vorbereitung der Zigarre

Zunächst sollte die Bauchbinde rundherum leicht zwischen Fingern und Daumen gedrückt und dann vorsichtig abgezogen werden, ohne das Deckblatt zu beschädigen.

Es gibt zwar verschiedene Methoden, die Zigarre anzuschneiden, einige davon können dem Deckblatt jedoch Schaden zufügen oder eine Öffnung hinterlassen, die ihren Zweck nicht erfüllt. Es hängt vieles vom Zustand der Zigarre ab. In den Vereinigten Staaten ist es üblich, das Ende »grüner« (frischer) Zigarren abzubeißen. Manche Raucher haben die Angewohnheit, den Kopf reifer Zigarren aufzuknacken, indem sie ihn mit Daumen und Finger eindrücken. Nur wenn die Zigarre wirklich in ausgezeichnetem Zustand und der Kopf perfekt gemacht ist, wird diese Methode keine verheerenden Folgen haben.

Eine andere beliebte Methode ist das Anstechen (Piercing), um dann beschädigte Blattreste herauszuklopfen. Da nur ein Minimum der Einlage bloßgelegt wird, dient bei dieser Methode das Deckblatt dazu, den Teer von der Zunge fernzuhalten; Rauch und Feuchtigkeit konzentrieren sich dadurch jedoch in einem sehr engen Schacht, was zu einem schlechten Zug führen kann.

Die beste Methode ist vielleicht der V-Schnitt, der mit einem Anschneider durchgeführt wird, denn so können ebenfalls beschädigte Blattreste entfernt werden; darüber hinaus ist der Schacht gerade groß genug, damit keine zu große Rauchkonzentration auf einer kleinen Stelle der Zunge stattfindet.

Man sollte nicht in die Zigarre pusten, um Tabakpartikel zu entfernen, denn so dringt mit dem Atem Feuchtigkeit ein. Bei spitz zulaufenden Formaten sollte das obere Ende mit einem geraden Schnitt oder durch Drehen an einer scharfen Klinge glatt abgeschnitten werden. Einige Experten schneiden alle Formate auf diese Weise an.

Die breite Flamme eines Streichholzes oder Spans eignet sich am besten zum Anzünden, was vorsichtig und ohne Eile geschehen sollte. Einige Raucher halten das Ende zunächst so lange in die Flamme, bis es anfängt zu glühen, um dann gerade so viel Rauch einzuziehen, daß die Zigarre von ihm erfüllt ist – so kann der Geschmackssinn nicht durch einen harschen Anfangsgeschmack, der beim Anzünden entstehen kann, ruiniert werden.

Unabhängig von der Methode, die letztlich gewählt wird, garantieren nur vorsichtiges Anzünden und langsames Rauchen, daß die Zigarre gleichmäßig herunterbrennt; ist dies zunächst nicht der Fall, so gibt es nur eine Abhilfe: Man sollte so langsam wie möglich rauchen, bis die Asche eine gleichmäßige Form hat.

Das Zurückhalten der Asche bewirkt, daß die Zigarre kühl bleibt. Generell sollte die Asche nicht so schnell abfallen; tut sie es dennoch, so liegt das in der Regel am Schnitt der Einlage und nicht unbedingt an der Qualität. Weiße Asche ist kein Anzeichen hoher Qualität; die Asche der Havannas ist zum Beispiel stahlgrau.

Ist die Zigarre in gutem Zustand, sollte sie während des Rauchens nicht ausgehen. Ist aber ein Neuanzünden dennoch notwendig, sollte man das verkohlte Ende mit einem Streichholz abreiben, bis eine ebene Fläche entstanden ist. Danach sollte das Ende wie zuvor unter leichtem Anziehen über die Flamme gehalten werden. Auf diese Weise wird sichergestellt, daß unangenehme Dämpfe den Gaumen und den Rest der Zigarre sowenig wie möglich berühren.

Pflege und Aufbewahrung

Edle und teure Zigarren, die mit der größten Sorgfalt hergestellt wurden, erhalten oft weniger Pflege, als sie benötigen. Mit Rücksicht auf die Empfindlichkeit und die hohe Saugkraft der Blätter sollten nur kleine Mengen eingekauft und gelagert werden, wobei auf eine konstante Raumtemperatur von 13 bis 18 Grad Celsius geachtet werden sollte. Einflüsse wie Luftzug, Gerüche und trockene Heizungsluft müssen ferngehalten werden. Sogar Seifengeruch an den Händen kann das Aroma der Zigarren beeinflussen. Da zu große Hitze die Qualität beeinträchtigt und zu große Feuchtigkeit die Schimmelbildung fördert, sollte die Investition in einen Humidor nicht gescheut werden. Eine Räumlichkeit, in der mehrere Kisten aufbewahrt werden, sollte unbedingt mit Zedernholz ausgekleidet sein, da diese Holzart den besten Schutz bietet und gleichzeitig ein Nachreifen gestattet. Deshalb sollten auch die Deckel der Kisten nach jeder Entnahme wieder sorgfältig verschlossen werden. »Grüne« (oder feuchte) Zigarren sollten in Aluminiumhülsen, Zellophanhüllen oder Glasbehältern aufbewahrt werden, damit sie ihre Frische behalten.

Zigarren, die zu trocken geworden sind oder durch zu große Feuchte modrig riechen, sind für immer verdorben und sollten weggeworfen werden. Jeder Versuch, sie zu retten, ist sinnlos. Um solche Katastrophen zu vermeiden, sollte man sich immer wieder die delikate Natur der Zigarren vor Augen halten und an die Freude denken, die sie uns schenken, wenn wir ihnen die notwendige Sorgfalt zukommen lassen.

Hinsichtlich der Qualität einer Zigarre kann man niemandem Vorschriften machen, da jeder erfahrende Raucher seine eigenen Vorlieben entwickelt. Vieles ist daher abhängig vom persönlichen Geschmack. Dennoch gibt es ein paar wichtige Dinge, deren Beachtung mit großer Wahrscheinlichkeit zum vollen Genuß einer Zigarre führen.

Vorsicht: Fälschungen!

»Neunzig Prozent der in den USA verkauften kubanischen Zigarren sind Fälschungen.«

Oscar Boruchin

Auf jeder Zigarrenkiste gibt es fünf Kennzeichen, welche die Echtheit des Produkts ausweisen.

• *Das grüne Garantiesiegel,* das einer US-Dollarnote sehr ähnlich sieht, ziert die Havanna-Kisten seit 1912.
• *Die Prägungen.* Drei Stempel weisen auf die Echtheit des Produkts hin: (1) *Habanos, S. A.* Dieser Stempel gilt ab dem 1. Oktober 1994. Der zuvor zwischen 1985 und 1994 verwendete Aufdruck »Cubatabaco« wurde an derselben Stelle angebracht. (2) *Hecho en Cuba.* Vor 1960 hieß der Nachweis des Herstellerlandes »Made in Cuba«. (3) *Totalmente a mano.* Der jetzige Stempel ersetzte 1989 den Hinweis »Totally by hand«.
• *Das »Habanos«-Markenzeichen.* Es klebt seit 1994 über einer Ecke der Kiste.

Damit ist die Echtheit jedoch keinesfalls gewährleistet. Überall werden reihenweise gefälschte Havannas zum Kauf angeboten, vor allem die der Marke »Cohiba« sowie größere Formate vieler anderer Marken. Es ist geraten, alle Echtheitskriterien zu überprüfen und darauf zu achten, ob sie übereinstimmen. So sah sich zum Beispiel das renommierte Londoner Auktionshaus »Christie's« erst kürzlich gezwungen, eine Menge Havannas von der Auktion auszuschließen, einschließlich einiger Kisten »Montecristo A's« und »Cohiba Esplendidos«, außerdem »Double Coronas« von »Punch« und »Hoyo de Monterrey«. Alle Aufkleber waren hervorragend gefälscht, und nur eine nähere Überprüfung der Fabrikstempel ergab deren Fehlerhaftigkeit.

Die Erkennbarkeit einer Fälschung wird von Jahr zu Jahr schwieriger, da die Fälscher immer cleverer werden. Eine weitere Möglichkeit ist die Prüfung des Aromas. Riechen die Zigarren nach unausgereiftem Tabak oder gar nach Ammoniak, handelt es sich mit Sicherheit um eine Fälschung. Werden die Kisten für wenig Geld auf der Straße angeboten, sind die Zigarren ebenfalls mit ziemlicher Sicherheit aus Resten und Krümeln hergestellt worden. Am besten kaufen Sie nur bei autorisierten Händlern, versichern Sie sich, daß die Zigarren sorgfältig gelagert wurden, und rauchen Sie erst eine Zigarre zur Probe, bevor Sie fünfundzwanzig Stück erwerben.

Oben: Schon seit mehr als hundert Jahren werden gefälschte Havanna-Zigarren angeboten, wie diese gedruckte Warnung aus der Arents Collection bestätigt.

ZIGARREN-KNIGGE

In den Vereinigten Staaten macht es die neue Gesetzgebung schwer, außerhalb der eigenen vier Wände zu rauchen. Da die Zahl der Zigarrenraucher jedoch stetig wächst, bieten viele Restaurants neuerdings sogenannte Zigarrenabende an. Dann gestatten sie das Anzünden einer Zigarre gegen Ende des Abends, vorausgesetzt, es stört die verbleibenden Gäste nicht. Gasthäuser wiederum, die über eine Außenfläche verfügen, tolerieren das Rauchen unter freiem Himmel. Viele Bars haben zwar nichts gegen das Rauchen von Zigaretten, dulden aber keine Zigarren. Der Höflichkeit halber sollte man immer den Geschäftsführer sowie die in der Nähe sitzenden Gäste um Einverständnis bitten, bevor man sich eine Zigarre anzündet. – In seinem berühmten Essay für Connaisseurs aus dem Jahre 1967 hat Zino Davidoff einen Verhaltenscodex für Raucher erarbeitet, der bis heute von vielen in seiner Gültigkeit anerkannt wird.

WAS SIE NICHT TUN SOLLTEN Versuchen Sie nicht, das Ende einer Zigarre mit einer Lanzette oder einem Taschenmesser anzustechen. (»Da sieht man, welchen Respekt ich dem britischen Königshaus zolle, dessen Angehörige Prinz Philip und Lord Snowdon der Zigarre treu ergeben sind. Ich weigere mich, den Ratschlag Edwards VII. an einen jungen Lord an seinem Hofe weiterzugeben, der da lautete: ›Durchsteche die Zigarre mit einer Lanze, und schwenke sie nach dem Anzünden durch die Luft.‹«) Halten Sie die Flamme nicht direkt an das Brandende. Drehen Sie das Brandende kurz über der Flamme, bis der Rand gleichmäßig glüht, und paffen Sie dann leicht. Bitten Sie niemals jemand anderen um Feuer. Zünden Sie eine Zigarre weder zu schnell noch zu langsam an. Machen Sie kein Theater aus dem Prozeß des Anzündens. Entfachen Sie eine Zigarre nicht neu, wenn nur noch ein Viertel (oder noch weniger) von ihr übrig ist. Nehmen Sie eine Zigarre nicht in den Mund, wenn Sie sie neu entfachen wollen. Kratzen Sie einfach leicht die Asche ab, und drehen Sie die Zigarre einige Sekunden über der Flamme, bis sie von selbst wieder angeht. Klemmen Sie eine Zigarre nicht zwischen die Zähne. Lutschen oder kauen Sie nicht auf einer Zigarre herum. Rauchen Sie nicht zu schnell. Verwenden Sie keine Zigarrenspitze. Stecken Sie um Himmels willen niemals einen Zahnstocher oder ein Streichholz in den Zigarrenkopf, um die Zigarre so besser im Mund halten zu können. Stippen Sie Ihre Zigarre nicht in Portwein oder Brandy – eine Gewohnheit, die Winston Churchill nachgesagt wird. Rauchen Sie nicht bei der Arbeit. Halten Sie eine Zigarre nicht zwischen Zeigefinger und Mittelfinger. (Churchill ist entschuldigt, denn ihm wird zugute gehalten, daß er die Absicht hatte, mit dieser Geste sein berühmtes »V« für »Victory« demonstrieren zu wollen.) Rauchen Sie nicht im Gehen. Rauchen Sie nicht mehr als die Hälfte einer Zigarre. Drücken Sie eine Zigarre niemals in einem Aschenbecher aus.

WAS SIE TUN SOLLTEN Wärmen Sie das Brandende einer Zigarre leicht an, bevor Sie anfangen zu rauchen. Entfernen Sie vorsichtig die Bauchbinde, bevor Sie eine Zigarre anzünden. Lassen Sie sich beim Rauchen Zeit, ein Zug pro Minute ist ungefähr richtig. Halten Sie eine Zigarre stets zwischen Daumen und Zeigefinger. Entsorgen Sie eine ausgebrannte Zigarre schnell und diskret. Warten Sie mindestens fünfzehn Minuten, bevor Sie sich die nächste anzünden; man sollte Ihnen nicht nachsagen, Sie seien süchtig.

Eines muß sich der Zigarrenraucher immer vor Augen halten: Wir Aficionados sollten uns selbst als verständige Menschen begreifen. Nur so ist es möglich, etwas an den Vorurteilen vieler Menschen zu ändern und dafür zu sorgen, daß die wachsende Zahl der Zigarrenfreunde positiv aufgenommen wird. Dieses Ziel vor Augen, lohnt es sich stets, auf seine Mitmenschen zuzugehen.

ACCESSOIRES UND ZUBEHÖR

DAS HERZ DES ZIGARRENLIEBHABERS kann sich an einer ganzen Palette edlen Zubehörs erfreuen, angefangen bei »Dunhill«-Anschneidern aus Sterling-Silber über emaillierte »Dupont«-Feuerzeuge zu 500 US-Dollar bis hin zu Humidoren, die nach den Wünschen des Kunden gefertigt werden und etwa 15 000 Dollar kosten.

Anschneider (Cutter). Anschneider gibt es in allen Preislagen, angefangen bei einfachen, mit Kunststoff überzogenen Exemplaren bis hin zu luxuriösen vergoldeten Scheren. Am besten sind »Guillotinen« mit zwei Schneideflächen, da sie auf beiden Schnittseiten gleichseitig Druck ausüben. Aber auch »Guillotinen« mit nur einer Schnittfläche sind durchaus brauchbar. Scherenförmige Anschneider sind zwar sehr schön, aber schlecht in der Hosentasche zu transportieren. Hemingway beispielsweise bevorzugte bisweilen ein etwas rustikaleres »Accessoire«: Während der Jagd in den Zuckerrohrplantagen Kubas benutzte er zum Anschneiden meist eine Machete.

Feuer(werk)zeuge. Das gute alte Streichholz (aus Holz) ist nach wie vor sehr beliebt. Es funktioniert auch gut – allerdings sollten die Schwefelanteile verbrannt sein, bevor die Zigarre angezündet wird. Zedernholzstreifen sind besser geeignet, aber auf Reisen etwas unhandlich. In letzter Zeit setzt sich

OBEN: STREICHHOLZETUIS VON ELIE BLEU.
LINKS: ANSCHNEIDER IN SCHERENFORM.

spatche
rom
H. UPMANN
1844
Y JULIETA
Habana
MONTECRISTO
HABANA

mehr und mehr das Gasfeuerzeug durch. Oft wunderschön gestaltet und gearbeitet, paßt es in jede Jackentasche und hat außerdem den Vorteil, einem (kleinen) Windstoß zu trotzen. Vor Benzinfeuerzeugen sei hingegen gewarnt: Zwar widerstehen Sturmfeuerzeuge auch heftigem Wind, doch die Geruchsausdünstungen des Benzins beeinflussen meist den Geschmack einer Zigarre. Ungeeignet ist auch eine Kerzenflamme, denn Wachspartikel, welche mit der Zigarre in Berührung kommen, beeinträchtigen den Geschmack erheblich.

Einige Feuerzeuge, die von prominenten Connaisseurs wie Avo Uvezian und Marvin Shanken verwendet werden, sind wahrhafte (Miniatur) Flammenwerfer. Hierzu gehören das Turbogasfeuerzeug »Quantum Premier« von »Colibri« und ein anderes der Firma »Ikari«. Weitere attraktive Modelle gibt es von »S. T. Dupont«, »Davidoff« und »Dunhill«. Das Nonplusultra ist wohl das »Caran D'Ache«, das über tausend Dollar kostet und sogar über einen Reservegastank verfügt.

Ein Wort über Hülsen

Es gibt viele Experten, die dazu raten, von Hülsenzigarren die Finger zu lassen. Mit folgender Begründung: Die besten Deckblätter finden sich auf den Zigarren, die in einer Kiste liegen, also direkt in Augenschein zu nehmen sind. Demnach sind die fehlfarbigen, fleckigen, sehnigen in den Hülsen versteckt. Außerdem vermitteln Hülsen den Eindruck, luftdicht verschlossen zu sein, was aber nicht zutrifft. Mit der Zeit trocknen sie leicht aus.

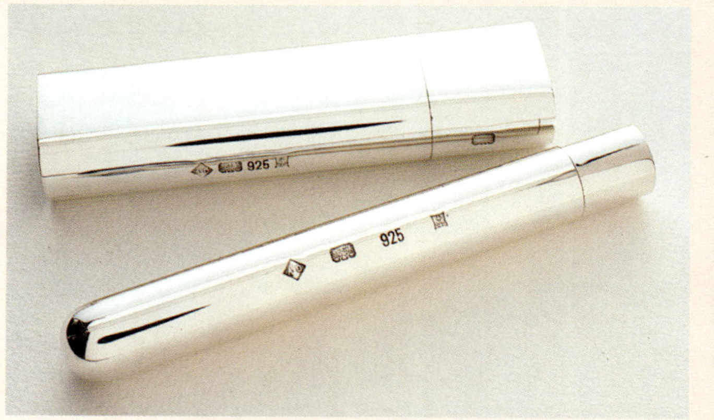

Humidore. Humidore sind in großer Auswahl und ohne Preisbeschränkung erhältlich. Das einfache Tischmodell faßt etwa fünfundzwanzig bis fünfzig Stück und kostet zwischen 150 und 200 Dollar (mit eingebautem Befeuchtungssystem, bestehend aus einem Hygrometer und einem schwammartigen Element, das regelmäßig mit destilliertem Wasser aufgefüllt werden muß).

Als weitere wichtige Zubehörteile sind das Transportetui, in das das Lieblingsformat hineinpassen sollte, und der tragbare Humidor zu nennen. Die großen Hersteller halten allesamt eine reichhaltige Produktpalette der genannten Dinge bereit.

Oben links: **Eleganter Zigarrenschneider für unterschiedliche Formate.**
Links: **Handgefertigte Humidore von Elie Bleu.**

Der »Ultimate 1000«

Gene Walden von der Firma »Controlled Environments« in San Marcos, Kalifornien, hat eine neue Generation von Zigarren-Humidoren entwickelt, die sowohl Temperatur als auch Feuchtigkeit kontrollieren können. Zuvor hatte Walden Lagerungssysteme für Weine und begehbare Humidore für den kommerziellen Gebrauch entworfen. Seine Liebe zur Zigarre brachte ihn schließlich dazu, den »Ultimate 1000« zu entwickeln.

Ein herkömmlicher Humidor sorgt nur für Feuchtigkeit, aber nicht für eine konstante Temperatur. Befindet er sich in einem Raum, dessen Temperatur etwa 27 Grad Celsius erreicht, kann die Feuchtigkeit leicht auf über 70 Prozent steigen, was zu Schäden an den Zigarren führen kann. Bei zu hoher Feuchtigkeit bekommen nicht nur die Deckblätter Risse, auch der gefürchtete Tabakkäfer *(Lasioderma)* schlüpft aus. Niedrige Temperaturen führen wiederum dazu, daß die Feuchtigkeit in einem konventionellen Humidor auf weit unter 70 Prozent sinkt, was zur Folge hat, daß die Zigarren nicht richtig nachreifen und irgendwann austrocknen.

Mit dem »Ultimate 1000« sind all diese Probleme gelöst, da er Temperatur- und Feuchtigkeitsregler besitzt. Auch bei einer Raumtemperatur von etwa 27 Grad Celsius kann er die Innentemperatur konstant bei 19 1/2 Grad Celsius und die Feuchtigkeit bei 70 Prozent halten. Beim »Ultimate 1000« handelt es sich um einen freistehenden, handgearbeiteten Kabinettschrank, der elektrisch betrieben wird und ungefähr ein Meter hoch und jeweils dreißig Zentimeter breit und tief ist. Sein Inneres ist aus unbehandeltem spanischen Zedernholz gefertigt. Für lose Zigarren gibt es Schubkästen sowie Ablagen für Kisten, deren Konstruktionsweise eine konstante Luftzirkulation ermöglicht, welche sogar im Inneren für gleichmäßige Befeuchtung sorgt, wodurch auch das Umschichten der Zigarren entfällt. Die Grundausstattung des »Ultimate 1000«, die vor allem der Zweckmäßigkeit dient, kann mit einer drei Millimeter starken Isolierungsschicht zwischen der Innenverkleidung aus Zedernholz und dem Hartholzrahmen geliefert oder mit magnetischen Türdichtungen für einen luftdichten Abschluß nachgerüstet werden.

Wie schon der Name verrät, bietet der »Ultimate 1000« Raum für etwa tausend Zigarren. Er verfügt über je einen digitalen Temperatur- und Feuchtigkeitsanzeiger sowie ein Befeuchtungselement, das 340 Gramm destillierten Wassers faßt (ausreichend für über einen Monat).

Die Außenseiten sind in verschiedenen exotischen Hartholzarten wie honduranischem Mahagoni und afrikanischem Rosenholz zu haben. Controlled Environment stellt auch größere Humidore mit identischer Technologie sowie kombinierte Geräte her, welche die gleichzeitige Lagerung von Wein und Zigarren ermöglichen.

AUFBEWAHRUNG UND PFLEGE

Die wichtigste Voraussetzung für die Pflege Ihrer Premium-Zigarren ist gegeben, wenn Sie für möglichst konstante klimatische Bedingungen gesorgt haben.

Eine ordnungsgemäß gelagerte Zigarre ist weder zu trocken noch zu feucht. Zu feuchte Zigarren werden weich und brennen langsam und unregelmäßig. Dagegen fühlen sich zu trockene Zigarren steif an und brennen harsch und schnell. Trockene Zigarren haben außerdem weniger Geschmack und Aroma, sind nicht mild genug und krümeln im Mund. Wenn sich Deckblätter lösen – immerhin der zweithäufigste Grund zur Klage unter Rauchern von Premium-Zigarren –, so ist dies hauptsächlich auf Trockenheit zurückzuführen. Je extremer die Schwankungen des Raumklimas sind, desto größer ist die Gefahr potentieller Schäden. Wird eine Zigarre über längere Zeit unsachgemäß gelagert, ist sie jedenfalls ungenießbar.

Einige Experten sind der Meinung, daß gute Zigarren entweder innerhalb von drei Monaten nach ihrer Herstellung oder aber nach einem Jahr Reifezeit geraucht werden sollten. Der Grund dafür ist der, daß die Zigarren in der Kiste nachfermentieren, weshalb die Blätter jedes Jahr um die Jahresmitte herum ein paar Tropfen Öl absondern. (Das Öl trocknet und bildet eine weiße Staubschicht, die leicht abgewedelt werden kann.) Viele Liebhaber lassen ihre Zigarren drei bis fünf Jahre in einem Humidor nachreifen.

Wenn Sie Ihre Zigarren bei einer Luftfeuchtigkeit von 70 Prozent und einer Temperatur von 21 Grad Celsius aufbewahren, werden sie mit der Zeit austrocknen. Die Reifekammer in der Fabrik, in der die Zigarren »heiraten«, hat eine konstante Raumtemperatur sowie eine Luftfeuchtigkeit von 72 Prozent. Das sind ideale Bedingungen, damit alle drei Bestandteile der Zigarre ihren Feuchtigkeitsgehalt ausgleichen und allmählich den richtigen Trockenheitsgrad erreichen können. Bei einer Raumtemperatur zwischen 20 und 22 Grad Celsius und einer relativen Luftfeuchtigkeit von 72 Prozent werden die Zigarren mit der Zeit austrocknen, während sie bei 73 Prozent Luftfeuchtigkeit perfekt bis in alle Ewigkeit bleiben.

Setzen Sie die Zigarren weder starker Sonneneinstrahlung noch grellem Licht, noch trockener Hitze aus. Bewahren Sie sie nach Möglichkeit in einer luftdichten, zedernholzverkleideten Kiste auf. Je niedriger die Temperatur ist, desto höher muß die Feuchtigkeit sein. Sinkt die Temperatur, kann ein Ansteigen der Feuchtigkeit die Zigarren frisch halten. Niemals sollte die Temperatur jedoch zu hoch werden. Hohe Temperaturen in Verbindung mit hoher Feuchtigkeit machen aus Ihrem Humidor in kürzester Zeit einen Inkubator, in dem bald kleine Käfer herumfliegen und Ihren gesamten Vorrat ruinieren werden – zurück bleibt nur eine weiße Schimmelschicht.

Ausgetrocknete Zigarren können hingegen gerettet werden. Gewöhnen Sie sie langsam wieder an eine feuchte Umgebung, indem Sie den Befeuchter in Ihrem Humidor in der ersten Woche zunächst teilweise mit Wasser auffüllen und die Wassermenge dann langsam steigern, bis gegen Ende der dritten Woche der Normalstand erreicht ist. Legen Sie die Zigarre entgegen anderslautenden Ratschläge niemals in die Tiefkühltruhe oder in den Kühlschrank, da ihnen dort die Möglichkeit genommen wird, in natürlicher Feuchtigkeit nachzureifen. Dramatische Temperaturveränderungen sind jedenfalls stets zu vermeiden, da hierdurch die Zigarre rissig wird und bisweilen aufbricht.

Oben: **Der Feuchthalteraum von Dunhill in London, St. James's.**
Gegenüber: **Die Privathumidore im Grand Havana Room, einem exklusiven Zigarrenraucherclub.**

CUBITA
HECHOS A MANO

Ist ein Humidor nun wirklich notwendig? Diese Frage ist vor allem dann mit ja zu beantworten, wenn Sie vorhaben, Zeit und Geld in eine Sammlung zu investieren und ein Connaisseur zu werden. Wer seine Zigarren liebt, behandelt sie gut. Übrigens ist es gar nicht so schwierig, einen Humidor selbst zu »bauen«. Legen Sie einfach einen feuchten Schwamm oder Lappen, eingewickelt in einen kleinen Plastikbeutel, in eine Zigarrenkiste oder in einen Plastikbehälter.

Es gibt auch Befeuchtungsgeräte (wie das »Creedo«- oder das »Humatic«-System), die sich leicht in Zigarrenkisten oder Plastikbehälter integrieren lassen.

Bei all dem ist jedoch noch ein letztes zu beachten: Nach jeweils ein paar Monaten sollten Sie die Zigarren umschichten, damit sie gleichmäßig befeuchtet werden. Exemplare, die mit solcher Sorgfalt gehegt werden, revanchieren sich durch perfekten Rauchgenuß.

OASEN DER RAUCHER: DIE CLUBS

Die Top Ten des »Grand Havana Room«

1. Fuente Fuente Opus X Double Corona
2. Ashton Cabinet No. 8
3. La Gloria Torpedo
4. Padron Anniversary Pyramid
5. Diamond Crown No. 3
6. Paul Garmirian Belicoso
7. Thomas Hinds Robusto Maduro
8. Leon Jimenes Robusto
9. Macanudo Vintage
10. Upmann Columbo

Die Top Ten der »Havana Studios«

1. Padron Anniversario
2. Flor de Florez Cabinet Selection
3. Arturo Fuente Short Story
4. Padron 3000 (Natural)
5. Butera Vintage Bravo Corte
6. Avo No. 5
7. Savannah Reserve
8. Ashton Magnum
9. Puros Indios Rothschild
10. Cohiba Robusto (wenn es die echten sind)

Blauer Dunst liegt über der Wüste des Rauchverbots zwischen Los Angeles und London, denn immer wieder tauchen neue Oasen in Form von Raucherclubs aus dem aromatischen Nebel hervor. Wie einst die »Speakeasies«, die Spelunken der Prohibitionszeit, welche als einzige Alkohol ausschenkt, einst Rettung und Zuflucht für die Verehrer eines guten Tropfens waren, so sind die Raucherclubs die modernen Refugien für Zigarrenliebhaber – allerdings mit entschieden vornehmerem Ambiente: tiefe Ledersessel, Kristallaschenbecher, Humidore für Gäste, Jahrgangsweine, Portweine und Cognacs, Ventilatoren an der Decke, feines Essen, gute Gesellschaft – diese Clubs lassen ein Stück heile Vergangenheit wieder auferstehen, indem sie Aficionados eine herzliche, zigarrenfreundliche Umgebung mit der Möglichkeit anbieten, zu essen, zu trinken, sich zu entspannen und in Ruhe und Frieden unter Gleichgesinnten ihre Lieblingszigarren zu genießen.

In Beverly Hills beispielsweise betreten die Clubmitglieder den prunkvollen »Grand Havana Room« durch einen Privateingang am North Canon Drive. Dort nennen sie einer Hostess ihren Namen, die dann einen privaten Lift aufschließt, mit dem die erlauchten Besucher lautlos in einen wolkenlosen Raucherhimmel gleiten. Den Mittelpunkt des Clubraums bildet ein eingeglaster Bereich mit sich dreihundertfünfzig Schließfächern aus Zedernholz, vom Boden bis zur Decke reichend, versehen mit Messingschildern, welche die Namen so berühmter Mitglieder preisgeben wie Jim Carrey, Robert DeNiro, Danny DeVito, Mel Gibson, Jack Nicholson und Arnold Schwarzenegger.

Für das Privileg, hier in Ruhe und Frieden rauchen zu dürfen, muß man allerdings ein Vermögen bezahlen. Die Aufnahmegebühr be-

Gegenüber: **Der Club Macanudo in New York**

trägt 2000 Dollar, wozu noch Monat für Monat 150 Dollar Miete für den privaten Humidor kommen. Es gibt trotzdem eine Warteliste. Mit seinen dunkelgrünen Vorhängen und tiefen Ledersesseln ist der »Grand Havana Room« zwar nicht gerade ein kleines Havanna, aber dennoch grandios. Auf jeden Fall ist es ein Ort, an dem man seine Zigarren mit großem Vergnügen genießen kann.
Zahlende Gäste haben die Möglichkeit, sich auch in New York City und Washington, D. C., an »Grand Havana Rooms« zu erfreuen. Jenseits von Beverly Hills, in Burbank, befindet sich ein weiterer eleganter Club: Die »Havana Studios« sind eine exklusive private Enklave, die im Juli 1995 eröffnet wurde. Die gut bestückte Bar bietet alles, was eine gute Zigarre angemessen ergänzen kann: Single Malts, Cognacs, Biere et cetera. Es gibt 125 persönliche klimatisierte Schließfächer, welche jeweils bis zu dreißig Zigarrenkisten aufnehmen können, außerdem ein Billardzimmer.
Alles in allem ist dies ein wunderschöner und komfortabler Ort, um Freunde einzuladen oder um sich mit anderen Mitgliedern zu unterhalten. Für die Geschäftsleute sind neben einem Konferenzraum natürlich Telephone, Photokopierer, Faxgeräte und Anschlüsse für Laptops vorhanden. Ein großer Teil der Kundschaft kommt aus der Unterhaltungsbranche, was auch mit der Nähe des Clubs zu mehreren bedeutenden Film-, Fernseh- und Aufnahmestudios zu tun hat.
Vor dem Club befindet sich ein »Havana-Studios«-Laden, der mit erstklassiger Bedienung und einer guten Auswahl an Zigarren und Accessoires auf Kundschaft wartet. Eine beliebte Dependance des »Havana-Studios«-Clubs ist sein Zigarrenladen mit angeschlosse-

nem Café auf dem Sunset Boulevard. Hier kann der Besucher in Ruhe eine Zigarre und einen Cappuccino genießen. Weitere Dependancen findet man in Los Angeles und San Francisco. In Santa Monica, Kalifornien, gibt es einen Club namens »George Sand Society«. Ganz in der Tradition ihrer »Schirmherrinnen« George Sand und Marlene Dietrich ist dies die größte Vereinigung von Zigarrenraucherinnen in den USA. George Sand war bekanntlich eine glühende Verfechterin der Frauenrechte, die Männerkleidung trug und täglich mehrere Zigarren rauchte. Der Club wählte die französische Schriftstellerin und Freidenkerin zur Namenspatronin, weil sie »eine kompromißlose Individualität und den Geist der Freiheit« verkörperte. Die »George Sand Society« hält viele Special Events und Smokes in ausgewählten Restaurants des ganzen Landes ab.

Die Renaissance der Zigarre ließ auch das luxuriöse »Monte's« in der Londoner Sloane Street nicht ruhen, und so hat sich die Direktion dort etwas Besonderes für den Zigarrenfreund einfallen lassen. Das Etablissement verfügt neuerdings über eine Verkaufsabteilung, die unter »Havana Club« firmiert und tagsüber für die Öffentlichkeit zugänglich ist. Hier findet der Liebhaber die beste Zigarrenauswahl von ganz Großbritannien. Abends verwandelt sich dann der hintere Teil des Geschäfts in einen begehbaren Humidor, der Mitglieder und Gäste des Privatclubs einlädt, in eine Atmosphäre einzutauchen, die den Raucherclubs des viktorianischen Zeitalters nicht unähnlich ist. Für die Einrichtung wurde an nichts gespart: ein Atrium mit eingelegten Marmorböden, Bronze, geschliffenes Glas und Mahagoni, wohin der Blick auch fällt. Für das leibliche Wohl sorgen Kreationen des französischen Meisterkochs Alain Ducasse.

Der Club, der auch eigene Cocktail-Kreationen mit Zigarrenthemen zu bieten hat, besitzt eine bemerkenswerte Sammlung teils seltener Zigarren, wie »Montecristo A's« und »Hoyo de Monterrey Double Coronas« – eine Special Selection von Hunters & Frankau, dem größten Wiederverkäufer von Zigarren in Großbritannien.

Nach wie vor gibt es nur wenige »Oasen in London«, die in der Lage sind, sich mit Alfred Dunhills Rauchsalon in der Duke

LINKS OBEN: **DER GRAND HAVANA ROOM IN BEVERLY HILLS.**
UNTEN: **DIE CITY WINE & CIGAR CO. IN NEW YORK.**

Street messen zu können. Mit seinen Ledersesseln und Kabinetten aus Zedernholz verströmt der Raum, dessen Ausstattung aus der Regierungszeit Edward VII. stammt, die gediegene Aura des erdigen Havanna-Tabaks – ein Genuß vor allem für einen US-Amerikaner, der zu Hause keine echte Havanna bekommen kann.

Eine Erwähnung verdient auch der Club »Epicur«, der in Barcelona und Madrid beheimatet ist. Er bietet seinen Mitgliedern hervorragende Raucher-Dinners und eines der besten Zigarrenmagazine Europas an.

In New York schließlich bedient »Beekman Bar und Books« auf der First Avenue Zigarrenliebhaber und solche, die es werden wollen. Besondere Beachtung verdient der »Club Macanudo«, der den Anspruch erhebt, »die erste wahre Cigar-Bar in New York City zu sein«.

»Der Club Macanudo ist kein Privatclub – auch wenn er zunächst den Anschein erweckt«, erzählt uns Philip Darrow, der Geschäftsführer. Sein Unternehmen bietet mit seinem sehr offenen und hocheffizienten Service eine erlesene Auswahl an Premium-Zigarren an, zusammen mit Spirituosen, Weinen und einem echten US-amerikanischen Snack-Menu. Er verfügt über drei gemütliche Räume, 500 Humidore und kann 150 Gäste aufnehmen. Privat-Humidore mit entsprechenden Namenstäfelchen aus Messing kosten 600 US-Dollar pro Jahr. Im Ambiente des komfortablen Clubraums laden Backgammon, Bridge und Schach zum Spiel ein. Außerdem bietet der »Club Macanudo« dem Businessman so ziemlich alles, was er zur Erledigung seiner Geschäfte vom Clubsessel aus braucht.

James J. Fox Ltd.

Einer der ältesten Läden im schicken Londoner Stadtviertel St. James's ist das Zigarrengeschäft »James Fox« in der St. James's Street No. 19. Hinter seiner schönen, holzverkleideten Fassade wurden gut zweihundert Jahre lang unter dem Firmennamen »Robert Lewis, Cigar Merchant« in schlichter Eleganz Geschäfte betrieben. 1992 wurde das Etablissement mit der ebenso altehrwürdigen Dubliner Firma »James J. Fox« zusammengeschlossen und entsprechend umbenannt. »Fox and Lewis«, wie es oft heißt, zeichnet sich durch individuelle Bedienung aus und hält für seine Klientel eine ausgezeichnete Auswahl der besten Zigarren der Welt bereit, wobei die Havannas einen besonderen Platz einnehmen. Zum Laden gehört ein kleines Museum, wo unter anderem ein Hauptbuch mit so würdigen Namen wie Winston Churchill und Oscar Wilde zu sehen ist. John Croley, der mehr als fünfzig Jahre in seinem Familienunternehmen tätig war, starb 1995, aber sein Sohn Michael, der die dritte Generation der Croleys in diesem Geschäft vertritt, arbeitet noch dort. Geschäftsführer ist der freundliche Robert Emery.

CIGARROS · PRIM
OS ·
FABRICA DE TABA
Extrafina
FABRICA DE TABACOS

Von Land zu Land

Es ist gar nicht einfach, die Herkunft einer Zigarre und ihrer Komponenten genau zu bestimmen. Tabakplantagen für Premium-Zigarren trifft man in verschiedenen Regionen der Welt an, aber die Zigarren selbst werden häufig nicht in der Anbauregion selbst hergestellt. Einige Länder bauen Tabak nur an, andere verarbeiten ihn nur, wieder andere decken sowohl Anbau als auch Fertigung ab.

Kamerun zum Beispiel produziert eine der besten Deckblattsorten der Welt, hat aber keine eigenen Verarbeitungsstätten. Kuba und die Dominikanische Republik bauen hingegen nicht nur Tabak an, sondern stellen außerdem hervorragende Zigarren her.

Die Zigarrenproduktion ist indes nicht auf Kuba und die Dominikanische Republik beschränkt. Seit über einem Jahrhundert ist auch Jamaika mit dem »braunen Gold« verbunden, ebenso einige lateinamerikanische Länder, wie Brasilien, Ecuador, Honduras und Mexiko – sie alle produzieren ausgezeichneten Tabak und fertigen gute Zigarren. Es lohnt sich daher, die einzelnen Länder und ihre Beziehung zur Zigarre etwas näher zu betrachten …

Kuba

Der Aufdruck »Totalmente a mano« auf einer kubanischen Zigarrenkiste weist auf einen exklusiven Inhalt hin: Jede Zigarre wurde hundertprozentig von Hand gefertigt. Das Zigarrenmachen ist eine kubanische Leidenschaft und wird durch Erfahrung, Geduld und das Streben nach Perfektion in die richtigen (industriellen) Wege geleitet.

Viele Connaisseurs und Aficionados sind sich darüber einig, daß die Wiege der weltbesten Zigarren in Pinar del Rio steht, einer Provinz zwischen den Bergen und dem Meer im Westen Kubas. Die landwirtschaftlichen Voraussetzungen sind hier geradezu ideal für den Tabakanbau: Der Boden besteht aus rötlichem Lehm, das Klima ist feucht, und es regnet regelmäßig, aber nicht zu heftig. Als Teil der Provinz Pinar del Rio ist das Vuelta Abajo, in dessen Mitte die Städte San Juan Martinez und San Luis liegen, allen Zigarrenliebhabern ein Begriff. Hier wächst der Tabak für die echten »Habanos«. In dieser Region beträgt die Jahresdurchschnittstemperatur 26,6 Grad Celsius, und die durchschnittliche relative Luftfeuchtigkeit wird bei täglichen acht Stunden Sonnenschein mit 64 Prozent gemessen.

Die Tabakbauern *(vegueros)* bebauen ausgesuchte Flecken, von denen die meisten nicht größer als 200 bis 400 Ar, allerhöchstens aber 6000 Ar messen. Insgesamt dienen 404 Hektar in dieser Region dem Tabakanbau.

Ein weiteres Anbaugebiet in der Provinz Pinar del Rio, das Semi Vuelta, produziert dickere, kräftigere Blätter (die für den heimischen Gebrauch bestimmt sind). In der Partido-Region, südwestlich von Havanna gelegen, werden ebenfalls hochwertige Deckblätter angebaut, und auch die Regionen Remedios (im Zentrum des Landes) und Oriente (im äußersten Osten der Insel) bringen einen guten Tabak hervor. Insgesamt ist kubanischer Tabak recht stark, hat viel Geschmack und einen vollen Körper.

Die Mehrzahl der Zigarrenfabriken befindet sich in der Hauptstadt Havanna, und zwar einschließlich sechs altehrwürdiger

fábricas, die bereits zu Beginn des neunzehnten Jahrhunderts, dem ersten »Goldenen Zeitalter« der Zigarre, gegründet wurden und die noch immer viele der besten Zigarren der Welt herstellen. In moderner Zeit taufte man sie auf die Namen von Revolutionshelden um (sie stehen bei der Aufzählung in Klammern), aber inoffiziell werden sie nach wie vor mit ihren Originalnamen benannt: H. Upmann (José Martí); Partagas (Francisco Perez German); Romeo y Julieta (Briones Montoto); La Corona (Fernando Roig); El Laguito; El Rey del Mundo (Héroes del Moncada). Zusätzlich sind die Initialen jeder Fabrik (JM, FPG, BM usw.) in die Kisten der hier hergestellten Zigarren eingeprägt.
Bedingt durch schlechtes Wetter, gab es auf Kuba in jüngster Vergangenheit bei mancher Tabaklese erhebliche Ernteeinbußen. Um Ertragsminderungen entgegenzuwirken, ist seit einiger Zeit ein Versuchsprogramm in Arbeit, mit dessen Hilfe die Anbausaison auf fünf Monate ausgeweitet werden soll. Außerdem hat Kuba damit begonnen, Connecticut-Samen anzubauen (ein Joint Venture mit dem holländischen Konzern »Lippoel«).

Die Dominikanische Republik

IN DER DOMINIKANISCHEN Republik wird bereits seit langer Zeit Zigarrentabak angebaut, aber erst seit den frühen Siebzigern unseres Jahrhunderts werden hier auch Zigarren produziert.
Nach der Kubanischen Revolution wurde die Firma »Menéndez y García« quer über den Atlantik auf die Kanarischen Inseln verlegt, um dort die illustre Tradition der Marken »H. Upmann« und »Montecristo« fortzusetzen. Hier nahm die Firma später die Produktion anderer Marken wie »Montecruz« und »Dunhill« auf. Als

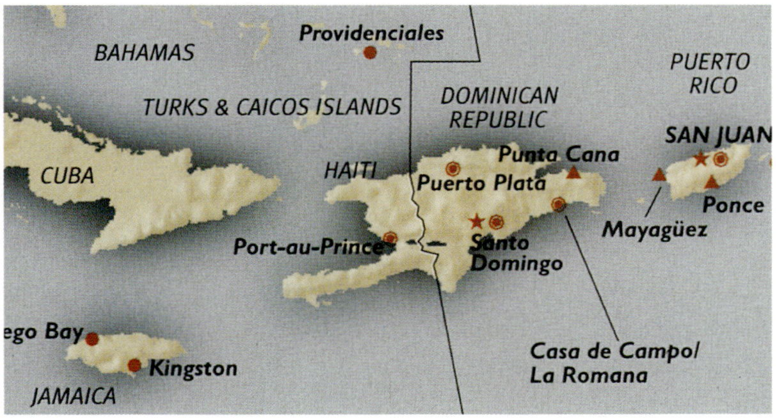

dann den Zigarrenherstellern auf den Kanarischen Inseln die Steuervergünstigungen gestrichen wurden, beschloß die Firmenleitung, die Produktionsstätte erneut zu verlegen. Das Unternehmen gehörte damals zur Gruppe Gulf+Western, die ihre Hauptinvestitionen in der Zuckerindustrie und der Tourismusbranche in der Dominikanischen Republik tätigte. So lag es nahe, auch die Zigarrenproduktion dort anzusiedeln.
»Menéndez y García« wurden so zu Pionieren der feinen, handgemachten Zigarre dieses Landes. Sie gründeten darüber hinaus Filialen in Santiago und La Romana, ganz in der Nähe des beliebten Ferienortes Casa de Campo. Die Vorzeigeanlagen der »Consolidated Cigar Corporation« produzieren dort einige der berühmtesten Marken der Welt wie »Don Diego«, »Dunhill«, »Montecruz«, »Primo del Rey«, »Santa Damiana« und »Upmann«.
Bei »General Cigar« werden unter der Aufsicht von Ramón Cifuentes und jetzt auch Benjamín Menéndez die große »Partagas« und der Weltbestseller »Macanudo« hergestellt. Als während der siebziger Jahre auf Jamaika das linksgerichtete Regime des Premierministers Michael Manley das Sagen hatte, eröffnete »General Cigar« eine Fabrik in Santiago, um so auf der sicheren Seite zu stehen. Der Schritt erwies sich als sehr vorteilhaft, denn heute werden in der Dominikanischen Republik mehr Zigarren produziert als zuvor auf Jamaika.

Doch es befinden sich noch weitere Werke in der Dominikanischen Republik, von denen zwei besonders erwähnenswert sind. Da ist zum einen MATASA (»Manufacturas de Tabacos, S. A.«) unter der Leitung der Familie Quesada, die früher mit dem Anbau von und dem Handel mit Tabak beschäftigt war, bevor sie nach der Revolution Kuba den Rücken kehrten und in die Dominikanische Republik emigrierten. Die andere große Firma wird von Hendrik Kelner geleitet. Sie heißt »Tabacos Dominicanos« und setzt die Tradition der Marken »Davidoff« sowie »Avo« und »Griffin's« fort.

Bis zur Machtübernahme durch die Sandinistas in Nicaragua befand sich dort die Zigarrenfabrik der Familie Fuente. Ihre *fábricas* wurden in der Folgezeit entweder niedergebrannt oder konfisziert, so daß sie es zu Beginn der achtziger Jahre ebenfalls vorzog, die Produktion in die Dominikanische Republik zu verlegen.

Im Land selbst werden nunmehr zwei Arten von Tabak angebaut: *Piloto Cubano* und *Olor*. Ersterer wird aus kubanischen Saaten gezogen und ist schwerer, während letzterer leichter ist. Das Tal des Yaque-del-Norte-Flusses, auch Cibao-Tal genannt, bildet die größte Anbauregion für dominikanischen Tabak. An den Ufern des Flusses – einer der wenigen dieser Hemisphäre, der in Ost-West-Richtung fließt (auch der Amazonas gehört in diese Kategorie) – erstrecken sich drei Anbaugebiete: La Vega, Moca und Bonao.

Angespornt durch das Embargo gegen Kuba und den Boom bei Premium-Zigarren wagte es die Familie Fuente, auf ihrer Plantage »Château de la Fuente« eine Zigarre zu entwickeln, die der Havanna sehr ähnlich ist. Mit Erfahrung und Talent gelang es ihr schließlich, ein Meisterwerk hervorzubringen: die »Opus X«.

Heute ist die Dominikanische Republik der weltgrößte Produzent handgemachter Premium-Zigarren. Mehrere Marken erster Qua-

Die liegt auf der Ostseite Haitis, einer Nachbarinsel von Kuba, und verfügt daher über die gleichen klimatischen Voraussetzungen und reichen Böden wie das »Mutterland der Zigarre«. Während der letzten zwanzig Jahre wurden hier Zigarren produziert, die dem Vergleich mit einer Havanna durchaus standhalten. Von jeher wird der dominikanische Tabak als Einlagetabak verwandt, während die anderen Blätter bisher aus Brasilien, Connecticut, Ecuador, Honduras und Kamerun importiert wurden. Der am häufigsten verwandte Umblatt-Tabak in diesem Land ist zum Beispiel das Mexican-Sumatra-Blatt, während die Deckblätter vorwiegend aus den Regenwäldern Kameruns und von den sandigen Lehmböden des Connecticut-Tales stammen. Carlos Fuente und Hendrik Kelner ist es mittlerweile gelungen, ein außergewöhnliches Deckblatt zu entwickeln und anzubauen.

lität werden hier hergestellt, und für die Vereinigten Staaten ist der Karibikstaat inzwischen der Hauptlieferant für Zigarren. Die dominikanischen Zigarren haben zwar einen weniger vollen Körper als diejenigen des klassischen kubanischen Stils, kommen dafür aber mit einem vollen Aroma und einer großen Komplexität daher, weshalb sie von Connaisseurs in aller Welt sehr geschätzt werden.

Honduras

OBWOHL HIER SCHON Tabak angebaut wurde, lange bevor Christoph Kolumbus das Land auf seiner dritten Expedition im Jahre 1502 entdeckte, und obwohl es in Santa de Lopan bereits seit 1785 eine Zigarrenfabrik gibt, hatte Honduras über die Jahrhunderte

hinweg keinen großen Namen als Hersteller von Premium-Zigarren. Dies sollte sich erst ändern, als die Einwanderer aus Kuba kamen.

Die klimatischen Bedingungen des mittelamerikanischen Staates sind denen Kubas sehr ähnlich. Der Osten von Honduras liegt ungefähr auf demselben geographischen Längengrad wie der Westen der Karibikinsel, und das Land hat in seiner Mitte einen Gebirgszug, an dessen Flanke sich die warme, feuchte Luft mit dem vorherrschenden Westwind vermischt und für nicht zu heftigen, aber regelmäßigen Niederschlag über das ganze Jahr hinweg sorgt.

Anfang der sechziger Jahre ging Angel Oliva, Patriarch der bekanntesten Tabakpflanzerfamilie der Welt, nach Honduras, um dort Tabak aus kubanischen Saaten zu ziehen. Zu jener Zeit gab es hier wenig Infrastruktur, und so sind die Olivas durchaus als Pioniere einer honduranischen Zigarrenindustrie anzusehen, die in ihrem Premium-Bereich Vergleiche mit anderen Erzeugern nicht mehr scheuen muß.

Noch heute ist es um die Infrastruktur im Lande nicht viel besser als vor rund drei Jahrzehnten bestellt. Ebenso wie in Nicaragua sind die Zigarrenhersteller hier gezwungen, ihre Produkte mit Lastwagen meilenweit über holprige Straßen zu transportieren und ihre Zigarrenkisten mit betagten mechanischen Pressen aus dem vorigen Jahrhundert zu gravieren.

Die Farm der Olivas in La Entrada, das nur rund sechzig Kilometer von den Tabakanbaugebieten Nicaraguas entfernt liegt, produziert nach kubanischer Tradition unter der Leitung von Ramón Martinez einige der feinsten Zigarrentabake der Welt.

Frank Llaneza von »Villazon«, ein weiterer kubanischer Einwanderer, gesellte sich zu den Olivas und gründete in Cofridia ein Werk für Premium-Zigarren. Er verwendete Tabak von den Plantagen der Olivas, erwarb die Markennamen »Monterrey« und »Punch« von der Familie Palicio und betrieb bald ein weiteres Werk in Danlí. Ebenfalls aus Kuba stammt Estello Padrón, der neue Leiter eines Werkes in Cofridia.

Bei »Villazon« werden die Marken »Belinda«, »El Rey del Mundo«, »Hoyo de Monterrey«, »Punch« und »JR Ultimates« gefertigt – allesamt schwere Zigarren kubanischen Stils, die über volle Körper verfügen und köstliche ölige Deckblätter aufweisen. Von allen Zigarren, die auf dem US-amerikanischen Markt erhältlich sind, kommen diese in Geschmack und Aroma den kubanischen Zigarren aus der Zeit vor dem Embargo wohl am nächsten.

Honduras ist heute auch die Heimat des großen Rolando Reyes und seiner Fabrik »Aliados«, Produktionsstätte der berühmten »Puros Indios«.

RECHTS: **ETIKETT DER ORIGINAL PUNCH-ZIGARRE AUS KUBA.**

Mexiko

DIE LANGE TRADITION der mexikanischen Zigarrenherstellung konzentriert sich im Land der versunkenen Maya- und Aztekenreiche vor allem auf die kleine Stadt San Andrés Tuxtla sowie das umliegende San-Andrés-Tal im Bundesstaat Veracruz. Hauptabnehmer mexikanischer Zigarren sind die Vereinigten Staaten –

dort waren sie stets sehr preiswert zu haben. Obwohl handgemacht und von ausgezeichneter Qualität galten sie immer als herb und trocken und deshalb als weniger angenehm. Das änderte sich im Jahre 1968, als eine neue Marke namens »Te-Amo« herausgebracht und von einem ihrer Besitzer, Al Greenwald, durch aggressives Marketing auf dem Markt plaziert wurde. Fast über Nacht wurde Mexiko nun der Ruf zuteil, ein wichtiges Herkunftsland für Premium-Zigarren zu sein.

Schon immer war in Mexiko Tabak angebaut worden, dessen Blätter als Einlage- und Umblätter für Zigarren dienten, welche in

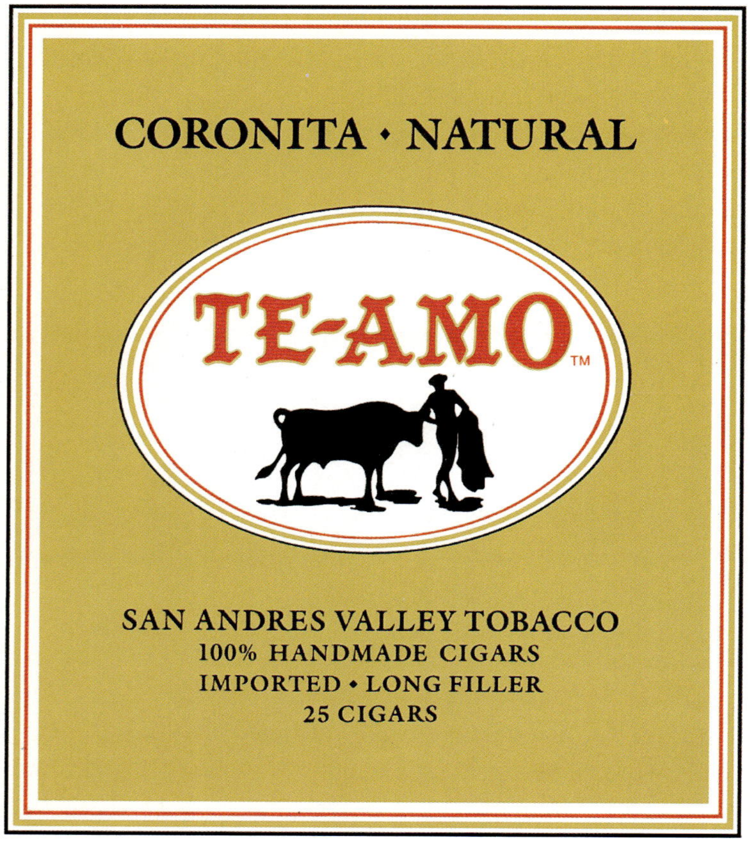

anderen Teilen der Welt hergestellt wurden. Die vorzüglichen Maduro-Deckblätter, in der Sonne aus Sumatra-Saaten gezogen, sind dafür bekannt, »eine Menge Hitze vertragen zu können«.

Bis vor kurzem untersagte Mexiko jegliche Einfuhr von Tabak zum Zweck der Weiterverarbeitung, so daß die Zigarren mexikanischer Produktion grundsätzlich mit dem Attribut *puro* versehen werden konnten (zu hundert Prozent aus heimischem Tabak gefertigt). Mexikanische Zigarren haben ihren eigenen Geschmack – man mag sie, oder man mag sie nicht. Es gibt keine »Zwischenbereiche« – was wiederum zu einer sogenannten »unelastischen Nachfrage« führt. Einige Kenner bezeichnen als »trocken« – nicht so sehr wegen ihres mangelnden Feuchtigkeitsgehalts, vielmehr wegen ihres Geschmacks. Andere hingegen schätzen sie als sanfte, leichte Smokes. Die klassische »Te-Amo« und ihre Hauptkonkurrentin, die »Santa Clara«, hergestellt von Jorge Ortíz, machen mit einigen anderen Marken, wie etwa der »Aromas de San Andrés«, den mexikanischen Anteil am Markt der Premium-Zigarren aus – immerhin etwa acht Millionen Zigarren pro Jahr.

Nicaragua

EBENSO WIE IM BENACHBARTEN Honduras vollbrachte die Familie Oliva auch in Nicaragua Pioniertaten. Hier waren sie nun in der Lage, in großem Rahmen die öligen Deckblätter für jene Zigarren anzubauen, die nach kubanischer Art bei »Villazon« in Honduras hergestellt wurden.

In den späten sechziger Jahren gründeten Franklin Lewis und Simón Camacho eine Partnergesellschaft mit dem mächtigen Anastasio Somoza aus Nicaragua, um mehrere Marken herzustellen, darunter die »Count Christopher«, die »El Caudillo«, die »Hoyo de Nicaragua« und die »Jericho«, wobei letztere allerdings für »JR Tobacco« produziert wurde. Diese Marken fanden auf dem alles beherrschenden US-Markt eine gewisse Anerkennung. Darüber hinaus führte ihre allmähliche Etablierung zu einer weiteren interessanten Neugründung: »JR Alternatives« wurde 1972 geboren. »JR« begann, Millionen handgemachter, hochwertiger nicaraguanischer Zigarren preisgünstig aufzukaufen, um sie erst in Bündeln und schließlich als Ersatz für teure Premium-Marken weiterzuverkaufen.

Zigarren aus Nicaragua sind ebenso wie die honduranischen nach kubanischer Art gemacht und haben einen vollen Körper. Zeitweise war ihre Machart nicht so hochwertig wie die ihrer honduranischen Nachbarn, doch die meisten Connaisseurs sind sich darüber einig, daß diese Probleme nur vorübergehender Natur waren. Anfang der achtziger Jahre veranlaßte die Revolution der Sandinistas und der darauffolgende, zehn Jahre währende Bürgerkrieg viele Zigarrenhersteller, das Land zu verlassen. Es hat jedoch ein neuer Aufschwung eingesetzt, und die Zigarrenindustrie wird sich wohl vollständig erholen.

Die Kanarischen Inseln

Nach der Kubanischen Revolution verlegten die Familien Menéndez und García ihre Firmen auf die Kanarischen Inseln, und zwar nicht zuletzt deshalb, weil hier vom spanischen Staat gewisse Steueranreize offeriert wurden. Die Kanarischen Inseln liegen westlich der Sahara und weisen ein recht trockenes Klima auf. Vor allem aus diesem Grund sind die Voraussetzungen für den Tabakanbau eher schlecht zu nennen. Obwohl sich nur auf der Insel La Palma eine kleine Anbauregion befindet, kann die atlantische Inselgruppe auf eine große Tradition in der Zigarrenherstellung zurückblicken. Das liegt nicht zuletzt daran, daß die Kanaren den Status einer zollfreien Zone besitzen, was den Herstellern die Möglichkeit gibt, unter sehr günstigen Bedingungen Tabak aus Kuba, der Dominikanischen Republik, Kamerun und Sumatra einzuführen. Daraus werden Zigarren gemacht, die mindestens ebenso gut sind wie ihre Gegenstücke aus der Dominikanischen Republik, aus Honduras oder aus Nordamerika – nicht selten sind sie sogar besser.

Auf den Kanarischen Inseln gibt es einige kleine Werkstätten, deren Produkte noch nicht den internationalen Markt erreicht haben – mit Ausnahme derer, die von CITA, einer Vermarktungsfirma unter der Regie von »Tabacalera«, vertrieben werden.

Oben: **Die Formate Churchill, Cedros, Royal und Solera von La Fama, hergestellt auf den Kanarischen Inseln.** Rechts und Gegenüber: **Charakteristische *Filete* und *Vista* von Macanudo.**

Die Zigarren der Kanarischen Inseln haben in der Regel nicht den gleichen Feuchtigkeitsgehalt wie die meisten anderen Zigarren, wiegen deshalb auch weniger als die vergleichbaren Formate aus der Dominikanischen Republik oder aus Honduras und haben daher die Tendenz, schneller und spröder herunterzubrennen. Immerhin: Die sehr milde und feine »Dunhill Grande Corona« wird auf den Kanaren produziert.

Jamaika

Jamaika, die drittgrösste Insel der Großen Antillen südlich von Kuba, produziert Zigarren mit einem milden bis mittelstarken Aroma, dem der »Macanudo« sehr ähnlich, welches die Aficionados in aller Welt unwiderstehlich finden. Im Unterschied zu den meisten anderen Ländern, welche heute Zigarren produzieren (natürlich mit Ausnahme von Kuba), blickt Jamaika auf eine mindestens hundert Jahre alte Tradition in der Herstellung feiner handgemachter Zigarren zurück.

Der Einwanderungswelle kubanischer Zigarrenmacher in den frühen sechziger Jahren unseres Jahrhunderts waren etliche andere vorausgegangen, vor allem während Kubas Kampf gegen Spanien (1868–1878), also vor über hundert Jahren. Zwar entschieden sich seinerzeit viele kubanische Zigarrenmacher für Key West und die Gegend um Tampa, doch nicht wenige gingen nach Jamaika, um hier die Zigarrenherstellung fortzusetzen.

Eine zweite große Einwanderungswelle auf die Antilleninsel war gegen Ende des neunzehnten Jahrhunderts zu verzeichnen.

Als Mitglied des Commonwealth genießt Jamaika außerordentlich günstige Steuer- und Tarifbestimmungen für den Export nach Großbritannien und innerhalb der Gemeinschaft.

Aus spanischer Sicht

von David Ilari,
Mitglied des Zigarrenclubs *Epicur*

Dass es Kolumbus und seine Mannen waren, welche die Neuigkeiten von der Entdeckung des Tabaks nach Spanien brachten, ist hinlänglich bekannt, ebenso wie der Umstand, daß der spanische Königshof in Madrid, damals der mächtigste Hof Europas, den Brauch, Tabak zu rauchen, in ganz Europa verbreitete.
Ursprünglich wurde Tabak ganz anders geraucht, als wir es heute gewohnt sind. Dem Beispiel der Seeleute folgend, rauchte man ihn zunächst in Pfeifen. *Puros,* also Zigarren, wie wir sie heute kennen, wurden erstmals in der ältesten Tabakfabrik der Welt (gelegen in Sevilla) hergestellt, und zwar unter der Kontrolle der königlichen spanischen *compania,* der heutigen »Tabacalera, S. A.«.
Anfang des neunzehnten Jahrhunderts begannen einige Pflanzer auf Kuba, die bis dahin ihre Aufgabe lediglich darin gesehen hatten, den Tabak zur Weiterverarbeitung in Bündeln nach Europa zu schicken, eine heimische Industrie aufzubauen, indem sie zunächst dem Vorbild der Fabriken Sevillas folgten. Bald darauf fingen sie jedoch an, verschiedene Neuerungen einzuführen. Die ersten kubanischen *puros* ähnelten den spanischen *farias,* die in der Mitte lang und rund waren und an den Enden spitz zuliefen.
Sevilla ist nicht nur die Geburtsstätte der Zigarre, wie wir sie kennen, sondern von hier stammt auch die Legende, der zufolge die *puros* auf den Schenkeln der hübschen Arbeiterinnen in den *fábricas* gerollt wurden. Ich fürchte, das ist wirklich nur eine Legende, aber wer weiß ...
Es waren vornehmlich Männer spanischer Herkunft, die der Zigarrenproduktion auf Kuba auf die Beine halfen, zum Beispiel José Gener von »Hoyo de Monterrey«, José Gispert von »Gispert«, Jaime Partagas von »Partagas« und José Rodriguez von »Romeo y Julieta«. Hinter anderen großen kubanischen Marken wie »Fonseca«, »Montecristo«, »Quintero« und »Sancho Panza« stehen ebenfalls Familien spanischen Ursprungs.
Übrigens ist mein Heimatland von allen Importländern kubanischer Zigarren der Hauptabnehmer, und nicht zuletzt aus diesem Grund teilen sich Barcelona und Havanna die Ehre, weltweit die meisten Zigarrenraucher in ihren Mauern zu beherbergen.
Die halbstaatliche »Tabacalera« ist allein für den Tabakimport nach Spanien zuständig. Sie kontrolliert auch den Wiederverkauf durch die *estancos,* die lizensierten Tabakhändler, welche als einzige autorisiert sind, Zigarren und Zigaretten zu verkaufen.
Kubanischer Tabak in der Form von *puros,* Zigarren, macht gerade mal fünf bis zehn Prozent der Gesamtumsätze von »Tabacalera« aus. 1996 wurden 28 Millionen Zigarren aus Kuba eingeführt. Diese Zahl könnte leicht um vierzig Prozent höher liegen, wäre Kuba in der Lage, die Nachfrage zu befriedigen. Zusammen mit der heimischen Produktion – Spanien stellt dunkle und helle Zigaretten, *brevas,* kleine *puros,* und die bereits erwähnten *farias* her – verkaufte »Tabacalera« 1996 rund 200 Millionen Einheiten.
»Tabacalera« vertreibt auch Zigarren, die auf den Kanarischen Inseln hergestellt werden, außerdem Importe aus der Dominikanischen Republik, aus Honduras und den Niederlanden. Schließlich werden Zigarren aus der einzigen Fabrik in Asien, »Tabacos de Filipinas«, vormals ein Konkurrent von »Tabacalera de España«, eingeführt. Seit dem neunzehnten Jahrhundert produziert »Tabacos de Filipinas« anerkannte Marken, von denen besonders die »La Flor de Isabela« erwähnenswert ist.
Spanien ist eine Tabaknation, und Fußball ist in diesem Land der Nationalsport. Barcelonas Stadion »Nou Camp« zieht an guten Tagen hunderttausend Zuschauer an, die während eines Spiels gut und gerne zehntausend *puros* in die Luft paffen. Und wenn in Madrid die Feria de San Isidro stattfindet, also Stierkampfsaison ist, gehen während der fünfunddreißig *corridas,* die dann stattfinden, leicht über hunderttausend dieser Smokes in Rauch auf.

Auch in Spanien haben wir inzwischen eine starke Anti-Raucher-Bewegung, doch ist sie nicht so mächtig wie die in den Vereinigten Staaten. Immer noch wird hier diese jahrhundertealte Passion hinsichtlich der Qualität der *puros* tagtäglich gelebt. Für einen Spanier ist es eine Selbstverständlichkeit, daß kubanische Zigarren die besten der Welt sind und daß Zigarren aus anderen Teilen der Welt prinzipiell nicht so gut sein können.

Bis zum heutigen Tag ist der exklusive Zigarrenclub »Epicur« der Havanna treu ergeben, abgesehen von wenigen Ausnahmen – so werden dort die »Davidoffs« und einige Marken kanarischer Zigarrenhersteller akzeptiert. Der Club hat seinen Hauptsitz in Barcelona und verfügt über Zweigstellen in ganz Spanien, vor allem in Madrid und Bilbao. Das Mitgliederverzeichnis in Barcelona führt zweihundert Personen auf, und es gibt eine lange Warteliste. Zunächst fanden die Dinners monatlich in Barcelona und Madrid statt, doch neulich gab es zwei Einweihungsdinner in Lissabon. Heute werden nicht weniger als zwanzig Dinner alle paar Monate in ganz Spanien abgehalten: in San Agaro, Marbella, Palma de Mallorca, Oporto – und natürlich in Barcelona und Madrid.

Auf Jamaika wird übrigens eine große Zahl von »Macanudos« gemacht, und eine andere hervorragende Marke, die »Temple Hall Estates«, stammt ebenfalls aus diesem Inselstaat. In den USA ist sie unter diesem Namen allerdings nicht mehr erhältlich, da ihr Hersteller, »General Cigar«, jede von ihm hergestellte Zigarre unter dem Namen »Macanudo« verkaufen kann. Wie überall ist die Nachfrage nach Premium-Zigarren groß – und deshalb das entsprechende Angebot manchmal sehr knapp. Mit Sicherheit wird eine Marke wie die »Temple Hall Estates« wieder auf dem Markt erscheinen, wenn die Marktbedingungen einen günstigen Absatz garantieren.

Brasilien

Brasilianische Zigarren – sie werden vornehmlich aus Tabak hergestellt, der in der Region Cruz des Almos wächst – sind hoch angesehen und haben eine treue Anhängerschaft. Wegen ihres vollen Körpers sind sie vor allem bei deutschen Rauchern beliebt. Einige Zigarren, wie die »Danneman« und die »Suerdieck«, haben eine extrem dunkle Färbung und ein sehr reiches Aroma, sind aber dennoch von überraschender Milde.

MACANUDO
FABRICA DE TABACOS
MACANUDO
P.P.
1868
MONTEGO Y CIA
IMPORTED hand made since 1868

Die Vereinigten Staaten

Tampa. Eine Zeitlang konnte sich Tampa rühmen, der Produktionsort zu sein, in dem weltweit die meisten Zigarren hergestellt werden. Zwischen 1900 und 1960 wurden den Fabrikationsstätten der »Clear« Havanna in Ybor City 80 Prozent der Produktion an »kubanischen« Zigarren zugeschrieben. Als 1961 das US-Embargo in Kraft trat, begannen die Hersteller, sich nach Tabaklieferanten in der Dominikanischen Republik und in Honduras umzusehen. Heute kommen viele maschinengefertigte Zigarren aus den alten Fabriken in Tampa, wo »Bering« seine Zigarren im traditionellen spanischen Kolonialstil herstellt.

Das Connecticut-Tal. Eines der teuersten und besten Deckblätter, das Connecticut Shade, wird im Tal des Connecticut River gezogen. Nördlich von Hartford erstrecken sich unter großen, bis über drei Meter hohen Zeltdächern die Tabakfelder. Eine Variante des Shade ist das sehr dunkle, in der Sonne gezogene Connecticut Broadleaf, welches für Maduro-Deckblätter verwandt wird. Die Anbausaison dauert von März bis August, und die Deckblätter zieren so hervorragende Marken wie »Davidoff« und »Macanudo«. Vor vielen Jahren kamen die Samen aus Kuba hierher, und einige werden noch heute für etliche kubanische Tabaksorten verwandt. Die Saatkörner für das Connecticut-Deckblatt stammen andererseits aus der kubanischen Hazelwood-Linie. So etablierte sich im Laufe der Jahre ein gegenseitiger Austausch.

Der Anbau des Connecticut-Deckblatts liegt größtenteils in den Händen zweier Gesellschaften: »Culbro«, einer Schwestergesellschaft von »General Cigar« (65 Prozent Marktanteil), und »Windsor Shade« (35 Prozent Marktanteil). Diese Zweiteilung garantiert »Generals« Langzeitkunden den Zugriff auf die besten Connecticut-Blätter sowie die Windsor Connecticut Shades. Außerdem birgt diese Situation einen nicht geringen Anreiz für andere Produzenten, es in vergleichbaren Regionen mit dem Anbau guter Deckblätter zu versuchen.

Europa

Frankreich. Die französische Tabakgesellschaft SEITA produziert mehr als zwei Milliarden Zigarren pro Jahr für den heimischen Markt. Die meisten Zigarren sind klein und dünn. Erwähnenswert ist die »Picaduro«, die zu hundert Prozent aus französischem Tabak gemacht wird. Andere Marken, etwa die »Voltigeur«, bestehen sehr oft aus brasilianischen Mischungen.
Italien. Italien ist berühmt für seine sehr starken »Toscanis« – Zigarren mit einer ungewöhnlichen, ungleichmäßigen Form.
Dänemark. Das nordeuropäische Land weist den höchsten Pro-Kopf-Verbrauch an Zigarren in Europa auf und produziert die weltbekannte, aus Sumatra-Blättern gefertigte »E. Nobel«.
Deutschland. In Deutschland werden Zigarren bevorzugt (und auch hergestellt), die entweder aus Sumatra- oder Brasil-Tabaken bestehen.
Spanien. Spanien pflegt eine wahre Zigarrenkultur. Die Spanier sind glühende Verehrer »ihrer« Havannas, von denen sie 30 Millionen Exemplare pro Jahr konsumieren. Erst kürzlich hat Spanien eine Partnerschaft finanziert und dadurch »Cubatabaco«, jetzt »Habanos, S.A.«, eine dringend benötigte Finanzspritze verabreicht. Barcelona ist nach Havanna die Stadt, in der weltweit die meisten Zigarren geraucht werden. Spanien gilt außerdem als das Land, welches die besten Zigarren in Europa herstellt. Eine davon ist die »Peñamil«, eine Zigarre von makelloser Qualität.

Asien

DIE PRODUKTREIHE DER FIRMA »Tabacalera« in Manila umfaßt zwölf Formate handgemachter Zigarren, von denen sich die »Coronas» auf den Philippinen großer Beliebtheit erfreuen. Philippinischer Tabak, mild und sehr aromatisch, wird vor allem für kleinformatige Zigarren verwandt. Sumatra, Borneo und Burma stellen ebenfalls Zigarren her. Ihnen ist eine sogenannte »holländische Würze« gemeinsam. Die zu Indonesien gehörige Insel Java produziert (wie Sumatra) darüber hinaus dunkelbraune Deckblätter, vornehmlich für kleinformatige Zigarren.

Afrika

KAMERUN-DECKBLÄTTER, intensiv und dunkel, gezogen aus Sumatra-Saaten in den Lichtungen der Regenwälder Westafrikas, gehören zu den besten und meistgesuchten Deckblättern. Sie haben eine grünlich-braune bis braune Färbung und eine auffällige Körnung.

Die Havanna – Ein Kampf um Spitzenqualität

von Simon Chase

Simon Chase ist Marketing-Direktor bei »Hunters & Frankau«, Zigarrenimporteure in London seit 1790. Seit langem gilt er weltweit als der größte Experte auf dem Gebiet der Havanna. Unter Aficionados ist er als Mann von umfassendem Fachwissen anerkannt, und sein reichhaltiger Erfahrungsschatz prädestiniert ihn dazu, die folgenden Ausführungen über die Havanna zu Papier zu bringen. Simon Chase ist außerdem Co-Autor des Cigar Companion.

»Die kubanische Zigarre ist ein Luxusartikel. Als solcher geht sie auf den Markt, ohne jede Absicht, mit anderen Zigarren in Konkurrenz treten zu wollen. Vielmehr ist diese Zigarre geschaffen worden für jene Minderheit, die sich einen solchen Luxus erlauben kann.« Diese Worte fand ich in einer Schmähschrift, die niemand Geringeres als das Landwirtschaftsministerium der USA herausgegeben hat, verfaßt von einer gewissen May Coult im Jahre 1952. Hier wird eine Besserwisserei, ja Arroganz an den Tag gelegt, die schwer verdaulich ist.

Während der letzten zwanzig Jahre hatte ich das Glück, mit ebensolchen Zigarren arbeiten zu dürfen, sie verkaufen und rauchen zu können. So hatte ich Gelegenheit, ihre Geschichte und Herstellungsweise zu studieren, bis ich schließlich völlig von ihnen besessen war. Langsam beginne ich jedoch zu verstehen, worauf die Autorin es damals abgesehen hatte.

Sicherlich gibt es viele, die sich dagegen wehren würden, die Zigarren von damals, auf die sich der Artikel von 1952 bezog, mit der heutigen Produktion zu vergleichen. Auf keinen Fall könnte, bedingt durch die jüngste Geschichte Kubas und die Zwangslage des Inselstaats, die kubanische Zigarrenindustrie einem solchen Versuch des Vergleichs standhalten. Ein entscheidendes Merkmal der Planwirtschaft ist allerdings ihr konstanter Widerstand gegen Veränderungen. Dieselben Kräfte, die beharrlich die Plymouths und Chevrolets aus den fünfziger Jahren auf den Straßen Havannas spazieren fahren, wahren in dieser Stadt auch die Traditionen bei der Zigarrenherstellung in den einzelnen *fábricas*.

Die Qualität einer Zigarre wird durch einen Selektionsvorgang bestimmt. Angefangen beim winzigsten Saatkorn bis hin zur letzten Auswahl der Zigarren, die schließlich in einer Kiste landen, hängt alles davon ab, wieviel Material der Tabakbauer, der Tabakverarbeiter und der Zigarrenmacher bereit sind, als mindere Qualität auszusondern. Nur so kann gute Qualität entstehen.

Der Ausdruck »Havanna« ist für Zigarren mit »Exportqualität« reserviert. Per definitionem sind sie aber direkte Abkommen derjenigen Zigarren, die während der zweiten Hälfte des neunzehnten Jahrhunderts zuerst die Welt der Raucher in ihren Bann schlugen.

Ihre Geschichte war geprägt von Kämpfen: gegen die Truppen der spanischen Kolonialmacht, Handelsbarrieren, Krieg und Revolution. Es ist erstaunlich, daß ein so kleines Land eine so bewegte Vergangenheit hat. Vielleicht liegt es an seiner landschaftlichen Schönheit und seinem milden Klima, die Generationen von Siedlern anzogen, sowie seiner strategisch günstigen Lage. Sicherlich jedoch forderte die »Perle der Antillen«, wie die Spanier die Insel nannten, zur Kultivierung derjenigen Pflanze heraus, durch die sie weltbekannt wurde: Tabak.

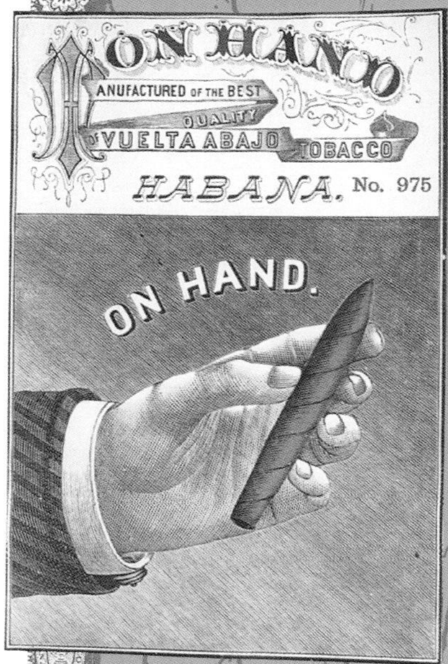

Nicht anders in heutiger Zeit: Die Kubanische Revolution im Jahre 1959 bewirkte enorme Turbulenzen in der Industrie. Zunächst unterstützten einige unabhängige Fabrikanten aus Patriotismus die Revolution trotz ihrer stark sozialistischen Ausrichtung. Innerhalb von zwei Jahren zeichnete sich aber der künftige Kurs Kubas ab. Ausländische Investoren verließen das Land, unmittelbar gefolgt von Besitzern und Direktoren kubanischer Gesellschaften, die nun im Zuge der »Intervention« nach und nach verstaatlicht wurden.

In Havanna wurde derweilen die gesamte Zigarrenindustrie neu organisiert, bis sie vollständig unter der Kontrolle einer einzigen staatlichen Gesellschaft, der »Cubatabaco«, stand. 1966 hatte diese schließlich die alleinige Verantwortung für alle Aspekte des Tabakanbaus und der Weiterverarbeitung sowie der Zigarrenproduktion. Seit in den frühen siebziger Jahren die Aufgabenbereiche Landwirtschaft und Industrie in die Hände zweier Ministerien gelegt wurden, unterstehen die Exportangelegenheiten »Cubatabacos« dem Außenhandelsministerium. Diese Regelung gilt mehr oder weniger bis heute, obwohl die Rolle von »Cubatabaco« im Oktober 1994 weitgehend von einer neuen Firma mit der Bezeichnung »Habanos, S.A.« übernommen wurde.

Durch die Organisation unter einem Dach gab es keine Konkurrenzkämpfe mehr zu bestehen; alles war da, man mußte sich nur bedienen. Die Rückschläge waren Legion, doch es gab auch neue Chancen.

Für die Kubaner war die Herstellung von Havannas immer ein nationales Erbe gewesen. Es war etwas, was sie besser konnten als irgend jemand auf der Welt. Als Meister des Tabakanbaus, der Blattauswahl und der Zigarrenherstellung hatten sie immer Lob und Anerkennung erfahren. Dennoch galten ihnen ihre Fähigkeiten nicht so sehr als Einnahmequelle denn vor allem als Kunst. Aus diesem Grund schlossen diejenigen, die nicht ins Exil gegangen waren, einfach die Lücken und fuhren fort, die Arbeit zu tun, die sie so liebten.

Die Herstellung von Marken im Besitz ausländischer Firmen, wie Calixto Lopez, Bock, Henry Clay oder Villar y Villar, wurde eingestellt.

In der Folgezeit konzentrierte sich die Produktion auf kubanische Marken wie »Bolívar«, »Hoyo de Monterrey«, »H. Upmann«, »Montecristo«, »Partagas« und »Romeo y Julieta«. Ebenso wie in den hundertfünfzig Jahren vor der Revolution war in den vierzig Jahren danach der Export immer wieder starken Schwankungen ausgesetzt. Im großen und ganzen lag und liegt die Exportrate fertiger Zigarren höher als in den fünfziger Jahren, obwohl ein seltsamer Zehnjahresrhythmus bei den Rückgängen unübersehbar ist.

Um die Abhängigkeit des Landes vom Tabak und vom Zucker etwas zu reduzieren, begann Kuba in den späten sechziger Jahren, sich auf neue Industriezweige zu konzentrieren. Im gleichen Maße, wie die Investitionen in den Tabak reduziert wurden, ging auch die Zigarrenproduktion zurück, und um 1970 exportierte Kuba nur noch 55 Millionen Zigarren. Bald erkannte man jedoch den Irrtum und korrigierte ihn, so daß 1976 immerhin 120 Millionen Zigarren exportiert wurden. Dann, im Jahr 1980, wurden die Tabakpflanzen vom Blauschimmel befallen und 95 Prozent der Ernte zerstört. Die Zigarrenproduktion ging stark zurück, und man unternahm riesige Anstrengungen, um die Katastrophe zu bereinigen. Auf diese Weise und mit Hilfe der guten Ernte von 1981 stieg die Exportrate bald wieder auf 75 Millionen, bevor sie 1990 die äußerst zufriedenstellende Marke von 80 Millionen erreichte.

Dann brach die Sowjetunion zusammen – und es begannen die gegenwärtigen Probleme.
Innerhalb von zwei Jahren schrumpfte die kubanische Wirtschaft um die Hälfte. Ganze Industriezweige wurden wegen Rohstoffmangels eingemottet. Die Zigarrenindustrie war nicht so schwer betroffen wie andere Branchen, da der Rohstoff, den sie benötigt, an Ort und Stelle wächst. Dennoch – der Mangel an Dünger für die Beete, an Musselin für die *Tapado*-Felder und an so banalen Dingen wie Baumwollfäden behinderte selbst in diesen Bereichen die Produktion. Auch der alte Erzfeind, das Wetter, forderte seinen Tribut – mit Stürmen, welche für die Jahreszeit untypisch waren. Das geschah in den Jahren 1991, 1992 und vor allem 1993. Die Exportrate fiel wiederum auf unter 50 Millionen Stück. Doch irgendwie gelang es, diesen Rückgang aufzufangen, und 1994, 1995 und 1996 wurden wieder steigende Exportzahlen gemeldet.
Zeitgleich zu dieser schwierigen Phase, die in Kuba als »die außergewöhnliche Periode in sonst friedlicher Zeit« bekannt ist, erschien im September 1992 mit Marvin Shankens *Cigar Aficionado* ein Magazin für Zigarrenliebhaber – und sofort schnellte die Nachfrage nach Premium-Zigarren in den USA in die Höhe. Das Embargo verhinderte, daß die Havanna auf der Erfolgswelle mitschwimmen konnte, obwohl Shanken von vornherein klar war, daß sein Magazin nur dann glaubwürdig sein würde, wenn es auch die Havanna einbezog. Der Zigarrenboom erfaßte nun auch andere Länder, und da außerdem nichts die Begierden der US-Amerikaner so stimuliert wie ein Verbot, hätte die kubanische Industrie leicht doppelt so viele Zigarren absetzen können, als es ihre Exportkapazitäten zum damaligen Zeitpunkt zuließen.
In Havanna spricht man neuerdings von dem »großen Schritt nach vorn«, der zum Ende des Jahrhunderts erfolgen soll. Diejenigen, welche die entsprechende Macht haben, streben nun – aus Sorge, den Anschluß zu verpassen – für das Jahr 2000 eine Exportrate von 200 Millionen Zigarren an (1996 lag sie bei 70 Millionen). Aufschwünge dieser Größenordnung haben zwar früher schon stattgefunden (man denke an 1944 und 1976), dennoch erscheint die angestrebte Zahl mehr als hochgegriffen.
Es können noch mehr Hektar Land mit Tabak bepflanzt, noch mehr Zigarrenroller ausgebildet und noch mehr Fabriken eröffnet werden – immer sind auch Kräfte im Spiel, die außerhalb des Einflußbereichs der Menschen liegen. Mögen diese Kräfte also günstig gestimmt sein.
Dennoch ist es allein der Mensch, der entscheiden wird, ob eine kubanische Zigarre einfach eine Zigarre aus Kuba ist – oder eine Havanna. Wir werden sehen …

DIE TOP TEN VON SIMON CHASE

Seit über zwanzig Jahren habe ich Zugang zu den führenden Havanna-Marken und -Formaten, und so weiß ich nur zu gut, wie schwer es ist, eine Auswahl zu treffen. Meine Top Ten spiegeln deshalb kaum mehr als meine Vorlieben während bestimmter Lebensphasen wider. Jede dieser Zigarren hat mir irgendwann einmal ein ganz besonderes Vergnügen verschafft. Als gemeinsames Kriterium kann daher vielleicht gelten, daß sich alle erwähnten Zigarren im Laufe der Zeit immer wieder als zuverlässige Gaumenfreuden erwiesen haben.

1. Ramón Allones Specially Selected (4 7/8 in x 50 ≈ 124 mm x 20 mm)
Diese Zigarre rauche ich besonders gern, bevor ich mich auf ein »Schlachtfeld« begeben muß. Die meisten Leute raten mir in dieser Lage allerdings zu einem längeren Format – das wäre dann die traditionelle »Robusto«. Sie hat einen reichen, erdigen Geschmack und eignet sich für besondere Augenblicke, nicht aber für den täglichen Rauchgenuß.

2. Partagas Short (4 1/2 in x 42 ≈ 115 mm x 17 mm)
Ich mag kleine Zigarren. Diese hat den Umfang einer »Corona«, enthält aber den reichen Geschmack, den man sonst bei einer kubanischen »Partagas« erwartet. Sie schmeckt am besten aus einem Fünfziger-Bündel.

3. Rafael Gonzalez Corona Extra (5 1/2 in x 46 ≈ 140 mm x 18 mm)
Diese Zigarre ist leicht – ja, fast würde ich sagen: Sie ist leicht wie ein Grashalm. Doch solch ein Vergleich ist wohl fehl am Platze. Jedenfalls kann ich diesen Rauchgenuß mit meiner Frau teilen. Sie raucht viel weniger als ich, aber die »Rafael Gonzales Corona Extra« gefällt ihr.

4. Partagas Lusitania (7 5/8 in x 49 ≈ 194 mm x 19 mm)
Vielleicht sollte ich lieber diese Zigarre vor der »Großschlacht« rauchen. Auch sie ist sehr reich im Geschmack. Ihre Länge garantiert während des Rauchens eine beachtliche Palette von Aromen – von ganz sanft am Anfang bis sehr mächtig am Ende. Auch hier empfiehlt sich das Fünfziger-Bündel.

5. Cohíba Siglo III (6 1/8 in x 42 ≈ 156 mm x 17 mm)
Als wir im November 1993 in London die »Siglo«-Serie vorstellten, war dieses Format mein Favorit, und dabei ist es geblieben. Eine Warnung sei jedoch gestattet: Nicht viele sind da meiner Meinung.

6. Montecristo No. 2 (6 1/8 in x 52 ≈ 156 mm x 21 mm)
Die endgültige *Pyramide!* Sofort zu erkennen. Brennt wunderbar. Ran an den Speck – Sie können nichts falsch machen!

7. Romeo y Julieta Cedros No. 1 (6 1/2 in x 42 ≈ 165 mm x 17 mm)
Romeos einzige wahre »Lonsdale« ist in Zedernholz gehüllt. Ich finde, dieses Format ist von ganz besonderer Delikatesse. Vielleicht liegt es an der Zedernholzumhüllung – wer weiß?!

8. Cohíba Exquisito (5 in x 36 ≈ 127 mm x 14 mm)
Für eine kubanische Zigarre ein außergewöhnliches Format. Eigentlich ist das Ringmaß kleiner, als es mir gefällt, aber diese Zigarre ist wunderbar elegant und sanft.

9. Hoyo de Monterrey Epicure No. 2 (4 7/8 in x 50 ≈ 124 mm x 20 mm)
Wieder eine »Robusto«, jedoch eine vergleichsweise leichte.

10. Punch Petit Corona del Punch (5 in x 42 ≈ 127 mm x 17 mm)
Es gibt so viele »Petit Coronas«, und deshalb fällt die Wahl wirklich schwer. Es ist nun einmal ein sehr gängiges Format, und die »Punch« schlägt die anderen nur um Haaresbreite.

EXCLUSIVE
DISTRIBUTOR
IN HABANA
FABRICA DE TABACOS
"LA DIANA"
KING SALOMON'S
STORE
E PLURIBUS UNUM
PAX ET
JUSTITIA
CLARO HABANA
MADE BY HAND
PRADO 515 - HABANA - CUBA

4

Der Guide

Verzeichnis der Formate

Zigarrenformate gibt es unzählige, doch da dieses Buch sich vorrangig Zigarren aus dem mittelamerikanischen Raum widmet, beschränkt sich das folgende Verzeichnis auf die zweiundvierzig handelsüblichen kubanischen Formate. Sie unterscheiden sich jeweils durch Länge und Ringmaß voneinander, wobei die Länge zwischen 4 und 9 Inches (1 Inch = 25,4 mm) variiert und das Ringmaß (zwischen 26 und 52) den Durchmesser der Zigarre angibt. Die Maßangabe bezieht sich jeweils auf $^{1}/_{64}$ Inch. So steht etwa Ringmaß 26 für einen Durchmesser von $^{26}/_{64}$ Inch, was ungefähr 10,3 Millimetern entspricht. Die tatsächlichen Maße einer Zigarre (Umfang und Länge) sind aus Handelsnamen oder inoffiziellen Bezeichnungen nicht immer präzise abzuleiten, da die Formate einzelner Marken nicht immer der Norm entsprechen. So kann zum Beispiel eine »Panetela« von »Romeo y Julieta« eine andere Länge und ein anderes Ringmaß aufweisen als bei »Cohiba«.

Die kubanischen *vitolas de galera* – damit sind die fabrikinternen Formate gemeint – »Cervante« ($6\frac{1}{2} \times 42$) und »Corona Grande« ($6\frac{1}{8} \times 42$) beispielsweise werden im Handel beide als »Lonsdale«-Format verkauft (benannt nach dem Earl of Lonsdale, dem großen englischen Aristokraten und Sportler). Mit $6\frac{1}{2}$ Inches und Ringmaß 42 ist die »Lonsdale« eine längere Version der klassischen Havanna mittlerer Größe, der »Corona«, die $5\frac{1}{2} \times 42$ mißt. Die »Petit Corona« wiederum (fabrikintern »Mareva«) mißt nur 5 Inch, hat aber gleichfalls ein Ringmaß von 42. Nahezu alle führenden kubanischen Marken bieten Zigarren in diesen beiden Formaten an. »Rafael Gonzalez'« Sortiment enthält etwa eine »Petit Corona« (»Mareva«) und eine »Petit Lonsdale« (5×42), während die »Petit Corona« der Marke »Flor de Cano« etwas kleinere Maße hat ($4\frac{3}{4} \times 40$). Und von der kubanischen Marke »Ramon Allones« wird eine »Petit Corona« ebenso angeboten wie von der dominikanischen »Ramon Allones«, wobei diese jedoch den Zusatz »D« aufweist.

Dieser Guide führt Sie durch den mitunter verwirrenden Dschungel der Formate und hilft Ihnen, die Unterschiede rascher zu erkennen. Bei den Kurzbeschreibungen der einzelnen Marken (ab Seite 176) finden sich in den Format-Tabellen neben den Inch- auch die entsprechenden Millimeter-Angaben.

(PK) = Diese Zigarren werden in einer polierten Kiste angeboten.
(HV) = Diese Zigarren sind einzeln in Hülsen verpackt.
(LK) = Diese Zigarren werden in einer lackierten Kiste angeboten.
(ZH) = Diese Zigarren sind einzeln in Zedernholz verpackt.

Die fabrikinternen Bezeichnungen auf Kuba (*vitolas de galera*), nach Massen geordnet:

$9\frac{1}{4} \times 47$ = Grand Cru

$7\frac{5}{8} \times 49$ = Prominente
$7\frac{1}{2} \times 38$ = Laguito No. 1
$7\frac{1}{16} \times 38$ = Delicados extras
7×47 = Julieta No. 2
7×33 = Ninfa

$6\frac{7}{8} \times 28$ = Panetela Larga
$6\frac{3}{4} \times 43$ = Dalia
$6\frac{3}{4} \times 33$ = Palma
$6\frac{9}{16} \times 38$ = Parejo
$6\frac{1}{2} \times 42$ = Cervante
$6\frac{3}{8} \times 44$ = Cazadore
$6\frac{5}{16} \times 39$ = Topper
$6\frac{1}{4} \times 35$ = Delicioso
$6\frac{1}{8} \times 52$ = Piramide
$6\frac{1}{8} \times 47$ = Tacos
$6\frac{1}{8} \times 42$ = Corona Grande
$6\frac{1}{16} \times 37$ = Nacionale
6×38 = Laguito No. 2
6×32 = Palmitos

$5\frac{7}{8} \times 41$ = Cristale
$5\frac{3}{4} \times 40$ = Superiore
$5\frac{3}{4} \times 39$ = Culebras
$5\frac{11}{16} \times 44$ = Conserva
$5\frac{5}{8} \times 46$ = Corona Gorda
$5\frac{5}{8} \times 44$ = Franciscos
$5\frac{5}{8} \times 35$ = Carlota
$5\frac{9}{16} \times 40$ = Las Tres Coronas
$5\frac{1}{2} \times 52$ = Campana
$5\frac{1}{2} \times 42$ = Corona
$5\frac{1}{2} \times 40$ = Crema/Nacionale
$5\frac{3}{8} \times 46$ = Britanica
$5\frac{5}{16} \times 40$ = Cosaco
$5\frac{1}{4} \times 45$ = Especiale
$5\frac{1}{4} \times 38$ = Universales
$5\frac{3}{16} \times 44$ = Eminente
$5\frac{1}{8} \times 40$ = Almuerzo
$5\frac{1}{16} \times 42$ = Mareva
$5\frac{1}{16} \times 40$ = Petit Cetro

5×48 = Hermosa No. 4
5×44 = Perfecto
5×40 = Londres
5×38 = Preferido
5×37 = Veguerito
5×36 = Seoane
5×35 = Conchita
5×29 = Demi Tip

$4\frac{15}{16} \times 34$ = Placera
$4\frac{7}{8} \times 50$ = Robusto
$4\frac{3}{4} \times 40$ = Standard
$4\frac{3}{4} \times 26$ = Carolina
$4\frac{5}{8} \times 40$ = Coronita
$4\frac{9}{16} \times 36$ = Cadete
$4\frac{9}{16} \times 35$ = Sport
$4\frac{9}{16} \times 34$ = Panetela
$4\frac{1}{2} \times 40$ = Franciscano
$4\frac{1}{2} \times 26$ = Laguito No. 3
$4\frac{3}{8} \times 42$ = Minuto
$4\frac{5}{16} \times 38$ = Trabuco
$4\frac{5}{16} \times 35$ = Epicure
$4\frac{1}{4} \times 31$ = Petit
$4\frac{1}{8} \times 29$ = Chico
4×40 = Perla

$3\frac{15}{16} \times 32$ = Demi Tasse
$3\frac{7}{8} \times 37$ = Infante
$3\frac{7}{8} \times 30$ = Entreacto

Mittleres Ringmass

Belicosos 5 1/2 × 52 (140mm × 20,6mm)

Robusto Royal 5 × 48 (127mm × 19,1mm)

Rothschild/Robusto 4 7/8 × 50 (124mm × 19,8mm)

Corona Grande 6 3/4 × 43 (170mm × 17,1mm)

Lonsdale 6 1/2 × 42 (165mm × 16,7mm)

Lonsdale 6 1/8 × 42 (155mm × 16,7mm)

Corona 5 1/2 × 42 (142mm × 16,7mm)

Petit Corona 5 1/2 × 4 (140mm × 15,9mm)

Grosse Ringmasse 47–52

Handelsüblicher Name: **Gigante**
Fabrikinterne Bezeichnung: **Gran Corona**
Maße: **9¼ × 47**

Dominikanische Republik
Opus 3 Reserva A

Kuba
Hoyo de Monterrey Particulares
Montecristo A (PK)*
Punch Diademas Extra
Romeo y Julieta Fabulosos
Sancho Panza Sanchos

Handelsüblicher Name: **Double Corona**
Fabrikinterne Bezeichnung: **Prominente**
Maße: **7⅝ × 49**

Dominikanische Republik
Arturo Fuente Royal Salute
Opus 3 Double Corona

Kuba
Hoyo de Monterrey Double Corona
Punch Double Corona
Partagas Lusitanias

Handelsüblicher Name: **Churchill**
Fabrikinterne Bezeichnung: **Julieta**
Maße: **7 × 47**

Dominikanische Republik
Arturo Fuente Hemingway Classic

Kuba
Bolívar Corona Gigantes
Cohiba Esplendidos
El Rey Del Mundo Tainos
Flor de Cano Diademas
H. Upmann Monarchs (HV)
H. Upmann Sir Winston (PK)**
Hoyo de Monterrey Churchills
La Gloria Cubana Tainos
Partagas Churchills deLuxe
Punch Churchills
Romeo y Julieta Churchills (HV)
Romeo y Julieta Prince of Wales
Saint Luis Rey Churchills
Sancho Panza Corona Gigantes

Handelsüblicher Name: **Torpedo (Form)**
Fabrikinterne Bezeichnung: **Piramide**
Maße: **6½ × 52**

Kuba
Diplomaticos No. 2
H. Upmann No. 2
Montecristo No. 2

Handelsüblicher Name: **Corona Extra**
Fabrikinterne Bezeichnung: **Corona Gorda**
Maße: **5⅝ × 46**

Dominikanische Republik
Davidoff 5000
Fuente Fuente (Opus X)
H. Upmann Churchills

Honduras
Hoyo de Monterrey Coronas
JR Ultimate Corona
Punch Grand Cru Superior

Kuba
Cohiba Siglo IV
H. Upmann Magnum 46
Hoyo de Monterrey Epicure No. 1
Punch Punch Punch
Rafael Gonzalez Corona Extras
Saint Luis Rey Serie A

Handelsüblicher Name: **Belicosos (Form)**
Fabrikinterne Bezeichnung: **Campana**
Maße: **5½ × 52**

Kuba
Bolívar Belicosos Finos
Romeo y Julieta Belicosos
Sancho Panza Belicosos

Handelsüblicher Name: **Robusto Royal**
Fabrikinterne Bezeichnung: **Hermoso No. 4**
Maße: **5 × 48**

Dominikanische Republik
Dunhill Altamiras

Kuba
El Rey del Mundo Choix Suprème
H. Upmann Connoisseur No. 1
Romeo y Julieta Exhibición No. 4
Saint Luis Rey Regios

Handelsüblicher Name: **Rothschild/ Robusto**
Fabrikinterne Bezeichnung: **Robusto**
Maße: **4⅞ × 50**

Kuba
Bolívar Royal Corona
Cohiba Robustos
Flor de Cano Short Churchill
Hoyo de Monterrey Epicure No. 2
Partagas Serie D, No. 4.

Grosses Ringmass

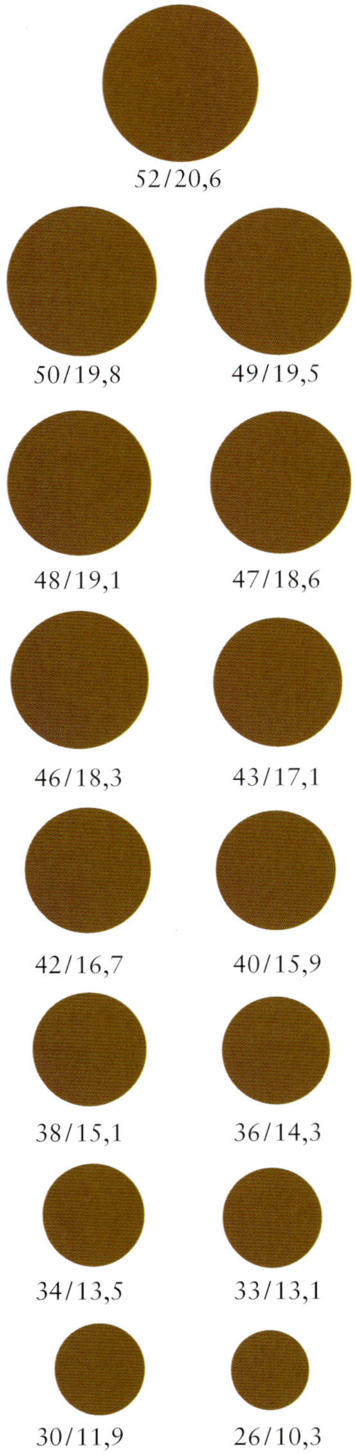

IN DER TABELLE OBEN SEHEN SIE DIE FÜNFZEHN GEBRÄUCHLICHSTEN RINGMASSE, ANGEGEBEN IN $^{1}/_{64}$ ZOLL UND IN MILLIMETERN. NEHMEN SIE EIN LINEAL ZU HILFE UND FINDEN SIE DAS MASS IHRER LIEBLINGSZIGARRE HERAUS.

Gigante $9^{1}/_{4} \times 47$ (235mm × 18,6mm)

Double Corona $7^{5}/_{8} \times 49$ (194mm × 19,5mm)

Churchill 7 × 47 (178mm × 18,6mm)

Torpedo $6^{1}/_{8} \times 52$ (156mm × 20,6mm)

Corona Extra $5^{5}/_{8} \times 46$ (143mm × 18,3mm)

GMASS

Demi Tasse 5 × 37 (127mm × 14,7mm)

Belvedere 5 × 39 (125mm × 15,5mm)

Belvedere 5 × 36 (125mm × 14,3mm)

Small Panetela 4 3/4 × 26 (121mm × 10,3mm)

Demi Tasse 4 1/2 × 36 (115mm × 14,3mm)

Demi Tasse 4 1/2 × 26 (115mm × 10,3mm)

Cigarillo 4 1/8 × 29 (106mm × 11,5mm)

Demi Tasse 3 7/8 × 30 (100mm × 11,9mm)

Mittlere Ringmasse (40–43)

Handelsüblicher Name: **Corona Grande**
Fabrikinterne Bezeichnung: **Dalia**
Maße: **$6^3/_4 \times 43$**

Dominikanische Republik
Cubita 8-9-8
José Benito Corona
Licenciados 300
Licenciados Excelente
Nat Sherman Algonquin
Partagas Limited Reserve Royale
Partagas No. 1
Ramón Allones Trumps

Kuba
Cohiba Siglo V
Partagas 8-9-8 (LK)***

Handelsüblicher Name: **Lonsdale**
Fabrikinterne Bezeichnung: **Cervante**
Maße: **$6^1/_2 \times 42$**

Dominikanische Republik
Arturo Fuente Spanish Lonsdale
Casa Blanca Lonsdale
Cuesta-Rey Dominican No. 4
Montecruz No. 210
Nat Sherman Butterfield 8
Ramón Allones B
Santa Damiana Selección No. 700

Honduras
Cuba Aliados Lonsdale
Hoyo de Monterrey No. 1
Punch Lonsdale

Jamaika
Macanudo Baron de Rothschild

Kuba
Diplomaticos No. 1
El Rey del Mundo Lonsdale
H. Upmann Lonsdale
H. Upmann No. 1
La Gloria Cubana Cetros
Montecristo No. 1
Partagas Lonsdale
Por Larrañaga Lonsdale
Quintero Churchills
Rafael Gonzalez Lonsdale
Romeo y Julieta Cetros de Luxe No. 1 (ZH)
Saint Luis Rey Lonsdale
Sancho Panza Molino

Handelsüblicher Name: **Lonsdale**
Fabrikinterne Bezeichn.: **Corona Grande**
Maße: **$6^1/_8 \times 42$**

Dominikanische Republik
Davidoff 4000
Davidoff Grand Cru No. 1

Kuba
Cohiba Siglo III
Hoyo de Monterrey Le Hoyo Des Dieux
La Gloria Cubana Sabrosos

Handelsüblicher Name: **Corona**
Fabrikinterne Bezeichn.: **Corona**
Maße: **$5^1/_2 \times 42$**

Dominikanische Republik
Casa Blanca Corona
Jose Marti Corona
Montecruz No. 220
Montesino Diplomatico
Nat Sherman Hampshire
Primo del Rey Selección No. 4
Santa Damiana Corona

Honduras
El Rey del Mundo Habana Club

Jamaika und Dominikanische Republik
Macanudo Duke of Devon

Kuba
Bolívar Coronas
Diplomaticos No. 3
El Rey Del Mundo Coronas de Luxe
H. Upmann Coronas
H. Upmann Royal Coronas (HV)
Hoyo de Monterrey Coronas
Hoyo de Monterrey Le Hoyo du Roi
Montecristo No. 3
Partagas Coronas
Por Larrañaga Coronas
Punch Coronas
Punch Royal Coronation
Quinteros Coronas
Romeo y Julieta Cetro de Luxe No. 2 (ZH)
Romeo y Julieta Coronas

Handelsüblicher Name: **Petit Corona**
Fabrikinterne Bezeichnung: **Crema bzw. Nacionales**
Maße: **$5^1/_2 \times 40$**

Dominikanische Republik
Avo No. 8
Pleiades Antares

Kuba
Quintero Media Corona

Handelsüblicher Name: **Petit Corona**
Fabrikinterne Bezeichnung: **Mareva bzw. Petit Corona**
Maße: **5×42**

Dominikanische Republik
Davidoff 2000
Davidoff Grand Cru No. 3
Montecruz Cedar-aged
Ramon Allones D
Santa Damiana Petit Corona
Santa Damiana Tubulares No. 400 (HV)

Kuba
Bolívar Petit Coronas
Cohiba Siglo II
Diplomatico No. 4
El Rey del Mundo Petit Coronas
Gispert Petit Corona de Luxe
H. Upmann Petit Coronas
Montecristo No. 4
Montecristo Petit Tubos (HV)
Partagas Petit Coronas
Por Larrañaga Petit Coronas
Punch Coronation (HV)
Punch Petit Coronas
Punch Royal Selection No. 12
Rafael Gonzalez Petit Coronas
Rafael Gonzalez Petit Lonsdale
Ramon Allones Petit Coronas
Romeo y Julieta Cetro de Luxe No. 3 (ZH)
Romeo y Julieta Petit Coronas
Saint Luis Rey Petit Coronas

Mexiko
Te-Amo No. 4

Handelsüblicher Name: **Petit Coronas**
Fabrikinterne Bezeichnung: **Petit Cetro bzw. Exquisitos**
Maße: **5×40**

Kuba
Bolívar Bonitas
Hoyo de Monterrey Le Hoyo du Prince

KLEINES RIN

Petit Corona 5 × 42 (129mm × 16,7mm)

Petit Corona 5 × 40 (129mm × 15,9mm)

Petit Corona 4 3/4 × 40 (123mm × 15,9mm)

Half Corona 4 3/8 × 42 (110mm × 16,7mm)

Half Corona 4 1/2 × 40 (116mm × 15,9mm)

Half Corona 4 × 40 (102mm × 15,9mm)

Gran Panetela 7 1/2 × 38 (192mm × 15,1mm)

Long Panetela 7 × 33 (178mm × 13,1mm)

Panete (152mm

Handelsüblicher Name: **Petit Corona**
Fabrikinterne Bezeichnung: **Standard**
Maße: **4¾ × 40**

Handelsüblicher Name: **Half Corona**
Fabrikinterne Bezeichnung: **Minuto**
Maße: **4⅜ × 42**

Handelsüblicher Name: **Half Corona**
Fabrikinterne Bezeichnung: **Franciscano bzw. Très Petit Corona**
Maße: **4½ × 40**

Dominikanische Republik
Davidoff Grand Cru No. 4

Kuba
La Gloria Cubana Minutos
Partagas Très Petit Corona
Por Larrañaga Small Corona
Punch Coronets
Rafael Gonzalez Très Petit Lonsdales
Romeo y Julieta Très Petit Coronas

Handelsüblicher Name: **Half Corona**
Fabrikinterne Bezeichnung: **Perla**
Maße: **4 × 40**

Kuba
Cohiba Siglo I
Diplomaticos No. 5
Montecristo No. 5
Punch Petit Punch
Romeo y Julieta Petit Prince

Kleine Ringmasse (26–39)

Handelsüblicher Name: **Gran Panetela bzw. Long Panetela**
Fabrikinterne Bezeichnung: **Laguito No. 1 bzw. Delicado**
Maße: **7½ × 38**

Dominikanische Republik
Davidoff Tubo No. 1 (HV)
H. Upmann Chairman's Reserve
Macanudo Vintage No. 7

Kuba
Cohiba Lanceros
Diplomaticos No. 6
Montecristo Especial
Trinidad

Handelsüblicher Name: **Long Panetela**
Fabrikinterne Bezeichnung: **Ninfas**
Maße: **7 × 33**

Dominikanische Republik
Davidoff 3000

Kuba
Bolívar Palmas
Partagas Palmes Grandes

Handelsüblicher Name: **Panetela**
Fabrikinterne Bezeichnung: **Laguito No. 2**
Maße: **6 × 38**

Dominikanische Republik
Davidoff Tubo No. 2 (HV)
Griffin's No. 400
Nat Sherman Murray 7

Kuba
Cohiba Coronas Especiales
Diplomaticos No. 7
Hoyo de Monterrey Le Hoyo du Dauphin
Montecristo Especial No. 2

Handelsüblicher Name: **Demi Tasse**
Fabrikinterne Bezeichnung: **Veguerito**
Maße: **5 × 37**

Kuba
Rafael Gonzalez Panetelas Extra

Handelsüblicher Name: **Belvedere**
Fabrikinterne Bezeichnung: **Belvedere**
Maße: **5 × 39**

Handelsüblicher Name: **Belvedere**
Fabrikinterne Bezeichnung: **Seoane**
Maße: **5 × 36**

Honduras
Cuba Aliados Petit Cetro

Kuba
Cohiba Exquisitos

Handelsüblicher Name: **Small Panetela bzw. Cigarillo**
Fabrikinterne Bezeichnung: **Carolina**
Maße: **4¾ × 26**

Kuba
Hoyo de Monterrey Margaritas
Punch Margaritas

Handelsüblicher Name: **Demi Tasse**
Fabrikinterne Bezeichnung: **Cadete**
Maße: **4½ × 36**

Kuba
Fonseca K.D.T. Cadete
H. Upmann Corona Junior
H. Upmann Petit Upmann

Handelsüblicher Name: **Demi Tasse**
Fabrikinterne Bezeichnung: **Laguito No. 3**
Maße: **4½ × 26**

Kuba
Cohiba Panetelas
Montecristo Joyitas
Rafael Gonzalez Cigarrito

Handelsüblicher Name: **Cigarillo**
Fabrikinterne Bezeichnung: **Chicos**
Maße: **4⅛ × 29**

Handelsüblicher Name: **Demi Tasse**
Fabrikinterne Bezeichnung: **Entreacto**
Maße: **4 × 30**

Kuba
Bolívar Demi Tasse
El Rey del Mundo Demi Tasse
Rafael Gonzalez Demi Tasse
Romeo y Julieta Petit Julietas

Das Magazin *The Cigar Connoisseur* und seine Top Ten

Die folgende Liste enthält – in alphabetischer Reihenfolge – zehn Zigarren, die die Autoren des Zigarren-Connoisseur *selbst bevorzugen.*

Arturo Fuente Flor Fina 8-5-8: »Mild und leicht.«

Avo: »Ein Rauch wie Seide.«

Cohiba Robusto: »Eine reiche Zigarre mit sanftem Zug.«

Davidoff Special Blends: »Mild und angenehm.«

Hoyo de Monterrey Epicure No. 2: »Voll und elegant.«

Macanudo Vintage No. 3: »Gut gerollt, mit süßlichen Aromen.«

Montecristo No. 4 (aus Kuba): »Reich und mild.«

Opus X No. 2 (Pyramid): »Mit schönem Zug, Zedernholz- und Nußkomponenten.«

Partagas Churchill de Luxe (aus Kuba): »Die Quintessenz einer klassischen Havanna, die ihren Namen verdient, aromatisch und voll im Körper.«

Partagas Limited Reserve Regale (Dominikanische Republik): »Eine kurze Churchill, schön abgerundetes süßliches Aroma, in einem erlesenen Kamerun-Deckblatt.«

MARKEN UND FORMATE

Es folgt nun eine Auswahl der besten handgerollten Premium-Zigarren, die auf dem Markt zu finden sind. An dieser Stelle ist Simon Chase und Lew Rothman zu danken, denn ohne die Unterstützung jener exzellenten Zigarren-Experten wäre die (natürlich nicht vollständige) Liste in dieser Form wohl schwerlich zu erstellen gewesen. – Die Länge der einzelnen Zigarren ist in Inches und Millimeter angegeben, das Ringmaß in 1/64 Inch.

DIE BEKANNTESTEN MARKEN, NACH LÄNDERN AUFGEFÜHRT

Dominikanische Republik

Arturo Fuente, Ashton, Avo, Bauza, Canaria d'Oro, Casa Blanca, Cifuentes, Cubita, Cuesta-Rey, Davidoff, Don Diego, Dunhill, Griffin's, H. Upmann, José Benito, José Martí, JR Cigars Special Jamaicans, Las Cabrillas, Licenciados, Macanudo (wird auch in Jamaika hergestellt), Montecristo, Montecruz, Montesino, Nat Sherman, Partagas, Pleiades, Por Larrañaga, Primo del Rey, Ramón Allones, Romeo y Julieta Vintage, Royal Jamaica, Santa Damiana

Honduras

Cuba Aliados, El Rey del Mundo, Hoyo de Monterrey, Hoyo de Monterrey Excalibur, JR Cigars Special Coronas, JR Cigars Ultimates, Punch, Puros Indios, José Martí, Zino

Italien

Toscano

Jamaika

Macanudo (wird auch in der Dominikanischen Republik hergestellt), Temple Hall

Kuba

Bolívar, Cohiba, Cuaba, Diplomaticos, El Rey del Mundo, Fonseca, Gispert, H. Upmann, Hoyo de Monterrey, La Flor de Cano, La Gloria Cubana, Montecristo, Partagas, Por Larrañaga, Punch, Quintero, Rafael Gonzalez, Ramón Allones, Romeo y Julieta, Saint Luis Rey, Sancho Panza, Trinidad

Mexiko

Santa Clara, Te-Amo

Nicaragua

Flor de Farach, José Martí, Villar y Villar

Spanien

Casa Bueña, Peñamil

Vereinigte Staaten

La Gloria Cubana

Arturo Fuente (Dominikanische Republik)

Die Familie Fuente, die ihre Wurzeln in Spanien und Kuba hat, stellt seit drei Generationen Zigarren her. Der Patriarch der Familie, Don Arturo, gründete die Firma 1912 in Tampa, nachdem er um die Jahrhundertwende in verschiedenen nordamerikanischen Zigarrenfabriken tätig gewesen war. Don Arturos Sohn Carlos und sein Enkel, Carlos Jr., sowie seine Enkelin Cynthia sind ebenfalls im Familienbetrieb tätig, der jetzt in Santiago de los Caballeros ansässig ist, einer Provinzhauptstadt im Norden des Landes. In der über 20000 Quadratmeter großen Fabrik, die 1980 gegründet wurde, sind um die 550 Mitarbeiter beschäftigt, während eine zweite Fabrik – sie nahm zehn Jahre später ihren Betrieb auf – 150 Mitarbeiter zählt.

Beim größten Hersteller von Premium-Zigarren in der Dominikanischen Republik werden unter anderem hochwertige Tabaksorten aus Brasilien, Connecticut, Kamerun, Mexiko und Nicaragua verarbeitet, und zwar sowohl für Deck- als auch für Um- und Einlageblätter.

Die Fuentes stellen ein großes Sortiment ausgezeichneter Zigarren unter dem Namen »Don Arturo« her, darunter die bemerkenswerte »Flor Fina 8-5-8«. Auch die edlen Marken »Ashton« und »Cuesta-Rey« stammen aus ihrer Produktion. Zu Beginn der neunziger Jahre kauften die Fuentes den Olivas eine Plantage in El Caribe ab und änderte deren Namen in »Château de la Fuente«. Ihr Plan, dort feine Deckblätter anzubauen, traf in der Fachwelt zunächst weitgehend auf Skepsis. Mittlerweile werden diese Deckblätter für die berühmte »Opus X« verwendet – das Experiment ist gelungen und gilt schon heute als großer Erfolg. Jedenfalls gab das Magazin *Cigar Aficionado* dieser Zigarre beste Noten.

Die »Arturo Fuente« ist eine Zigarre kubanischen Stils mit einem »Colorado«-Deckblatt aus Kamerun, hat einen leichten bis mittelstarken Körper und besticht durch ein feines Aroma. Neben der Standardserie gibt es noch die »Hemingway«-Serie mit längeren *figurados* und natürlich die hervorragende »Opus X«-Serie, wobei die meisten Standardformate entweder mit »EMS«- oder »Maduro«-Deckblatt zu haben sind. Einige Formate, wie etwa die »Rothschild« und die »Double Corona«, werden in individuellen Zedernholzverpackungen verkauft, während die »Hemingways« den guten alten »Perfectos« und »Torpedos« zu neuen Ehren verhilft.

Standardformate Handelsnamen	**Längen in Inch**	**Längen in Millimeter**	**Ringmaße**
Canones	8 ½	215,9	52
Château Fuente Royal Salute*	7 ⅝	193,7	54
Churchill	7 ¼	184,2	48
Panetela Fina	7	177,8	38
Château Fuente Double*	6 ¾	171,5	50
Seleccion Privada No. 1	6 ¾	171,5	44
Spanish Lonsdale	6 ½	165,1	42
Corona Imperial	6 ½	165,1	46
Flor Fina 8-5-8	6	152,4	47
1912	6	152,4	42
Cuban Corona	5 ¼	133,4	45
Petit Corona	5	127,0	38
Château Fuente*	4 ½	114,3	50

***Opus-X*-Serie Handelsnamen**	**Längen in Inch**	**Längen in Millimeter**	**Ringmaße**
Double Corona	7 ⅝	193,7	46
Reserve Château	7	177,8	58
Perfection No. 2	6 ⅜	161,9	52
Petit Lancero	6 ¼	158,8	38
Fuente Fuente	5 ⅜	136,5	46
Robusto	5 ¼	133,4	50
Perfection No. 5	4 ⅛	104,8	40

***Hemingway*-Serie** Handelsnamen**	**Längen in Inch**	**Längen in Millimeter**	**Ringmaße**
Masterpiece	9	228,6	52
Classic	7	177,8	47
Signature	6	152,4	47

* In Zedernholz verpackt.
** Als »Torpedo«- bzw. »Perfecto«-Format.

ASHTON (DOMINIKANISCHE REPUBLIK)

Gegründet wurde die Marke Mitte der achtziger Jahre von Robert Levin, der bei »Holt's Tobacco« in Philadelphia tätig ist, und hergestellt wird sie heute bei den Fuentes in Santiago. Sie ist daher wie die anderen Produkte von Fuente um einiges stärker als sonstige dominikanische Zigarren.

Es gibt drei Serien: »Standard«, »Cabinet Selection« und »Aged Maduro«, und alle drei haben ein Connecticut-Deckblatt – die Maduro ein »Broadleaf«, die anderen »Shade« – sowie eine Einlagemischung aus dominikanischen Blättern, während die im Entstehen begriffene »Ashton-Crown«-Serie ein Deckblatt aufweist, das auf dem Gebiet des »Château de la Fuente« gezogen wird. Während die Zigarren der »Cabinet-Selection«-Serie die mildesten dieser Marke sind und die Standardformate sich mild bis mittelstark präsentieren, überrascht die »Maduro No. 10« mit einem recht süßen Aroma.

Standardformate Handelsnamen	**Längen in Inch**	**Längen in Millimeter**	**Ringmaße**
Churchill	7 1/2	190,5	52
Prime Minister	6 7/8	174,6	48
8-9-8	6 1/2	165,1	44
Elegante	6 1/2	165,1	35
Double »R«	6	152,4	50
Panetela	6	152,4	36
Corona	5 1/2	139,7	44
Magnum	5	127,0	50

***Cabinet-Selection*-Serie Handelsnamen**	**Längen in Inch**	**Längen in Millimeter**	**Ringmaße**
No. 1	9	228,6	52
No. 10	7 1/2	190,5	52
No. 2	7	177,8	46
No. 8	7	177,8	50
No. 7	6 1/4	158,8	52
No. 3	6	152,4	46
No. 6	5 1/2	139,7	50

***Aged-Maduro*-Serie Handelsnamen**	**Längen in Inch**	**Längen in Millimeter**	**Ringmaße**
No. 60	7 1/2	190,5	52
No. 50	7	177,8	48
No. 30	6 3/4	171,5	44
No. 40	6	152,4	50
No. 20	5 1/2	139,7	44
No. 10	5	127,0	50

AVO (DOMINIKANISCHE REPUBLIK)

Im Jahre 1986 wurde diese Marke von Avo Uvezian eingeführt – der Unternehmer, Musiker und Komponist schrieb unter anderem den Welthit *Strangers in the Night*. Die »Avos« werden in der »Tabacos Dominicanos«-Fabrik (»Tabadom«) hergestellt, welche auch die »Davidoffs« fertigt, unter der fachkundigen Aufsicht von Hendrik Kelner. (1996 verließen die Hallen von »Tabadom« mehr als sechs Millionen »Davidoffs«, über zwei Millionen »Avos« und knapp eine dreiviertel Million »Griffin's«.)

Die »XO«-Serie und die normale »Avo«-Reihe – beide mild bis mittelstark – haben ein subtil ausgewogenes Aroma, hervorgerufen von Connecticut-Deckblättern sowie einheimischen Um- und Einlagetabaken. Die Zigarren sind sehr gut gemacht, wobei einige interessante »Pyramide«- und »Belicoso«-Formate auffallen (und sich in ihren Maßen von den klassischen kubanischen Formaten mit denselben Namen unterscheiden).

Standardformate Handelsnamen	**Längen in Inch**	**Längen in Millimeter**	**Ringmaße**
Especiales	8	203,2	48
No. 3	7 1/2	190,5	52
Pyramid	7	177,8	54
No. 4	7	177,8	38
No. 5	6 3/4	171,5	46
No. 1	6 3/4	171,5	42
No. 6	6 1/2	165,1	36
No. 2	6	152,4	50
Belicosos	6	152,4	50
No. 7	6	152,4	44
No. 8	5 1/2	139,7	40
Petit Belicosos	4 3/4	120,7	50
No. 9	4 3/4	120,7	48

***XO*-Serie Handelsnamen**	**Längen in Inch**	**Längen in Millimeter**	**Ringmaße**
Maestoso	7	177,8	48
Preludo	6	152,4	40
Intermezzo	5 1/2	139,7	50

Bauza (Dominikanische Republik)

Diese Marke, eine Kreation des Exil-Kubaners Oscar Boruchin und seines Teams von »Mike's Cigars«, einem Zigarrengeschäft in Miami, wird in der Fabrik der Fuentes in der Dominikanischen Republik hergestellt und verfügt über den dort üblichen exzellenten Qualitätsstandard.

Verpackung und Erscheinungsbild lassen Erinnerungen an große prärevolutionäre Zeiten in Kuba aufkeimen, aber die Zigarren selbst tragen eindeutig die Merkmale dominikanischer Premium-Qualität. Sie haben einen milden bis mittelstarken Körper mit einem sehr feinen »Colorado«-Deckblatt aus Kamerun und einer Einlagemischung aus dominikanischen und nicaraguanischen Blättern. Gemessen an der Qualität ist ihr Preis sehr niedrig.

Ohne Frage ist »Mike's« eine der interessantesten Zigarrenadressen der Welt, die unbedingt einen Besuch lohnt. Das Geschäft betreibt auch einen Versandhandel, und so ist es kein Problem, auch telephonisch eine Kiste »Bauzas« zu bestellen.

Formate Handelsnamen	**Längen in Inch**	**Längen in Millimeter**	**Ringmaße**
Fabulosos	7 1/2	190,5	50
Medalla de Oro No. 1	6 7/8	174,6	44
Florete	6 7/8	174,6	35
Casa Grande	6 3/4	171,5	48
Jaguar	6 1/2	165,1	42
Robusto	5 1/2	139,7	50
Grecos	5 1/2	139,7	42
Petit Corona	5	127,0	38

Bolívar (Kuba)

An Simón Bolívar, den 1830 verstorbenen, legendären Führer der lateinamerikanischen Unabhängigkeitsbewegung, erinnert neben zahlreichen Denkmälern auch diese Zigarrenmarke, die 1901 von der Firma »Rocha« in Havanna eingeführt wurde: Kisten und Bauchbinden ziert sein markantes Portrait. Ihren Nimbus als eine der besten Havannas erlangte sie in den fünfziger Jahren, als Ramón und Rafael Cifuentes die Produktion übernahmen.

Die Zigarren dieser Produktreihe sind handgemacht, haben einen vollen Körper und gehören zu den besten unter den Havannas. Für Anfänger eignet sich diese Marke mit ihren sehr dunklen Deckblättern eher weniger, da auch das Aroma ausgesprochen stark ist, bedingt durch die Einlagemischung, welche mehr *Seco* als *Volado* enthält. Die maschinell gefertigten Bolívars sind von mangelhafter Qualität, weshalb denn auch nur die großen, handgemachten Formate gewählt werden sollten.

Fünf Formate werden übrigens in der Dominikanischen Republik hergestellt. Sie haben, so die Meinung vieler Liebhaber, allerdings nicht die Qualität ihrer kubanischen Gegenstücke.

Formate Handelsnamen	**Längen in Inch**	**Längen in Millimeter**	**Ringmaße**
Corona Gigantes	7	177,8	47
Palmas	7	177,8	33
Inmensas	6 5/8	168,3	43
Gold Medal	6 3/8	161,9	42
Corona Extra	5 5/8	142,9	44
Belicosos Finos	5 1/2	139,7	52
Corona	5 1/2	139,7	42
Petit Corona	5	127,0	42
Bonitas	5	127,0	40
Royal Corona	4 7/8	123,8	50
Corona Junior	4 1/4	108,0	42

Canaria d'Oro (Dominikanische Republik)

Mit ihren auffälligen roten Bauchbinden, auf denen eine weiße Taube abgebildet ist, und ihrer klassischen Verpackung bietet diese über die Jahre beständig gute Marke von »Consolidated« einen süßlich-milden bis mittelstarken Rauchgenuß. Die Zigarren haben meist ein mittelbraunes »EMS«-Deckblatt aus Kamerun, während die ausgezeichnete »Rothschild« (eine »Robusto«) von einem »Maduro«-Deckblatt ummantelt ist.

Formate Handelsnamen	Längen in Inch	Längen in Millimeter	Ring-maße
Supremo	7	177,8	45
Lonsdale	6 1/2	165,1	42
Vista	6 1/2	158,8	32
Fino	6	152,4	31
Inmenso	5 1/2	139,7	49
Corona	5 1/2	139,7	42
Rothschild	4 1/2	114,3	50

Casa Blanca (Dominikanische Republik)

»Casa Blanca« bedeutet wörtlich übersetzt »Weißes Haus« – und wirklich: Diese Zigarre wurde während der Reagan-Ära eigens für den Sitz des US-Präsidenten kreiert (um dort auch geraucht zu werden). Sie wird von MATASA hergestellt und hat ein »Claro«-Connecticut-Shade-Deckblatt, ein mexikanisches Umblatt und eine dominikanische Einlagemischung.

Der Geschmack dieser Zigarre ist mild bis lieblich und sehr aromatisch, wobei der Körper leichter ist als der einer »Fuente« oder einer »Avo« (durchaus einer »Macanudo« vergleichbar).

Die größeren Ringmaße sind entweder mit einem »Natural«- oder mit einem »Maduro«-Deckblatt erhältlich. Sie sind sehr fest, was bei den voluminösen Formaten wie der »Jeroboam« und der »Half Jeroboam«, die beide ein Ringmaß von 66 aufweisen, schon einmal zum Problem werden kann.

Formate Handelsnamen	Längen in Inch	Längen in Millimeter	Ring-maße
Jeroboam	10	254,0	66
Presidente	7 1/2	190,5	50
Magnum	7	177,8	60
Lonsdale	6 1/2	165,1	42
De Luxe	6	152,4	50
Panetela	6	152,4	35
Corona	5 1/2	139,7	42
Half Jeroboam	5	127,0	66
Bonitas	4	101,6	36

Casa Bueña (Spanien)

Die auf den Kanarischen Inseln hergestellten »Casa Bueñas« (welche kürzlich die bisher in den Vereinigten Staaten verkauften »Penamils« ersetzten) haben eine Einlage aus brasilianischen, dominikanischen und mexikanischen Blättern, während das Umblatt ein mexikanisches und das Deckblatt ein Connecticut-Shade-Blatt ist. Den Raucher erwartet ein milder bis mittelstarker Rauchgenuß, unterstrichen durch ein starkes Aroma, was wohl auf die Beigabe brasilianischen Tabaks zurückzuführen ist (der übrigens nur in wenigen Premium-Zigarren vorkommt).

Especiales-Range-Serie Handelsnamen	Längen in Inch	Längen in Millimeter	Ring-maße
No. 1	7 1/2	190,5	50
No. 3	6 1/2	165,1	43
No. 2	6	152,4	50
No. 4	4 3/4	120,7	50

Cifuentes (Dominikanische Republik)

In Kuba wurden die »Cifuentes« ursprünglich von dem legendären Meister der Zigarrenrollkunst bei der Firma »Partagas« gemacht, von Don Ramón Cifuentes, und 1876 von Jaime Partagas auf den Markt gebracht.

Fast ein Jahrhundert später verkaufte Don Ramóns Sohn Ramón die Markennamen »Cifuentes«, »Partagas« und »Ramón Allones« an die »General Cigar Company«, nachdem ihm klargeworden war, daß es für ihn keine Möglichkeit mehr gab, seine Zigarren in Kuba herzustellen.

Im Mai 1996 brachte schließlich »General Cigar« die auf 150 000 Stück limitierte Marke »Cifuentes by Partagas« heraus, die in den Läden von »Dunhill« vertrieben wurde. Die Zigarren, die zwei Jahre lang Reifezeit hinter sich hatten und in der Fabrik von »General Cigar« auf Jamaika gerollt worden waren, wiesen neben einem Connecticut-Shade-Deckblatt und einer reichen Einlagemischung aus dominikanischen und mexikanischen Tabaken ein Kamerun-Umblatt auf – alles in allem eine Marke, wie sie in dieser Form von »General Cigar« bis dato noch nicht herausgebracht worden war.

Die Edition »Cifuentes by Partagas« umfaßte die fünf Formate »Churchill«, »Corona Gorda«, »Lonsdale«, »Petit Corona« und »Pyramide«. Die letztere, die hier abgebildet ist, war nur in Kisten à zwanzig Stück zum Preis von 360 US-Dollar erhältlich.

»General Cigar« plant, eine neue limitierte Auflage der Marke »Cifuentes« in gewohnter Qualität herauszubringen.

Cohiba (Kuba)

Diese Marke, die zweifellos zu den besten gehört, welche auf dem Markt erhältlich sind, war ursprünglich für den persönlichen Gebrauch Fidel Castros reserviert, der die Zigarren bei staatlichen Anlässen als Geschenk überreichte. In der Sprache der Ureinwohner Kubas, der Taino-Indianer, bedeutet *Cohiba* nichts anderes als Zigarre. Die Legende will es, daß einer von Castros Leibwächtern seinen Chef mit einem Zigarrenmacher namens Eduardo Ribera bekannt machte, der daraufhin drei Formate kreierte: die »Corona Especial«, die »Lancero« und die »Panetela«.

Von 1968 bis 1994 leitete die Fabrik, in der die »Cohibas« hergestellt wurden, Avelino Lara – einer von vier Brüdern, die allesamt als Zigarrenroller ausgebildet waren. Seit 1994 heißt die Leiterin Emilia Tamayo, und sie steht heute der berühmten »Cohiba«-Fabrik »El Laguito« vor, einem Anwesen im Diplomatenviertel Havannas. Die Mehrzahl der Zigarrenroller in »El Laguito« ist übrigens weiblich.

Das Geheimnis des reichen, weichen Geschmacks dieser überragenden Zigarre – einige von ihnen werden bei »H. Upmann« und bei »Partagas« gefertigt – liegt zum einen in den Blättern, die von wenigen auserwählten Plantagen im Vuelta Abajo stammen, zum anderen im besonderen Fermentationsverfahren, das für die *Ligero-* und *Seco-*Blätter drei Umwandlungsphasen vorsieht.

Im Jahre 1992, genau fünfhundert Jahre nach der Entdeckung des amerikanischen Kontinents durch Christoph Kolumbus, brachte »Cohiba« eine Serie mit fünf Formaten auf den Markt: »Siglo«.

Bei den Standardformaten der »Cohiba« handelt es sich um klassische Havannas, die einen mittleren bis vollen Geschmack bieten, während die Mischung der neuen Serie mittelstark ist. »General Cigar« ließ den Handelsnamen 1980 in den USA eintragen und bringt auch eine Produktreihe mit nichtkubanischen »Cohibas« heraus, die aber mit den kubanischen nicht zu vergleichen sind. Die echte »Cohiba« ist eine der teuersten und begehrtesten Zigarren der Welt.

Standardformate Handelsnamen	**Längen in Inch**	**Längen in Millimeter**	**Ringmaße**
Lancero	7 1/2	190,5	38
Esplendido	7	177,8	47
Coronas Especial	6	152,4	38
Exquisito	5	127,0	36
Robusto	4 7/8	123,8	50
Panetela	4 1/2	114,3	26
***Siglo*-Serie Handelsnamen**	**Längen in Inch**	**Längen in Millimeter**	**Ringmaße**
Siglo V	6 5/8	168,3	43
Siglo III	6 1/8	155,6	42
Siglo IV	5 5/8	142,9	46
Siglo II	5	127,0	42
Siglo I	4	101,6	40

Cuaba (Kuba)

Als im Herbst 1996 »Habanos, S.A.« jene Marke herausbrachte, fand aus diesem Anlaß ein feudales Wohltätigkeits-Dinner in London statt (wie bei Erscheinen der »Cohiba-Siglo«-Reihe im Jahre 1993 ein Brückenschlag zur kubanischen Exklusivmarke). Auf jeden Fall stammt dieser Name ebenso wie »Cohiba« aus der Sprache der Ureinwohner Kubas, der Taino-Indiander. Er bezeichnet einen Busch, der auf der Insel wächst und ausgezeichnet brennt und den Ureinwohnern zum Entfachen der »Cohibas« diente, der Ur-»Zigarren«.

Die »Cuaba« wird in der Fabrik »Romeo y Julieta« (FPG) in vier *Figurado*-Größen hergestellt, als »Perfectos«, die oben und unten spitz zulaufen. Ende des neunzehnten Jahrhunderts, als die Havanna auf der ganzen Welt in Mode kam, waren »Perfectos« sehr beliebt. Die Marke kommt ab Mitte 1997 weltweit in den Handel.

Formate Handelsnamen	Längen in Inch	Längen in Millimeter	Ringmaße
Exclusivos	5 3/8	136,5	46
Generosos	5 1/8	130,2	41
Tradicionales	4 3/4	120,7	41
Divinos	4	101,6	42

Cuba Aliados (Honduras)

Rolando Reyes, der in seiner Fabrik in Danlí die »Cuba Aliados« herstellt, ist nach Meinung vieler Experten der beste Zigarrenmacher unserer Zeit. Die grundsolide Machart seiner Zigarren kann sich ohne weiteres mit der »Macanudo« und mit sonstigen Spitzenprodukten messen. Eine besondere Marke ist die »Cuba Aliados« auch insofern, als selbst bei ausgefallenen Formaten wie der knolligen »Diademas« (7 1/2 x 60) und der konischen »Pyramide« (ebenfalls 7 1/2 x 60) ein hoher Qualitätsstandard gehalten wird. Mit ihrem aus Sumatra-Saaten gezogenen ecuadorianischen Deckblatt und dem honduranischen Umblatt aus kubanischen Saaten sowie der Einlagemischung aus dominikanischen und brasilianischen Blättern ist die »Aliados« eine Zigarre kubanischen Stils mit vollem Körper, welche nach Meinung vieler Liebhaber eine der besten »Havannas« auf dem Markt ist.

Die meisten Formate sind erhältlich mit »Claro«-, »Colorado-Claro«- oder »Colorado«-Deckblättern, wobei letzteres ein besonders reiches Aroma aufweist. Vor nicht allzu langer Zeit hat Reyes' Firma auch die ausgezeichnete »Puros Indios« auf den Markt gebracht.

Formate Handelsnamen	Längen in Inch	Längen in Millimeter	Ringmaße
General	18	457,2	66
Figurin	10	254,0	66
Diademas (Torpedo)	7 1/2	190,5	66
Pyramides No. 1	7 1/2	190,5	60
Churchill	7 1/4	184,2	54
Valentino	7	177,8	48
Palma	7	177,8	36
Corona de Luxe	6 1/2	165,1	46
Lonsdale	6 1/2	165,1	42
Pyramides No. 2	6	152,4	56
Toro	6	152,4	54
No. 4	5 1/2	139,7	45
Remedio	5 1/2	139,7	43
Rothschild	5	127,0	51
Petit Cetro	5	127,0	36

Cubita (Dominikanische Republik)

Die Marke »Cubita« stammt wie die »Casa Blanca«, die »Fonseca« und die »Romeo y Julieta Vintage« aus dem Hause MATASA. Sie alle haben einen milden bis mittelstarken Körper und bestehen aus Connecticut-Shade-Deckblättern, mexikanischen Umblättern und einer Mischung aus verschiedenen karibischen Sorten.

Formate Handelsnamen	Längen in Inch	Längen in Millimeter	Ringmaße
No. 2000	7	177,8	50
8-9-8	6 3/4	171,5	43
No. 2	6 1/4	158,8	38
No. 700	6	152,4	50
No. 500	5 1/2	139,7	43

Cuesta-Rey (Dominikanische Republik)

Gegründet wurde die altehrwürdige Marke 1884 von Angel La-Madrid Cuesta und Peregrino Rey, der schließlich sein Partner wurde. 1893 verlegte man ihre Fertigung nach Ybor City, Tampa, ehe man, nach fast einem Jahrhundert, 1990 die Produktion der »Fuente«-Fabrik in Santiago übertrug.

1958 hatte Cuestas Sohn Carl alle Rechte der Marke an »M & N Cigar« in Tampa verkauft, und noch heute zählt die »Cuesta-Rey« zu den Flaggschiffen der Firma »M & N«, die sich im Besitz der Familie Newman befindet (welche ihrerseits auf eine hundertjährige Erfahrung in der Zigarrenproduktion zurückblicken kann). Der auf die Achtzig zugehende Stanford Newman sowie seine Söhne Eric und Bobby leiten heute gemeinsam das Unternehmen.

Die »Cuesta-Rey« ist eine Zigarre mit mittelstarkem Körper im »Fuente-Stil«, die in einer großen Bandbreite von Formaten und Verpackungen zu haben ist. Es gibt vier Produktreihen, darunter die Standardformate, die »Centennial Collection« (zu Ehren des hundertjährigen Geburtstags 1984), die »No. 95« (in Erinnerung an das hundertjährige Bestehen der Firma »Newman« 1995) und die »Cabinet Selection«. Die meisten Formate sind mit »EMS«- und »Maduro«-Deckblatt erhältlich (wovon eine Auswahl der besten in der folgende Tabelle aufgelistet ist).

Formate Handelsnamen	Längen in Inch	Längen in Millimeter	Ringmaße
No. 1	8 1/2	215,9	52
No. 2	7 1/4	184,2	48
Aristocrat	7	177,8	46
No. 3	7	177,8	36
No. 4	6 1/2	165,1	42
Captiva	6 3/16	157,2	42
No. 5	5 1/2	139,7	43
Cameo	4 1/4	108,0	32

Davidoff (Dominikanische Republik)

Diese außergewöhnliche Premium-Zigarre wurde 1990 von dem legendären Zino Davidoff ins Leben gerufen – ein Jahr nach seinem Bruch mit »Cubatabaco«. Seit den späten sechziger Jahren eng mit Kuba und seinen Zigarren verbunden, baute er zusammen mit seinem Freund und Nachfolger Dr. Ernst Schneider ein regelrechtes Tabakimperium auf. Alles begann mit der Hausmarke, einer Havanna, die es in drei Serien gab: der »Château«-Reihe mit vollem Aroma; der »Thousands«-Serie, deren Zigarren um einiges milder waren; schließlich den »Dom Perignons«, deren »No. 1« und »No. 2« sich noch milder präsentierten.

Die neuen dominikanischen Zigarren tragen nun ein »Claro«-Connecticut-Deckblatt und sind insgesamt leichter als die früheren Davidoffschen Havannas. Immer noch von höchster Qualität, weisen die Formate der »Gran Cru«-Serie das reichste Aroma auf, während die der »Thousands«-Serie milder sind. Ebenfalls mild, dazu sehr fein präsentieren sich die »Ambassadrice« sowie die drei »Tubos«. Darüber hinaus hat »Davidoff« Zigarren mit größerem Ringmaß eingeführt, so die »Special R« (eine »Robusto«), die »Special T« (eine »Pyramide«) und die »Double R« (eine »Double Corona«), die für ihre Größe alle überraschend leicht und mild sind.

Unter den geschulten Blicken von Dr. Ernst Schneider, Hendrik Kelner, René Hollenstein und Raymond Scheurer durchlaufen die Zigarren eine strenge Qualitätskontrolle. Hergestellt in der Dominikanischen Republik, wobei nur die besten Tabake, die weltweit angebaut werden, Verwendung finden, variieren die »Davidoffs« zwischen reichhaltig und robust, mild und ausgereift, glatt und seidig, aber stets ohne den harten »Knockout-Charakter« der klassischen Havanna, wodurch sie den Geschmack der heutigen Zeit voll befriedigen.

Während der Herstellung wird jede Zigarre dreimal inspiziert – und kann, sobald der jeweilige Prüfer auch nur eine Unregelmäßigkeit erkennt, jederzeit aussortiert werden. Schließlich werden die Zigarren bei Verlassen des Werkes einer Endkontrolle unterzogen, um erst dann ihre »Freigabe« zur Versendung in die Verkaufszentren von Amsterdam, Basel und Stamford, Connnecticut, zu erhalten. Dort werden sie ein weiteres Mal verkostet sowie einzeln hinsichtlich ihrer Qualität, ihrer Maße und ihrer Machart begutachtet, bevor sie einer »Davidoff« für würdig erachtet werden, um dann Bauchbinden zu erhalten und schließlich in ihre Kisten zu gelangen. Ausgesonderte Exemplare werden an ihren Herkunftsort zurückgeschickt.

Standardformate Handelsnamen	**Längen in Inch**	**Längen in Millimeter**	**Ringmaße**
Aniversario No. 1*	8 2/3	220,1	48
Tubo No. 1	7 1/2	190,5	38
Aniversario No. 2*	7	177,8	48
Special T	6	152,4	52
Double R	6	152,4	50
Tubo No. 2	6	152,4	38
Tubo No. 3	5 1/8	130,2	30
Special R	5	127,0	50
Ambassadrice	4 5/8	117,5	26

***Tausender*-Serie Handelsnamen**	**Längen in Inch**	**Längen in Millimeter**	**Ringmaße**
3000	7	177,8	33
4000	6 1/8	155,6	42
5000	5 5/8	142,9	46
2000	5	127,0	42
1000	4 5/8	117,5	34

***Grand-Cru*-Serie Handelsnamen**	**Längen in Inch**	**Längen in Millimeter**	**Ringmaße**
Grand Cru No. 1	6 1/8	155,6	42
Grand Cru No. 2	5 5/8	142,9	42
Grand Cru No. 3	5	127,0	42
Grand Cru No. 4	4 1/2	114,3	40

* Einzeln in einer Holzhülse verpackt.

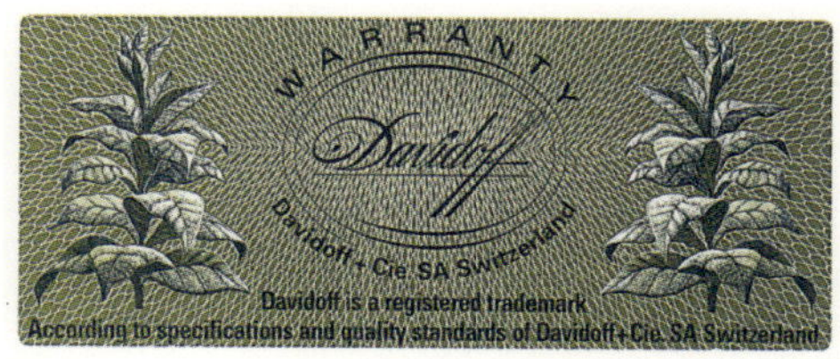

Diplomaticos (Kuba)

Maße und Formen dieser Havannas gleichen denen der »Montecristo«, und das Logo, eine altmodische Kutsche, wurde von der dominikanischen Marke »Licenciados« kopiert. Die »Diplomaticos«, 1966 vornehmlich für den Export nach Frankreich eingeführt, weisen dunkle Deckblätter und einen mittelstarken bis vollen Körper auf. Besonders empfehlenswert sind die »No. 1«, die »No. 2« und die »No. 3«.

Formate Handelsnamen	Längen in Inch	Längen in Millimeter	Ringmaße
No. 6	7 1/2	190,5	38
No. 1	6 1/2	165,1	42
No. 2	6 1/8	155,6	52
No. 7	6	152,4	38
No. 3	5 1/2	139,7	42
No. 4	5	127,0	42
No. 5	4	101,6	40

Don Diego (Dominikanische Republik)

Der Exil-Kubaner Pepe García schuf diese Marke Mitte der sechziger Jahre. Einige Jahre später wurde sie von der »Consolidated Cigar Company« übernommen, als die US-Gesellschaft das Unternehmen »Cuban Cigar Brands« unter Leitung von García auf den Kanarischen Inseln ins Leben rief. Heute wird sie in den zu »Consolidated« gehörenden Produktionsstätten im dominikanischen La Romana hergestellt, und zwar unter Verwendung einer Langblatt-Einlagemischung und eines Umblatts aus dominikanischen Tabaken sowie erstklassigen Claro- und Colorado-Claro-Connecticut-Shade-Deckblättern.

Die »Don Diego« vermittelt einen sehr leichten, aromatischen und wohlriechenden Rauchgenuß, wodurch sie ohne weiteres mit der »Macanudo« oder der »Casa Blanca« vergleichbar ist. Da auch die Auswahl an Formaten relativ groß ist, eignen sich diese Zigarren durchaus für »Anfänger«, das heißt als Einführung in die Welt der Premium-Zigarren.

Während die »Coronas« und die »Lonsdales« auch mit »AMS«-Deckblatt erhältlich sind, tragen die anderen Formate »EMS«-Deckblätter.

Formate Handelsnamen	Längen in Inch	Längen in Millimeter	Ringmaße
Imperial	7 5/16	185,7	46
Monarch Tubes	7 1/4	184,2	46
Lonsdales	6 5/8	168,3	42
Corona Bravas	6 1/2	165,1	48
Grecos	6 1/2	165,1	38
Royal Palmas Tubes	6 1/8	155,6	36
Grandes	6	152,4	50
Coronas	5 5/8	142,9	42
Petit Corona	5 1/8	130,2	42
Corona Major Tubes	5 1/16	128,6	42

DUNHILL (DOMINIKANISCHE REPUBLIK)

»Dunhill«, ein Name, der seit jeher mit den besten Zigarren der Welt assoziiert wird, schuf in den achtziger Jahren seine eigene Havanna-Marke. Trug diese eine rote Bauchbinde, so sind die heutigen dominikanischen Produkte mit einer blauen Bauchbinde verziert – bekanntlich löste »Dunhill« im Jahre 1989 wie »Davidoff« seine Beziehungen zu Kuba, um die Produktion seiner handgemachten Zigarren in die Dominikanische Republik zu verlegen. – Übrigens stammen die Versionen mit der schwarzen Bauchbinde von den Kanarischen Inseln, doch haben diese nicht den gewohnten Qualitätsstandard und sind herber im Geschmack.

Nach Tradition des Hauses reifen die Dunhills drei Monate lang in Zedernholzkisten, wobei die einzelnen Jahrgänge auf den Kisten vermerkt sind. Wie die »Don Diego« und andere exquisite Marken – »H. Upmann«, »Primo del Rey«, »Santa Damiana« – werden sie von der »Consolidated Cigar Company« in La Romana hergestellt.

Es handelt sich bei dieser Marke um leichte Zigarren mit anspruchsvollen Connecticut-Shade-Deckblättern und einer dominikanischen Einlagemischung, woraus sich ein mittelstarker bis voller Körper mit einem delikaten Aroma ergibt.

Standardformate Handelsnamen	Längen in Inch	Längen in Millimeter	Ringmaße
Peravias	7	177,8	50
Cabreras*	7	177,8	48
Fantinos	7	177,8	28
Diamantes	6 5/8	168,3	42
Samanas	6 1/2	165,1	38
Condados	6	152,4	48
Valverdes	5 3/5	142,2	42
Tabaras	5 9/16	141,3	42
Altamiras*	5	127,0	48
Romanas	4 1/2	114,3	50

* Einzeln in Hülsen verpackt.

EL REY DEL MUNDO (KUBA)

1882 von der Firma »Antonio Allones« gegründet, wurde die Marke unbescheiden »König der Welt« genannt. Sie enthält Tabake von leichtem bis mittlerem Geschmack und wird heute in der Fabrik »Romeo y Julieta« (Revolutionsname: »Briones Montoto«) hergestellt. Die Marke war der Favorit des Hollywood-Moguls Darryl F. Zanuck, der auf Kuba während der Regierungszeit Batistas eine eigene Tabakplantage besaß. Auch der britische Industriemagnat Sir Terence Conran liebte diese Zigarren.

Die »El Rey del Mundos« sind gut gemacht, tragen ein öliges, glattes Deckblatt und werden in einer breiten Auswahl von Formaten angeboten. Für Havannas sind sogar die größeren Formate ziemlich mild, was denjenigen Raucher, der den klassischen vollen Körper einer Havanna erwartet, vielleicht etwas enttäuschen mag. Aber gerade wegen ihrer Milde rauchen sich diese Zigarren gut am Vormittag oder nach dem Mittagessen. Von dieser Marke gibt es auch eine ziemlich vollständige honduranische Produktreihe.

Formate Handelsnamen	Längen in Inch	Längen in Millimeter	Ringmaße
Tainos	7	177,8	47
Lonsdale	6 1/2	165,1	42
Gran Corona	5 1/2	139,7	46
Isabel	5 1/2	139,7	43
Corona de Luxe	5 1/2	139,7	42
Choix Suprème	5	127,0	49
Petit Corona	5	127,0	42
Demi Tasse	4	101,6	30

El Rey del Mundo (Honduras)

Diese Zigarre mit vollem Körper und schwerem Aroma wird ganz im kubanischen Stil von der Firma »Villazon« unter Leitung Frank Llanezas hergestellt. Ausschließlich aus honduranischen Tabaken gemacht, ragen aus der breiten Formatpalette – einige sind wahlweise mit »EMS«- oder »Maduro«-Deckblatt zu haben – vor allem jene drei »Robustos« heraus, die »Maduro«-Deckblätter tragen und vielen Experten als die absolut besten dieser Art gelten: die »Robusto«, die »Robusto Larga« und die »Robusto Suprema« – alle einzeln in Seidenpapier verpackt. Besonders erwähnenswert ist die eckige »Flor de Llaneza«, nach Ansicht mancher Experten eine der besten Zigarren, die jemals gemacht wurden. Hieraus resultieren Frank Llanezas guter Ruf und die entsprechenden Verkaufszahlen. Zum Vergleich: Ein so renommierter Zigarrenmacher wie Rolando Reyes von »Cuba Aliados« hat einen Absatz von 750 000 Zigarren pro Jahr, wovon eine jede qualitätsmäßig hervorragend ist, während Frank Llaneza jährlich etwa sechzig Millionen Zigarren produziert.

Formate Handelsnamen	Längen in Inch	Längen in Millimeter	Ring-maße
Coronation	8 1/2	215,9	52
Principale	8	203,2	47
Flor del Mundo	7 1/4	184,2	54
Robusto Suprema	7 1/4	184,2	54
Imperiale	7 1/4	184,2	54
Corona Inmensa	7 1/4	184,2	47
Double Corona	7	177,8	49
Cedar	7	177,8	43
Flor de Llaneza (Torpedo)	6 1/2	165,1	54
Choix Suprème	6 1/8	155,6	49
Montecarlo	6 1/8	155,6	48
Robusto Larga	6	152,4	54
Originale	5 5/8	142,9	45
Classic Corona	5 5/8	142,9	45
Corona	5 5/8	142,9	45
Rectangulare	5 5/8	142,9	45
Habana Club	5 1/2	139,7	42
Robusto	5	127,0	54
Robusto Zavalla	5	127,0	54
Rothschild	5	127,0	50
Petit Lonsdale	4 5/8	117,5	43

Flor de Farach (Nicaragua)

Lew Rothman kaufte diesen altehrwürdigen kubanischen Handelsnamen und tat sich dann mit Juan Bermejo von NATSA zusammen, um eine Zigarre zu kreieren, die im Herbst 1996 herausgebracht wurde. Wie die meisten nicaraguanischen Marken hat sie einen vollen Körper in kubanischem Stil. Es gibt sie in zwei großen, konisch geformten Figurado-Formaten (»Torpedos«), beide nach dem größten Vulkan Nicaraguas benannt, nach dem Momotombo.

Formate Handelsnamen	Längen in Inch	Längen in Millimeter	Ring-maße
Momotombito (Torpedo)	7	177,8	48
Momotombo (Torpedo)	6 3/4	171,5	54

Fonseca (Kuba)

Im Jahre 1891 von F. E. Fonseca gegründet, handelt es sich heute bei dieser Marke um eine kleine, gutgemachte Reihe kubanischer Zigarren, welche wie einige Formate der honduranischen »El Rey del Mundo« in Seidenpapier gewickelt sind. Die »Fonseca«-Kiste, mit Abbildungen des Morro-Schlosses in Havanna und der Freiheitsstatue in New York verziert, erinnert an Zeiten, da die Beziehungen zwischen Kuba und den Vereinigten Staaten noch intakt waren. Mild bis mittelstark, haben die Zigarren einen etwas salzigen Geschmack.

Formate Handelsnamen	Längen in Inch	Längen in Millimeter	Ringmaße
No. 1	6 3/8	161,9	44
Cosacos	5 1/4	133,4	40
Invictos	5 1/4	133,4	45
Delicias	4 7/8	123,8	40
K.D.T. Cadetes	4 1/2	114,3	36

Gispert (Kuba)

Diese klassische alte Havanna-Marke stammt ursprünglich aus Pinar del Rio und ist in lediglich drei handgemachten Formaten erhältlich (und hat sich nicht zuletzt deshalb in zunehmendem Maße zum Sammlerobjekt entwickelt). Für eine kubanische Zigarre bietet sie einen sehr milden Rauchgenuß.

Formate Handelsnamen	Längen in Inch	Längen in Millimeter	Ringmaße
Corona	5 5/8	142,9	42
Petit Corona De Luxe	5	127,0	42
Habaneros No. 2	4 5/8	117,5	35

Griffin's (Dominikanische Republik)

Benannt nach dem berühmten Nachtclub in Zino Davidoffs Heimatstadt Genf und kreiert vom Besitzer des Clubs, Bernard Grobet, einem Freund und Protegé Davidoffs, wird diese Schwestermarke von »Avo« und »Davidoff« mit ihrem milden bis mittelstarken Körper von Hendrik Kelner bei »Tabacos Dominicanos« hergestellt (und befindet sich so in guten Händen). Einlage und Umblatt kommen aus der Dominikanischen Republik, wozu sich ein Connecticut-Shade-Deckblatt gesellt.

Standardformate Handelsnamen	Längen in Inch	Längen in Millimeter	Ringmaße
Don Bernardo	9	228,6	46
Prestige	8	203,2	48
No. 200	7	177,8	44
No. 100	7	177,8	38
No. 300	6 1/4	158,8	44
No. 400	6	152,4	38
No. 500	5 1/16	128,6	43
Robusto	5	127,0	50
Privilege	5	127,0	32

Standardformate Handelsnamen	Längen in Inch	Längen in Millimeter	Ringmaße
Don Bernardo	9	228,6	46
Prestige	8	203,2	48
No. 200	7	177,8	44
No. 100	7	177,8	38
No. 300	6 1/4	158,8	44
No. 400	6	152,4	38
No. 500	5 1/16	128,6	43
Robusto	5	127,0	50
Privilege	5	127,0	32

H. Upmann (Kuba)

Hermann Upmann war einer der ersten Nichtkubaner, denen es gelang, sich unter den Havanna-Herstellern einen Namen zu machen. Upmann, ein deutscher Bankkaufmann, ging in den frühen vierziger Jahren des neunzehnten Jahrhunderts nach Havanna, um dort eine Bankfiliale zu gründen. Der passionierte Zigarrenraucher liebte die Havannas bald über alles, und so stieg er schließlich ins Zigarrengeschäft ein.

Die Upmannsche Bank bestand bis 1922, doch der Zigarrenbetrieb, welcher zunächst durch die britische Firma »J. Frankau & Co.« Unterstützung fand, lebte weiter. 1935 übernahmen dann die Familien Menéndez und García die Firma, die sie bis zu ihrer Verstaatlichung – sie fand gleich nach der Revolution statt – betrieben.

Im Jahre 1944 wurde aus Anlaß des hundertjährigen Bestehens der Marke eine neue »Upmann«-Fabrik in der Altstadt Havannas eröffnet, gelegen in der Calle Amistad. Heute ist die Fabrik offiziell nach José Martí benannt, dem großen Revolutionär, der bekanntlich eine Schlüsselrolle bei der Befreiung Kubas von der spanischen Herrschaft innehatte (und der als Vorleser in einer Zigarrenfabrik während der sechziger Jahre des vorigen Jahrhunderts tätig war).

Die Unterschrift Upmanns ziert noch heute die Kisten dieser kubanischen Marke, auf deren Bauchbinde »H. Upmann Habana« zu lesen ist.

Die Havannas der Marke »H. Upmann« gelten, gemessen an kubanischen Standards, als mild bis mittelstark und sind weich im Geschmack. Bei der großen Variationsbreite an Formaten (insgesamt circa dreißig) ist es geraten, zwischen den handgemachten (wovon einige in Hülsen angeboten werden) und den maschinengefertigten zu unterscheiden.

Formate Handelsnamen	Längen in Inch	Längen in Millimeter	Ringmaße
Monarcas*	7	177,8	47
Monarchs**	7	177,8	47
Lonsdale***	6 1/2	165,1	42
Upmann No. 2	6 1/8	155,6	52
Grand Corona	5 3/4	146,1	40
Magnum	5 1/2	139,7	46
Corona	5 1/2	139,7	42
Royal Corona**	5 1/2	139,7	42
Corona Major**	5 1/8	130,2	42
Çonnoisseur No. 1	5	127,0	48
Petit Corona****	5	127,0	42
Corona Junior*	4 1/2	114,3	36
Petit Upmann	4 1/2	114,3	36

* Auch »Sir Winston« genannt.
** Einzeln in Hülsen verpackt.
*** Wird auch als »No. 1« angeboten.
**** Wird auch als »No. 4« angeboten.

H. Upmann (Dominikanische Republik)

Diese Zigarren, die eine breite Formatpalette abdecken, werden in der großen Tradition des Familienunternehmens »Menéndez y García« in der Fabrik von »Consolidated« im dominikanischen La Romana hergestellt. Sie bestehen aus einem in Indonesien im Schatten gezogenen, sehr feinen, öligen »Colorado«-Deckblatt, einem Umblatt aus Santo Domingo und einer Einlagemischung aus dominikanischen und brasilianischen Blättern. Auf jeden Fall gehören die dominikanischen »Upmanns«, die mild bis mittelstark sind, zu Zigarren der Spitzenqualität.

Eine Bemerkung am Rande: Häufig wird ein und dieselbe Zigarre zu verschiedenen Zeiten auf verschiedenen Märkten in verschiedenen Verpackungen angeboten. Manchmal findet man sie in goldenen Hülsen, ein andermal in silbernen, doch handelt es sich im Prinzip stets um die gleiche Ware. Auf der Bauchbinde findet sich neben dem Namen »H. Upmann« auch die Zahl »1844«, womit auf das Gründungsjahr der (kubanischen) Marke hingewiesen wird. Übrigens werden nicht wenige Formate der dominikanischen Version nicht nur in Kisten, sondern auch in Hülsen angeboten. Die Serie »Chairman's Reserve«, die ursprünglich für Ron Perelman, Vorsitzender (Chairman) der »Consolidated Cigar«, entworfen worden war, wurde im Frühjahr 1996 der Öffentlichkeit vorgestellt.

Standardformate Handelsnamen	**Längen in Inch**	**Längen in Millimeter**	**Ringmaße**
Emperadores	7 3/4	196,9	46
Corona Imperiales	7	177,8	46
Monarch Tubes	7	177,8	46
No. 2000*	7	177,8	42
El Prado	7	177,8	36
Extra Finos Gold Tube	6 3/4	171,5	38
Panetela Cristal	6 3/4	171,5	38
Director Royales	6 5/8	168,3	42
Lonsdales	6 5/8	168,3	42
Coronas Bravas	6 1/2	165,1	48
Finos Gold Tube	6 1/8	155,6	36
Naturales Tubes	6 1/8	155,6	36
Amatista	5 7/8	149,2	42
Churchills	5 5/8	142,9	46
Coronas	5 9/16	141,3	42
Corona Cristals	5 9/16	141,3	52
Topacios**	5 1/4	133,4	43
Corona Major Tubes	5 1/16	128,6	42
Petit Corona	5 1/16	128,6	42
Tubos Gold Tube	5 1/16	128,6	42

***Cabinet-Selection*-Serie Handelsnamen**	**Längen in Inch**	**Längen in Millimeter**	**Ringmaße**
Columbo	8	203,2	50
Corsario	5 1/2	139,7	50
Robusto	4 3/4	120,7	50

***Chairman's-Reserve*-Serie Handelsnamen**	**Längen in Inch**	**Längen in Millimeter**	**Ringmaße**
Chairman's Reserve	7 1/2	190,5	38
Double Corona	7	177,8	50
Churchill	6 3/4	171,5	48
Torpedo	6	152,4	50
Robusto	4 3/4	120,7	50

* In naturbelassenen Holzkisten angeboten.
** In überwiegend naturbelassenen Holzkisten angeboten.

Hoyo de Monterrey (Kuba)

Diese klassische Havanna-Marke wurde 1865 von José Gener, einem Tabakpflanzer im Vuelta Abajo, ins Leben gerufen. Ein Torschild in dem Ort San Juan y Martinez mit der Aufschrift »Hoyo de Monterrey. José Gener. 1860« weist noch immer auf eine der berühmtesten Plantagen für kubanische Einlage- und Umblatt-Tabake hin. – Mit »Hoyo« wird übrigens eine Landsenke bezeichnet, in der überschüssiges Wasser gut abfließen kann. Das »Flaggschiff« dieser Marke, deren Zigarren meist eine leichte Stärke aufweisen, unterstrichen durch delikates Aroma und vollen Geschmack, ist die »Double Corona«. Wie alle anderen »Hoyos« wird sie in der ehrwürdigen »La-Corona«-Fabrik hergestellt. In den siebziger Jahren entstand die Serie »Le Hoyo«, deren Formate einen klassischen mittelstarken bis starken Körper haben und durch eine ausgeprägte Würze auffallen.

Standardformate Handelsnamen	**Längen in Inch**	**Längen in Millimeter**	**Ringmaße**
Particulares	9 1/4	235,0	47
Double Corona	7 1/2	190,5	49
Churchill	7	177,8	47
Epicure No. 1	5 5/8	142,9	46
Jeanne D'Arc	5 5/8	142,9	35
Corona	5 1/2	139,7	42
Epicure No. 2	4 7/8	123,8	50
Margarita	4 3/4	120,7	26

***Le-Hoyo*-Serie Handelsnamen**	**Längen in Inch**	**Längen in Millimeter**	**Ringmaße**
Le Hoyo des Dieux	6 1/8	155,6	42
Le Hoyo du Dauphin	6	152,4	38
Le Hoyo du Roi	5 1/2	139,7	42
Le Hoyo du Prince	5	127,0	40

Hoyo de Monterrey (Honduras)

Entgegen aller Erwartungen sind die honduranischen »Hoyos« stärker als die Zigarren der kubanischen Version. Hergestellt von Frank Llaneza von »Villazon« mit einer Mischung aus honduranischen Blättern aus kubanischen Saaten, sind sie wie guter Espresso im Vergleich zu herkömmlichem Kaffee – eine Zigarre mit vollem Körper im kubanischen Stil, was vor allem auf die Formate mit größeren Ringmaßen wie die »Governors«, die »Presidents« und die »Rothschild« zutrifft. Die größeren Ringmaße (ab 48) sind es auch, die wahlweise mit »Claro«-, »EMS«-, »Maduro«- oder »Maduro-Maduro«-Deckblättern zu haben sind.

Formate Handelsnamen	**Längen in Inch**	**Längen in Millimeter**	**Ringmaße**
Presidents	8 1/2	215,9	52
Sultans	7 1/4	184,2	54
Cetros	7	177,8	43
Double Corona	6 3/4	171,5	48
No. 1	6 1/2	165,1	42
Churchills	6 1/8	155,6	44
Governors	6 1/8	155,6	48
Dreams	5 3/4	146,1	46
Margaritas	5 3/8	136,5	28
Cafe Royales	5 1/4	133,4	44
Coronas	5 1/4	133,4	43
Rothschild	4 1/2	114,3	50

Hoyo de Monterrey Excalibur (Honduras)

Diese außerordentlich populäre Zigarre wird in den Vereinigten Staaten unter dem Namen »Hoyo de Monterrey Excalibur« verkauft, während sie in Europa einfach den Namen »Excalibur« trägt (um Verwechslungen mit dem kubanischen Markenzeichen »Hoyo« auszuschließen). Es ist eine reiche Zigarre mit mittelstarkem bis vollem Körper im kubanischen Stil, dabei etwas leichter im Körper und heller im Aussehen als ihre Schwestermarken »Punch« und »El Rey del Mundo«. Der Grund dafür ist das hellere und leichtere Connecticut-Deckblatt, das im Gegensatz zu dem aus Havanna-Saaten gezogenen ecuadorianischen Sumatra-Deckblatt der anderen Marken steht.

Die Marke wurde in den späten siebziger Jahren von Lew Rothman und Frank Llaneza auf den Markt gebracht und gilt als eine der besten nichtkubanischen Zigarren. Alle fünf Formate sind durch römische Ziffern gekennzeichnet und wahlweise mit »Natural«- oder »Maduro«-Deckblatt erhältlich.

Formate Handelsnamen	**Längen in Inch**	**Längen in Millimeter**	**Ringmaße**
No. I	7 1/4	184,2	54
Banquet*	6 3/4	171,5	48
No. II	6 3/4	171,5	47
No. III	6 1/8	155,6	50
No. V	6 1/8	155,6	44
No. IV	5 5/8	142,9	45

* Einzeln in Hülsen verpackt.

JR Cigar Special Coronas (Honduras)

Neben den Marken »Puros Indios« und »Cuba Aliados« werden auch die »JR Coronas« im honduranischen Danlí hergestellt. Rolando Reyes schuf hier eine Zigarre mit vollem Körper im kubanischen Stil, die auf einer Stufe mit den großen Havannas steht. Mit ihrer Einlagemischung aus brasilianischen, dominikanischen und honduranischen Tabaken sowie ihrem aus Sumatra-Saaten gezogenen ecuadorianischen Deckblatt ist diese Marke, die seit über zwanzig Jahren exklusiv in »JR«-Läden verkauft wird, reicher im Geschmack als die »JR Special Jamaicans«.

Lew Rothman verwendet übrigens gern den spanischen Ausdruck *obsequio* für seine »Torpedo«-Formate.

Formate Handelsnamen	**Längen in Inch**	**Längen in Millimeter**	**Ringmaße**
Victoria (Torpedo)	7 1/2	190,5	66
Pyramides	7 1/2	190,5	60
No. 754	7 1/4	184,2	54
No. 2	6 1/2	165,1	45
No. 54	6	152,4	54
No. 4	5 1/2	139,7	45

JR Cigar Special Jamaicans (Dominikanische Republik)

Von Lew Rothman 1976 auf den Markt gebracht, wurde diese Marke ursprünglich in Jamaika hergestellt – bis Hurricane »Andrew« 1992 die dortigen Fabriken zerstörte, worauf die Produktion in die Dominikanische Republik verlegt werden mußte. Hier wird die Marke nun von der Familie Quesada von MATASA in Santiago hergestellt.

Die Qualität unterscheidet sich im Prinzip nicht von den in Jamaika gefertigten Zigarren, die ein Connecticut-Deckblatt, ein mexikanisches Umblatt sowie eine Einlagemischung aus Piloto-Cubano- und Olor-Tabaken aus der Dominikanischen Republik aufweisen. Durch die Dominanz des Olor-Anteils entsteht ein milder bis mittelstarker Rauchgenuß, der ein wenig schwerer ist als der der dominikanischen Marken »Romeo y Julieta« und »Casa Blanca« und am ehesten mit der »Avo« vergleichbar ist. Auf jeden Fall steht diese Zigarre ganz in der Tradition ihrer jamaikanischen Herkunft.

Formate Handelsnamen	Längen in Inch	Längen in Millimeter	Ringmaße
Rey del Rey	9	228,6	60
Mayfair	7	177,8	60
Pyramid	7	177,8	52
Noble (Pyramide)	7	177,8	50
Churchill	7	177,8	50
A	6 1/2	165,1	44
Fancy Tale*	6 1/2	165,1	43
D	6	152,4	50
Bonita (Torpedo)	6	152,4	50
B	6	152,4	44
C	5 1/2	139,7	44

* Mit zugespitztem Brandende.

JR Cigar Ultimates (Honduras)

Die »Ultimate«-Serie wird in Corfidia, Honduras, von der »Honduran American Tobacco, S. A.« (HATSA) hergestellt. Mit einer Einlagemischung und einem Umblatt heimischer Provenienz sowie einem öligen »Colorado«-Deckblatt aus Nicaragua weisen diese Zigarren einen reichen mittelstarken bis vollen Körper auf. Von hervorragender Qualität, gehören die »Ultimates« zu den besten honduranischen Zigarren und halten durchaus einem Vergleich mit den großen Havannas stand. Alle Formate sind wahlweise mit vier verschiedenen Deckblättern zu haben: »EMS«, »Natural«, »Maduro« und »Maduro Maduro«. Darüber hinaus werden einige Formate auch mit »Claro«-Deckblatt angeboten.

Formate Handelsnamen	Längen in Inch	Längen in Millimeter	Ringmaße
Presidente	8 1/2	215,9	52
Super Cetro	8 1/4	209,6	43
No. 1	7 1/4	184,2	54
Cetro	7	177,8	42
Slims	6 7/8	174,6	36
Double Corona	6 3/4	171,5	48
No. 5	6 1/4	158,8	44
Toro	6	152,4	50
Corona	5 5/8	142,9	45
Petit Corona	4 5/8	117,5	43
Rothschild	4 1/2	114,3	50

José Benito (Dominikanische Republik)

Eine angenehm milde Marke, der »Casa Blanca« vergleichbar, welche seit fünfzehn Jahren auf dem Markt ist und aus einem Connecticut-Deckblatt, einem mexikanischen Umblatt sowie einer Einlagemischung aus karibischen Tabaken besteht. Die »José Benitos« werden in relativ geringer Stückzahl von MATASA in der Fabrik in Santiago hergestellt (ungefähr 100 000 Zigarren pro Jahr). Mit ihrem Ringmaß von 64 ist die »Magnum« eine der größten Zigarren, die im Handel erhältlich sind.

Formate Handelsnamen	Längen in Inch	Längen in Millimeter	Ringmaße
Magnum	.9	228,6	64
Presidente	7 3/4	196,9	50
Churchill	7	177,8	50
Corona	6 3/4	171,5	43
Panetela	6 3/4	171,5	38
Palma	6	152,4	43
Petite	5 1/2	139,7	38
Rothschild	4 1/2	114,3	50

José Martí (Dominikanische Republik)

Von den beiden Marken, die den Namen des kubanischen Revolutionshelden tragen, ist die dominikanische »José Martí« die mildere. Ihr Connecticut-Deckblatt, ihr mexikanisches Umblatt und ihre Einlagemischung aus dominikanischen Piloto Cubano- und Olor-Tabaken ergeben einen mittelstarken Rauchgenuß.

Die Zigarren sind nach alter kubanischer Manier verpackt, das heißt, sie sind in die Kiste gepreßt, wodurch sie eine viereckige Form annehmen. Das bringt ein Problem mit sich: Das erste Exemplar ist unter Umständen schwer zu entnehmen – man sollte hier also Vorsicht walten lassen.

Die dominikanische »José Martí« ist eine Marke von hoher Qualität auf erstaunlich moderatem Preisniveau. Hergestellt wird sie von Ramón Carbonell, einem (ebenso wie sein Vater) angesehenen Zigarrenmacher.

Formate Handelsnamen	Längen in Inch	Längen in Millimeter	Ringmaße
Martí	7 1/2	190,5	50
Palma	7	177,8	42
Maceo	6 7/8	174,6	45
Creme	6	152,4	35
Robusto	5 1/2	139,7	50
Corona	5 1/2	139,7	42

José Martí (Nicaragua)

Noch nicht so lange auf dem Markt wie der dominikanische Namensvetter, hat dieses Produkt einen vollen Körper in kubanischem Stil mit einem Sumatra-Deckblatt aus Ecuador, einem Umblatt aus Havanna-Saaten und einer Einlagemischung aus nicaraguanischen und dominikanischen Tabaken. Ihr Hersteller, der Exil-Kubaner Juan Bermejo von der Gesellschaft »Nicaraguan American Tobacco, S. A.« (NATSA), legt großen Wert auf einen hohen Standard.

Die »José Martí«, die in überwiegend großen Formaten hergestellt wird (darunter »Masaya«, benannt nach einem örtlichen Vulkan), ist wohl die beste Marke, die heute in Nicaragua produziert wird.

Formate Handelsnamen	Längen in Inch	Längen in Millimeter	Ringmaße
Rey del Rey	8 1/2	215,9	52
Valentino	7	177,8	48
La Trinidad (Pyramide)	7	177,8	48
Masaya	6 3/4	171,5	54
Robusto Extra	6 1/2	165,1	52
Lonsdale	6 1/2	165,1	44
Remedios	5 1/2	139,7	44
Robusto	4 1/2	114,3	52
Petit Lancero	4 1/2	114,3	38

La Flor de Cano (Kuba)

Von den Brüdern José und Tomás Cano im Jahre 1884 gegründet, ist diese hervorragende Havanna-Marke heute schwer zu bekommen, lohnt aber die Suche und den hohen Preis. Gemessen an kubanischen Standards erwartet den Raucher ein milder Rauchgenuß, der in lediglich vier klassischen Formaten zu haben ist. Die »Diademas« beispielsweise, im Format eine klassische »Churchill«, hat dieselben Maße (7 x 47) wie die »Cohiba Esplendido«, ist aber viel umkomplizierter. Dagegen ist von den maschinengefertigten Formaten – »Petit Coronas«, »Predilectos Tubulares«, »Preferidos« und »Selectos« – unbedingt abzuraten.

Formate Handelsnamen	Längen in Inch	Längen in Millimeter	Ringmaße
Diademas	7	177,8	47
Gran Corona	5 5/8	142,9	46
Corona	5	127,0	42
Short Churchill	4 7/8	123,8	50

La Gloria Cubana (Kuba)

Auch diese Marke gehört zu den exklusiven alten Havanna-Marken, die während der vergangenen zwanzig Jahre ein Comeback feierten. Hergestellt werden die »La Gloria Cubanas« heute in der »Partagas«-Fabrik (seit der Revolution: »Francisco Perez German«, weshalb die Kisten den Stempel »FPG« tragen).

Auf der Bauchbinde ist vor einem gelben Hintergrund eine kubanische Señorita mit einer roten Federboa zu sehen. Obwohl die »La Gloria Cubanas« leichter sind als ihre Schwestermarken, haben die Zigarren dennoch einen reichen mittelstarken bis vollen Körper mit einem starken Aroma und einem würzigen Geschmack.

Standardformate Handelsnamen	**Längen in Inch**	**Längen in Millimeter**	**Ringmaße**
Tainos	7	177,8	47
Cetros	6 1/2	165,1	42
Sabrosos	6 1/8	155,6	42
Tapados	5 5/16	134,9	42
Minutos	4 1/2	114,3	40

***Medaille-d'Or*-Serie* Handelsnamen**	**Längen in Inch**	**Längen in Millimeter**	**Ringmaße**
Medaille d'Or 1	7 5/16	185,7	36
Medaille d'Or 3	6 7/8	174,6	28
Medaille d'Or 2	6 11/16	169,9	43
Medaille d'Or 4	6	152,4	32

* Alle Formate werden in 8-9-8-Lackkisten angeboten.

La Gloria Cubana (Vereinigte Staaten)

Diese Marke umfaßt fünf Formate mit einem exzellenten mittelstarken bis vollen Körper im kubanischen Stil, die in den Vereinigten Staaten von Ernesto Carillo in Miami hergestellt wird. Es werden Einlage- und Umblätter aus der Dominikanischen Republik, Nicaragua und Ecuador verwendet, außerdem dunkle Deckblätter aus Ecuador. Carillo gilt weithin als sehr ehrenhafter und integrer Zigarrenmacher, dessen Kunstfertigkeit höchsten Ansprüchen genügt. Besonders das »Robusto«-Format, im Handel unter dem Namen »Wavell« angeboten, ist sehr zu empfehlen.

Formate Handelsnamen	**Längen in Inch**	**Längen in Millimeter**	**Ringmaße**
Soberano	8	203,2	52
Charlemagne	7 1/4	184,2	54
Churchill	7	177,8	50
Torpedo	6 1/2	165,1	52
Wavell	5	127,0	50

Licenciados (Dominikanische Republik)

Nachdem diese Marke 1990 eingeführt wurde und kurz darauf bei einer Bewertung im *Cigar Aficionado* ein wirklich beachtliches Ergebnis erzielte, wurde sie praktisch über Nacht berühmt. Ebenso wie die »Cubitas« und die »José Benitos« werden die »Licenciados« von MATASA in Santiago hergestellt, und zwar unter Verwendung einer Einlagemischung aus dominikanischen Tabaken sowie hellen Connecticut-Shade-Deckblättern bei der Standardserie und Connecticut-Broadleaf (nur »Maduro«) bei der »Supreme«-Serie.

Während die »Wavell« – eine »Robusto«, die sich wachsender Beliebtheit erfreut – wahlweise mit »Natural«- oder »Maduro«-Deckblatt zu haben ist, steht bei den übrigen Formaten der Standardserie eine Auswahl an »Maduro«-Deckblättern zur Verfügung.

Ob nun Standard- oder »Supreme«-Serie – die »Licenciado« ist ein ausgezeichneter Smoke mit mildem bis mittelstarkem Körper.

Standardformate Handelsnamen	Längen in Inch	Längen in Millimeter	Ringmaße
Soberano	8 1/2	215,9	52
Presidente	8	203,2	50
Panetela	7	177,8	38
Excelente	6 3/4	171,5	43
Toro	6	152,4	50
No. 4	5 3/4	146,1	43
Wavell	5	127,0	50

Supreme-Serie Handelsnamen	Längen in Inch	Längen in Millimeter	Ringmaße
500	8	203,2	50
300	6 3/4	171,5	43
400	6	152,4	50
200	5 3/4	146,1	43

Macanudo (Dominikanische Republik und Jamaika)

Diese weltberühmte Premium-Marke, 1868 in einer in kubanischem Besitz befindlichen Fabrik auf Jamaika gegründet, gilt als die bestverkaufte der Welt.

Nachdem die Produktion der »Macanudo« in den sechziger Jahren dieses Jahrhunderts von »General Cigar« übernommen wurde, avancierte sie während der siebziger Jahre in den Vereinigten Staaten zum Bestseller. Seit 1983 wird die Marke, deren Machart erstklassige Handarbeit verrät, sowohl in der Dominikanischen Republik als auch auf Jamaika hergestellt, und zwar unter der sachkundigen Oberaufsicht von Benjamín Menéndez.

Mit einer Einlagemischung aus mexikanischen, jamaikanischen und dominikanischen Blättern, einem mexikanischen Umblatt aus der San-Andrés-Region und einem Connecticut-Shade-Deckblatt ist die »Macanudo« in mehreren Farbtönen erhältlich. Viele der größeren Formate sind wahlweise in verschiedenen Deckblättern zu haben: »Café« (Connecticut Shade); »Jade« (»Double Claro«) und »Maduro« (dunkelbraun, aus Mexiko). Die »Macanudo Vintage«, die in Jamaika aus dominikanischen Einlageblättern gefertigt wird, gilt als eine der feinsten Zigarren, die je gemacht wurden – eine wirklich reine und wunderschöne Zigarre.

Standardformate Handelsnamen	Längen in Inch	Längen in Millimeter	Ringmaße
Prince Philip	7 1/2	190,5	49
Portofino	7	177,8	34
Baron de Rothschild	6 1/2	165,1	42
Claybourne	6	152,4	31
Hampton Court	5 3/4	146,1	43
Crystal	5 1/2	139,7	50
Hyde Park	5 1/2	139,7	49
Duke of Devon	5 1/2	139,7	42
Petit Corona	5	127,0	38
Caviar	4	127,0	36

Vintage-Serie Handelsnamen	Längen in Inch	Längen in Millimeter	Ringmaße
No. 1	7 1/2	190,5	49
No. 7	7 1/2	190,5	38
No. 2	6 9/16	166,7	43
No. 3	5 9/16	141,3	43
No. 8	5 1/2	139,7	50
No. 5	5 1/2	139,7	49
No. 4	5	127,0	45

Montecristo (Kuba)

Alexandre Dumas der Ältere schrieb den Roman *Der Graf von Monte Cristo*, und nach dem Helden dieses Werkes der Weltliteratur ist auch jene Havanna-Marke benannt, die für das zwanzigste Jahrhundert typisch ist. Nach Meinung vieler Experten und Aficionados hat sie ein grandioses nachrevolutionäres Comeback gefeiert: Sie ist noch einmal die beste aller Havannas geworden.

Die »Montecristo« wird nach wie vor in der »H. Upmann«-Fabrik hergestellt, wo sie 1935 von den Familien Menéndez und García eingeführt wurde, lange bevor sie ins im Exil gingen (siehe auch »Montecruz«, Seite 200). Alonzo Menéndez (Blätter) und Pepe García (Produktion) kauften zunächst die »H. Upmann« von der britischen Firma »Frankau«. Ursprünglich ein »Upmann«-Format, wurde die »Montecristo« schnell eine eigene Marke, die zunächst mit fünf Versionen erschien. John Hunter, ein Konkurrent Frankaus, der »Upmann« exklusiv vertrieb, half dann noch bei der Entwicklung des berühmten »Monetecristo«-Etiketts mit den gekreuzten Schwertern (um später mit Frankau zu fusionieren und als »Hunters & Frankau« den Import der Havanna-Produkte nach Großbritannien zu besorgen).

Als Menéndez und García ihre Produktion auf die Kanarischen Inseln verlegten, blieb José Manuel González – der legendäre »Masinguila«, der vielen als der größte Zigarrenmacher überhaupt gilt – in Kuba, um hier für den Qualitätserhalt der Marke zu sorgen.

Zu Beginn der siebziger Jahre wurde die Marke um Klassiker wie die »A-Serie«, die »No. 1«, die »No. 2« und die »No. 3«, die »Especial«, die »Especial No. 2« und die »Joyita« erweitert. Besonderer Favorit ist die »No.2«, eine »Pyramide« bzw. »Belicoso« ($6\,^1/_8$ x 52). Die »Monties« haben ein leicht öliges »Colorado-Claro«-Deckblatt, einen herrlichen Duft und ein mittleres bis volles Aroma bei strengem Geschmack.

Formate Handelsnamen	Längen in Inch	Längen in Millimeter	Ringmaße
A	9 1/4	235,0	47
Especial	7 1/2	190,5	38
No. 1	6 1/2	165,1	42
No. 2	6 1/8	155,6	52
Tubos	6	152,4	42
Especial No. 2	6	152,4	38
No. 3	5 1/2	139,7	42
No. 4	5	127,0	42
Petit Tubos	5	127,0	42
Joyitas	4 1/2	114,3	26
No. 5	4	101,6	40

Montecristo (Dominikanische Republik)

Bei dieser Zigarre, die ebenfalls den wohl berühmtesten Zigarrenmarkennamen der Welt trägt, handgemacht ist und ein Connecticut-Deckblatt aufweist, handelt es sich um ein relativ neues Produkt der »Consolidated Cigar Company«. In La Romana hergestellt, präsentiert sie sich als ausgezeichnete Zigarre, die sich dem hohen Standard nähert, den die »Macanudo« vorgibt. Sie hat einen milden bis mittelstarken Körper, der etwas voller ist als derjenige der »Don Diego«, jedoch nicht ganz so voll wie der Körper der dominikanischen »H. Upmann«, Produkte derselben Fabrik. Die »No. 2« im »Torpedo«-Format beispielsweise gleicht ihrem kubanischen Gegenstück aufs Haar. Überhaupt muß man bei der »Montecristo« sehr aufpassen, da es viele Fälschungen der Marke gibt, und zwar sowohl der kubanischen als auch der dominikanischen. Man sollte sie daher nur bei einem angesehenen Tabakhändler kaufen, der für die Echtheit garantieren kann.

Formate Handelsnamen	Längen in Inch	Längen in Millimeter	Ringmaße
Churchill	7	177,8	48
Tubos	6 5/8	168,3	42
Double Corona	6 1/2	165,1	50
No. 1	6 1/2	165,1	44
No. 2 (Torpedo)	6	152,4	50
Corona Grande	5 3/4	146,1	46
No. 3	5 1/2	139,7	44
Robusto	4 3/4	120,7	50

Montecruz (Dominikanische Republik)

Nachdem die Familien Menéndez und García Kuba verlassen hatten, gründeten sie schon bald (1964) die Marke »Montecruz«. Zunächst auf den Kanarischen Inseln hergestellt, befindet sich die Produktion seit der Mitte der siebziger Jahre im Werk von La Romana in der Dominikanischen Republik.

Wie bei der dominikanischen »Upmann« handelt es sich auch hier um eine Zigarre überragender Qualität. Mit einem indonesischen Schatten-Deckblatt, einem Umblatt aus Santo Domingo sowie einer Einlagemischung aus dominikanischen und brasilianischen Tabaken bietet die Zigarre einen milden bis mittelstarken Rauchgenuß. Eine für »Dunhill« hergestellte Version trägt ein helleres Connecticut-Deckblatt.

Die weiß-braune Bauchbinde der »Montecruz«, von der eine große Auswahl an Formaten angeboten wird (einige davon in Hülsen), gleicht in ihrer schlichten Eleganz ihrer kubanischen Cousine, der »Montecristo«.

Formate Handelsnamen	Längen in Inch	Längen in. Millimeter	Ringmaße
Individuales	8	203,2	50
F	7 1/4	184,2	47
No. 200	7 1/4	184,2	46
No. 205	7	177,8	42
No. 255	7	177,8	36
D	6 3/4	171,5	38
Colossus	6 1/2	165,1	50
A	6 1/2	165,1	43
No. 210	6 1/2	165,1	42
No. 250	6 1/2	165,1	38
No. 201	6 1/4	158,8	46
C	5 5/8	142,9	43
No. 220	5 1/2	139,7	42
Cedar-aged	5	127,0	42
No. 282	5	127,0	28

Montesino (Dominikanische Republik)

Die »Montesino«, gefertigt von »Fuente« im dominikanischen Moca, hat eine Einlagemischung aus einheimischen und brasilianischen Tabaken, ein nicaraguanisches Umblatt und ein aus Havanna-Saaten gezogenes Deckblatt von mittel- bis dunkelbrauner Färbung. Sie weist einen milden bis mittelstarken Körper auf und ist leichter als die sonstigen »Fuente«-Marken.

Ursprünglich handelte es sich um eine preiswertere Version der »Arturo-Fuente«-Zigarren. Als aber zu Beginn der neunziger Jahre die besten Kamerun-Deckblätter knapp wurden, bekam die »Montesino« ein Connecticut-Deckblatt, was den Geschmack veränderte und die Nachfrage erhöhte. Alle Formate sind wahlweise mit »Natural«- oder »Maduro«-Deckblatt erhältlich.

Formate Handelsnamen	Längen in Inch	Längen in Millimeter	Ringmaße
Napoleon Grande	7	177,8	46
No. 1	6 7/8	174,6	43
Gran Corona	6 3/4	171,5	48
No. 3	6 3/4	171,5	36
No. 2	6 1/4	158,8	44
Diplomatico	5 1/2	139,7	42

NAT SHERMAN (DOMINIKANISCHE REPUBLIK)

Die eleganten Nat-Sherman-Läden in Manhattan gehören seit über fünfzig Jahren zu den großen amerikanischen Zigarrenbastionen. Das derzeitige Geschäft befindet sich an der Ecke Fifth Avenue und Zweiundvierzigste Straße, fällt durch seine polierte Holzverkleidung auf und imponiert durch einen üppig ausgestatteten begehbaren Humidor.

Joel Sherman, der derzeitige Firmenleiter, führte Anfang der neunziger Jahre vier Spitzenserien von Zigarren ein, die seither in der Dominikanischen Republik hergestellt werden und die sich jeweils durch eigene Tabakmischungen unterscheiden:

Die Zigarren der »City Desk Selection« sind mit mexikanischen »Maduro«-Deckblättern sowie einer Einlagemischung aus dominikanischen und mexikanischen Blättern versehen und haben einen insgesamt milden bis mittelstarken Körper; die Formate der »Exchange Selection«, benannt nach den New Yorker Telefonzentralen der dreißiger und vierziger Jahre, haben eine Einlagemischung aus lateinamerikanischen Blättern, weisen ein helles Connecticut-Shade-Deckblatt auf und beeindrucken durch ein mildes Aroma; die Zigarren der »Gotham Selection« verfügen über ein etwas dunkleres Connecticut-Deckblatt und haben eine Mischung aus dominikanischen *Olor*- sowie *Piloto-Cubano*-Tabaken in der Einlage, wodurch sich ein ausgewogenes, würziges, rundes Aroma ergibt; schließlich gibt es noch die Formate der »Landmark Selection« mit ihren Kamerun-Deckblättern, den mexikanischen Umblättern und einer dominikanischen Einlagemischung – etwas stärker im Aroma, erinnern sie im Geschmack ein wenig an Schokolade.

Die Bauchbinden tragen jeweils das Nat-Sherman-Logo mit der Ladenuhr und einer je nach Marke unterschiedlichen Hintergrundfarbe: Rot für »City Desk«, Dunkelgrün für »Exchange«, Gold für »Gotham« und Schwarz für »Landmark«, Die Zigarren werden in einer ansprechenden Auswahl von meist größeren Ringmaßen angeboten.

***City-Desk-Selection*-Serie Handelsnamen**	**Längen in Inch**	**Längen in Millimeter**	**Ringmaße**
Tribune	7 1/2	190,5	50
Dispatch	6 1/2	165,1	46
Telegraph	6	152,4	50
Gazette	6	152,4	42

***Exchange-Selection*-Serie Handelsnamen**	**Längen in Inch**	**Längen in Millimeter**	**Ringmaße**
Oxford 5	7	177,8	49
Butterfield 8	6 1/2	165,1	42
Trafalgar 4	6	152,4	47
Murray 7	6	152,4	38
Academy 2	5	127,0	31

***Gotham-Selection*-Serie Handelsnamen**	**Längen in Inch**	**Längen in Millimeter**	**Ringmaße**
500	7	177,8	50
1400	6 1/4	158,8	44
711	6	152,4	50
65	6	152,4	36

***Landmark-Selection*-Serie Handelsnamen**	**Längen in Inch**	**Längen in Millimeter**	**Ringmaße**
Dakota	7 1/2	190,5	49
Algonquin	6 3/4	171,5	43
Metropole	6	152,4	34
Hampshire	5 1/2	139,7	42
Vanderbilt	5	127,0	47

Partagas (Kuba)

Hier ist sie, die berühmte Marke mit dem vollen Aroma und der auffälligen rot-weißen Bauchbinde, welche von Don Jaime Partagas 1845 gegründet wurde. Die gleichnamige Fabrik, die sich noch immer in der Calle de la Industria No. 520 in Havanna befindet, trägt heute offiziell den Namen »Francisco Perez German« und sollte bei einer Stadtbesichtigung auf keinen Fall ausgelassen werden. Seit über hundertfünfzig Jahren werden dort die »Partagas« und andere Zigarren hoher Qualität hergestellt, unterbrochen nur von 1987 bis 1990, als die Fabrikhallen wegen Renovierungsarbeiten geschlossen werden mußten. Weitere Hausmarken dieses Werkes sind die »Ramón Allones« und die »Bolívar«. Unter Lizenz werden dort ferner die »Montecristo«, die »Siglo«-Serie der »Cohiba« sowie die »Cohiba Esplendidos« und die »Cohiba Robustos« produziert. Auf der Bauchbinde steht übrigens »Partagas Habana« zu lesen.

Ernesto Lopez und Jorge Concepción Luna, die Leiter der Fabrik, halten die »Dalia« für das »Flaggschiff« der Marke Partagas. Ihr Aroma wird als »voll, reich und erdig« eingestuft, und des weiteren erhält sie von den führenden Havanna-Experten als eine der wenigen das Attribut »voller Körper«.

Formate Handelsnamen	**Längen in Inch**	**Längen in Millimeter**	**Ringmaße**
Lusitanias	7 5/8	193,7	49
Churchill de Luxe	7	177,8	47
Palmes Grandes	7	177,8	33
Partagas de Partagas No. 1	6 11/16	169,9	43
Seleccion Privada No. 1	6 11/16	169,9	43
Dalia (8-9-8)	6 5/8	168,3	43
Lonsdale	6 1/2	165,1	42
Corona Grande (8-9-8)	6	152,4	42
Culebras	5 11/16	144,5	39
Corona	5 1/2	139,7	42
Charlotte	5 1/2	139,7	35
Mille Fleurs	5 1/16	128,6	42
Petit Corona	5	127,0	42
Series D No. 4	4 7/8	123,8	50
Tres Petit Corona	4 1/2	114,3	40
Shorts	4 5/16	109,5	42

Partagas (Dominikanische Republik)

Der Markenname »Partagas« der Conocedores Ramón Cifuentes und Benjamín Menéndez stand immer für ausgezeichnete Qualität. Die Cifuentes hatten die »Partagas«-Fabrik in Havanna seit über hundert Jahren geleitet, als sich Ramón Cifuentes mit Hereinbrechen der Revolution entschloß, sein Fachwissen fortan in der Dominikanischen Republik zum Einsatz zu bringen. Benjamín Menéndez, der in Kuba die »Montecristo« kreiert hatte, stieß in der Dominikanischen Republik zu »Partagas«, und so wurden die früheren Konkurrenten nun Kollegen.

Die »Partagas«, deren Bauchbinde (»Partagas 1845«) auf das Gründungsjahr der Marke verweist, ist mit ihrem Kamerun-Deckblatt, ihrem mexikanischen Umblatt und ihrer Einlagemischung aus karibischen Tabaken eine außergewöhnlich gut gemachte Zigarre, die eindeutig zu den zehn besten Marken der Welt zählt. Die Marke selbst gehört heute »General Cigar«, wird in Santiago hergestellt und ist nach der »Macanudo« die am häufigsten verkaufte Premium-Zigarre.

Die »Limited Reserve«, eine Vintage-Serie mit nur zwei Formaten, hat dieselbe Einlagemischung aus Tabaken der Dominikanischen Republik, Jamaika und Mexiko wie die herkömmlichen »Partagas«-Formate, besitzt jedoch ein speziell ausgewähltes, hervorragendes Kamerun-Deckblatt.

Mit der »Partagas« präsentiert sich eine mittelstarke Zigarre, schwerer als die meisten anderen dominikanischen Marken, sehr glatt und leicht süßlich. »Colorado-« (»EMS«-)Deckblätter sind die Regel, während es die »Maduro« und die »Limited-Reserve«-Formate auch mit »Maduro«-Deckblatt gibt.

Standardformate Handelsnamen	**Längen in Inch**	**Längen in Millimeter**	**Ringmaße**
No. 10	7 1/2	190,5	49
8-9-8	6 7/8	174,6	44
No. 1	6 3/4	171,5	43
Maduro	6 1/4	158,8	47
No. 6	6	152,4	34

***Limited-Reserve*-Serie Handelsnamen**	**Längen in Inch**	**Längen in Millimeter**	**Ringmaße**
Royale	6 3/4	171,5	43
Regale	6 1/8	155,6	47

Peñamil (Spanien)

Der Gründer dieser Marke, José Lorenzo, stammt von den Kanarischen Inseln und lernte die Kunst des Zigarrenmachens in den zwanziger Jahren auf Kuba. Dort ging er mit seinem späteren Schwiegervater, Don Manuel Peñamil, eine Partnerschaft ein und baute schließlich mit seiner Frau Mercedes auf den Kanarischen Inseln eine Produktionsstätte auf. Nach Ausbruch des Spanischen Bürgerkriegs kam er als Freimaurer für mehrere Jahre ins Gefängnis, konnte jedoch 1940 die Marke wiederbeleben. Nach seinem Tod im Jahre 1973 übernahm sein Sohn Hiram die Produktion, die heute als »Cigarcanaria« weiterläuft. Während die »Peñamils« für den US-Markt mit einer Einlagemischung aus brasilianischen und dominikanischen Blättern, einem mexikanischen Umblatt und einem Connecticut-Shade-Deckblatt, dort kürzlich durch die Marke »Casa Bueña« ersetzt wurden, ist sie in anderen Ländern weiterhin erhältlich. Die Zigarren bestehen aus einer feinen Mischung kubanischer Tabake und können durchaus als eine moderne europäische Clear-Havanna-Version angesehen werden.

Formate Handelsnamen	Längen in Inch	Längen in Millimeter	Ringmaße
No. 30	7 2/3	194,7	45
No. 57	7 1/2	190,5	50
No. 25	7 1/2	190,5	45
No. 18	7 1/8	181,0	44
No. 16	7 1/8	181,0	38
No. 17	6 2/3	169,3	41
No. 50	6	152,4	50
No. 6	5 7/8	149,2	41
No. 5	5 1/3	135,5	41

Pleiades (Dominikanische Republik)

Diese Marke mit dem klangvollen Namen, im Besitz der staatlichen französischen Tabakgesellschaft SEITA, wurde ursprünglich nach der Fertigung in der Dominikanischen Republik zwecks Reifung in eine Fabrik in Straßburg geschickt. Dort nahm man dann auch Qualitätskontrolle und Verpackung vor. Aufgrund der hohen Nachfrage nach Premium-Zigarren werden die für die Vereinigten Staaten bestimmten Exemplare, von denen jährlich mehr als eine halbe Million verkauft werden, mittlerweile direkt versandt.

Die »Pleiades« werden in Zedernholzkistchen mit nachfüllbaren Befeuchtern geliefert, die als Humidore weiterverwendet werden können. Allerdings sollte man Vorsicht walten lassen – die Feuchtigkeitsaufnahme ist nicht reguliert. Lagern die Kistchen beim Tabakhändler obendrein in einer Befeuchtungskammer bei 70 Prozent Luftfeuchtigkeit, werden die Zigarren einer Überbefeuchtung und somit der Gefahr der Schimmelbildung ausgesetzt.

Bei den »Pleiades« handelt es sich um milde Zigarren von sehr hoher Qualität mit einem Connecticut-Deckblatt, einem mexikanischen Umblatt und einer Einlagemischung aus karibischen Tabaken. 1996 wurden drei neue Formate herausgebracht: die »Orion«, die »Pluton« (eine »Robusto«) und die »Sirius«.

Formate Handelsnamen	Längen in Inch	Längen in Millimeter	Ringmaße
Aldebran	8 1/2	215,9	50
Saturne	8	203,2	46
Neptune	7 1/2	190,5	42
Sirius	6 7/8	174,6	46
Uranus	6 7/8	174,6	34
Orion	5 3/4	146,1	42
Antares	5 1/2	139,7	40
Pluton	5	127,0	50
Perseus	5	127,0	34
Mars	5	127,0	28

Por Larrañaga (Kuba)

Die älteste Havanna-Marke (gegründet 1834), die noch immer hergestellt wird, wird unter anderem in Rudyard Kiplings berühmtem Gedicht *The Betrothed* erwähnt, das mit der Zeile endet: »Eine Frau ist nur eine Frau, aber eine gute Zigarre ist ein Smoke.« Weniger berühmt ist die Zeile: »Es herrscht Frieden in Larrañaga«.
Diese Marke, die relativ schwer erhältlich ist, hat einen mittleren bis vollen Körper und empfiehlt sich für Connaisseurs des traditionellen Havanna-Aromas. Das Deckblatt ist ölig und von dunklem Rotbraun, wodurch es einen schönen Gegensatz zur goldgeprägten Bauchbinde bildet. Mit ihrem reichen und vollen Duft und dem süßen, starken Aroma, das lediglich etwas schwächer ist als das der »Partagas«, eignen sich die Zigarren hervorragend als After-Dinner-Smoke.
Neben den handgemachten Formaten gibt es auch einige maschinengefertigte Versionen (doch gelten die den meisten Connaisseurs bekanntlich nicht als Premium-Zigarren).

Formate Handelsnamen	Längen in Inch	Längen in Millimeter	Ringmaße
Lonsdale	6 1/2	165,1	42
Corona	5 1/2	139,7	42
Petit Corona	5	127,0	42
Small Corona	4 1/2	114,3	40

Por Larrañaga (Dominikanische Republik)

Ein milder bis mittelstarker Smoke. Die dominikanischen »Por Larrañagas« werden in der Niederlassung der »Consolidated Cigar« in La Romana hergestellt, und zwar mit Connecticut-Shade-Deckblättern, einer Einlagemischung aus brasilianischen und dominikanischen Blättern und einem Umblatt aus der Dominikanischen Republik. Während die kubanische Version auf der Bauchbinde den Aufdruck »Habana« trägt, ist auf der dominikanischen die Prägung »La Romana« angebracht.

Formate Handelsnamen	Längen in Inch	Längen in Millimeter	Ringmaße
Fabuloso	7	177,8	50
Cetro	6 7/8	174,6	42
Delicado	6 1/2	165,1	36
Nacionale	5 1/2	139,7	42
Robusto	5	127,0	50

MARCA INDEPENDIENTE DE TABACOS
POR LARRAÑAGA
ESTABLECIDA EN LA HABANA EN 1834

Primo del Rey (Dominikanische Republik)

Diese hervorragend gemachte Marke von »Consolidated« besteht aus einer dominikanischen Einlage mit Anteilen des brasilianischen »Mata Fina« und ist mit verschiedenen Deckblättern zu haben: »Candela« (›Double Claro‹), »Claro« und »Colorado«. Während die Standardreihe eine Bauchbinde hat, die im Design an die der »Montecristo« erinnert, trägt die »Club Selection« eine weiße Bauchbinde mit roten und goldenen Glanzlichtern und einem Wappen.

Die »Primo del Rey«, welche ursprünglich 1965 von der »Morro Cigar Company« in Florida herausgebracht wurde, ist in zahlreichen Formaten erhältlich und sehr preiswert. Sie ist schwerer als die »Macanudo« und die »Casa Blanca«, fällt jedoch mit ihrem milden bis mittelstarken Körper in die mittlere Kategorie (wie es bei einer dominikanischen Zigarre des oberen Qualitätsbereichs üblich ist).

Standardformate Handelsnamen	Längen in Inch	Längen in Millimeter	Ringmaße
Aguilas	8	203,2	52
Soberanos	7 1/2	190,5	50
Presidentes	6 13/16	173,0	44
Seleccion No. 1	6 13/16	173,0	42
Seleccion No. 3	6 13/16	173,0	36
Chavon	6 1/2	165,1	41
Churchill	6 1/4	158,8	48
Seleccion No. 2	6 1/4	158,8	42
Reales	6 1/8	155,6	36
Panetela Extras	5 15/16	150,8	34
Almirantes	6	152,4	50
Seleccion No. 4	5 1/2	139,7	42
No. 100	4 1/2	114,3	50

Club-Selection-Serie Handelsnamen	Längen in Inch	Längen in Millimeter	Ringmaße
Barons	8 1/2	215,9	52
Regals	7	177,8	50
Aristocrats	6 3/4	171,5	48
Nobles	6 1/4	158,8	44

Punch (Kuba)

Als eine der ältesten Havanna-Marken, die immer noch hergestellt werden, wurde die »Punch« 1840 von Don Manuel López gegründet. Ihr Namensgeber war der Titel des gleichnamigen berühmten britischen Satiremagazins, und so findet sich auf ihrem Etikett auch nach wie vor der farbenprächtige Mr. Punch, zigarrerauchend, mit seinem treuen Hund zu seinen Füßen, umgeben von Szenen aus der Zigarrenproduktion.

Gemessen an Havanna-Maßstäben ist der Körper der »Punch« mild bis mittelstark, während das leicht süßliche Aroma durch viel Würze und durch ein herrliches Bouquet unterstrichen wird. Die Zigarren werden in der Fabrik »La Corona« hergestellt, die heute den offiziellen Namen »Fernando Roig« trägt (weshalb auf den Kisten der Aufdruck »FR« zu sehen sein sollte).

Da einige Formate in verschiedenen Ländern unterschiedliche Namen tragen, ist es ratsam, beim Kauf von »Punchs« den Rat eines Experten einzuholen. Von den maschinengefertigten Versionen, von denen es neben den »Exquisitos« und »Reales« noch zahlreiche andere gibt, ist grundsätzlich abzuraten.

Formate Handelsnamen	Längen in Inch	Längen in Millimeter	Ringmaße
Diademas Extra	9 1/4	235,0	47
Double Coronas	7 5/8	193,7	49
Churchill	7	177,8	47
Corona	5 5/8	142,9	42
Punch Punch	5 1/2	139,7	46
Royal Coronations	5 1/2	139,7	42
Petit Corona	5	127,0	42
Coronations	5	127,0	42
Margarita	4 3/4	120,7	26
Coronets	4 1/2	114,3	40
Punchinello	4 1/2	114,3	34
Tres Petit Coronas	4 1/4	108,0	42
Petit Punch	4	101,6	40

Punch (Honduras)

Die Produktion der honduranischen »Punch« findet bei »Villazon« unter der fachkundigen Aufsicht von Frank Llaneza statt. Wie ihre kubanischen Brüder sind auch diese Zigarren von ausgezeichneter Qualität und haben einen milden bis mittelstarken Körper. Neben den Standardformaten gibt es noch die Serien »Deluxe« und »Grand Cru«, wobei die letzteren mit »Maduro«-Deckblättern versehen sind, was jedoch ihr feines Aroma nicht beeinflußt, da der Reifungsprozeß des Tabaks unter großer Sorgfalt stattfindet.

Standardformate Handelsnamen	Längen in Inch	Längen in Millimeter	Ringmaße
Presidente	8 1/2	215,9	52
Casa Grande	7	177,8	46
Largo Elegante	7	177,8	36
Monarcas*	6 3/4	171,5	48
Double Corona	6 3/4	171,5	48
Lonsdale	6 1/2	165,1	42
Château Corona	6 1/4	158,8	44
Punch	6 1/8	155,6	43
No. 75	5 1/2	139,7	43
Rothschild	4 1/2	114,3	50

Deluxe-Serie Handelsnamen	Längen in Inch	Längen in Millimeter	Ringmaße
Château L	7 1/4	184,2	52
Corona	6 1/4	158,8	45
Château M	5 3/4	146,1	45
Royal Coronations*	5 1/4	133,4	44

Grand-Cru-Serie Handelsnamen	Längen in Inch	Längen in Millimeter	Ringmaße
Prince Consort	8 1/2	215,9	52
Diademas	7 1/4	184,2	52
Britannia	6 1/4	158,8	50
Superior	5 5/8	142,9	46
Robusto	5 1/4	133,4	50

* Einzeln in Hülsen verpackt.

Puros Indios (Honduras)

Diese Marke ist das »Flaggschiff« des von Rolando Reyes in Honduras geführten Unternehmens, das auch die »Cuba Aliados« und die »JR Special Coronas« herstellt. Reyes ist bekannt für sein Talent, auch schwierige größere Formate den höchsten Standards gemäß herzustellen, was er in dieser Produktreihe, die Ringmaße bis 66 und Längen bis 18 Inches (457,2 mm) aufweist, hinlänglich unter Beweis stellt.

Die »Puros Indios« haben einen reichen Geschmack und einen vollen Körper im kubanischen Stil und bestehen aus einem Deckblatt, das in Ecuador aus Sumatra-Saaten gezogen wird, einem aus kubanischen Saaten gezogenen honduranischen Umblatt sowie einer Einlagemischung aus dominikanischen und brasilianischen Blättern.

Formate Handelsnamen	Längen in Inch	Längen in Millimeter	Ringmaße
Chief	18	457,2	66
Gran Victoria	10	254,0	66
Pyramide No. 1	7 1/2	190,5	60
Victoria	7 1/4	184,2	60
Churchill Especial	7 1/4	184,2	53
President	7 1/4	184,2	47
No. 1 Especial	7	177,8	48
Palmas Real	7	177,8	38
No. 2 Especial	6 1/2	165,1	46
Piramide No. 2	6 1/2	165,1	46
Nacionales	6 1/2	165,1	43
Toro Especial	6	152,4	50
No. 4 Especial	5 1/2	139,7	44
Rothschild	5	127,0	50
Petit Perla	5	127,0	38

Quintero (Kuba)

Die Quinteros – Agustín und seine vier Brüder – stammen aus Cienfuegos nahe der Anbauregion Remedios, wo sie in den zwanziger Jahren ihre Fabrik gründeten, ehe sie 1940 die Produktionsstätten nach Havanna verlegten.

Alle »Quinteros« werden aus einer milden Tabakmischung des Vuelta Abajo gefertigt und fallen somit, gemessen an Havanna-Maßstäben, relativ leicht aus. Das »Churchill«-Format entspricht dem klassischen »Lonsdale«- bzw. »Cervantes«-Format (sofern man sich an den kubanischen Fabriknamen orientiert). Beim Kauf sollte man unbedingt auf den Stempel *Totalmente a mano* achten, da einige der Formate auch als maschinengefertigte Versionen gehandelt werden.

Formate Handelsnamen	**Längen in Inch**	**Längen in Millimeter**	**Ringmaße**
Churchill	6 1/2	165,1	42
Corona	5 1/2	139,7	42
Media Corona	5 1/2	139,7	40

Rafael Gonzalez (Kuba)

Diese Zigarren haben ein angenehmes Aroma sowie einen reichen, interessanten Geschmack und sind für Havannas sehr mild. Im Aussehen, nicht jedoch im Geschmack (wo sie erheblich leichter sind) gleichen sie der »Montecristo«, was auch auf die Bauchbinden und die Verzierung der Kisten zutrifft.

Heute werden die »Rafael Gonzales« in der Fabrik »Romeo y Julieta« (jetzt »Briones Montoto«) hergestellt. 1928 von George Samuel und Frank Warwick für den britischen Markt herausgebracht, fertigte man bald auf Bestellung des Earl of Lonsdale jenes nach ihm benannte Format. Auf den verzierten Kisten, welche die »Lonsdales« enthielten und die das Portrait des Adligen zeigten, war Interessantes zu lesen: Diese Zigarren wurden aus einer Geheimmischung aus Tabaken des Vuelta Abajo gefertigt, ausgewählt von Rafael Gonzalez, Grande von Spanien. Seit mehr als zwanzig Jahren besteht diese Marke.

Um in den vollen Genuß ihres perfekten Aromas zu kommen, sollte der Connaisseur die Zigarren innerhalb eines Monats nach ihrem Versand aus Havanna rauchen. Andernfalls sollten sie für etwa ein Jahr sorgfältig nachreifen. Dieser Ratschlag hat durchaus auch heute noch seine Berechtigung, denn die besten Havannas durchlaufen während der Lagerung einen weiteren Fermentationsprozeß, bei dem sie einmal im Jahr, und zwar im Spätsommer, natürliche Öle absondern, zumindest während der ersten Jahre nach der Herstellung. Während dieser Zeit sollten sie nicht geraucht werden.

Formate Handelsnamen	**Längen in Inch**	**Längen in Millimeter**	**Ringmaße**
Slenderella	7	177,8	28
Lonsdale	6 1/2	165,1	42
Corona Extra	5 5/8	142,9	46
Petit Corona	5	127,0	42
Petit Lonsdale	5	127,0	42
Panetela Extra	5	127,0	37
Panetela	4 5/8	117,5	34
Tres Petit Lonsdale	4 1/2	114,3	40
Cigarrito	4 1/2	114,3	26
Demi Tasse	4	101,6	30

Ramón Allones (Kuba)

Die »Allones«, deren Gründungsjahr (1837) auf der Bauchbinde nachzulesen ist, gehört zu den ältesten Havanna-Marken. Ramón Allones, der aus der spanischen Provinz Galizien stammte, führte nicht nur die Farbetiketten ein (seine trugen das Wappen des spanischen Königshauses), sondern packte außerdem als erster Zigarren nach dem »8-9-8«-Schema in seine Kisten, das heißt, sie mußten nicht mehr genau neben- und übereinander in die Kiste gepreßt werden, wie es bei den Havannas von alters her die Norm war.

Seit 1920, als die Familie Cifuentes die »Partagas«-Fabrik übernommen hatte, werden dort auch »Allones« hergestellt. Wie bei der »Bolívar« und der »Partagas« unterstreicht ein sehr volles Aroma die hervorragende Qualität der Zigarren, die, hergestellt mit einem hohen Anteil an *Ligero*-Blättern, gut nachreifen.

Das Deckblatt ist dunkel, der Duft herrlich, und so eignet sich diese Zigarre eher für den erfahrenen Aficionado, also für Liebhaber eines starken Smokes.

Formate Handelsnamen	Längen in Inch	Längen in Millimeter	Ringmaße
Gigantes	7 1/2	190,5	49
8-9-8	6 11/16	169,9	43
Corona	5 5/8	142,9	42
Petit Corona	5	127,0	42
Panetela	5	127,0	35
Specially Selected	4 13/16	122,2	50
Ramonitas	4 13/16	122,2	26
Small Club Coronas	4 5/16	109,5	42

Ramón Allones (Dominikanische Republik)

Ebenso wie die dominikanischen Marken »Partagas« und »Macanudo« wird auch die »Ramón Allones« als ein weiteres Produkt der renommierten Familie Cifuentes von »General Cigar« hergestellt.

Die »Ramón Allones« hat eine Einlagemischung aus dominikanischen und mexikanischen Blättern, ein mexikanisches Umblatt sowie ein Connecticut-Shade-Deckblatt. »Culbro«, das Dachunternehmen von »General Cigar«, besitzt den größten Teil des Anbaugebiets für Connecticut-Shade und hat so die Möglichkeit, die besten Blätter einer Ernte für ihre Spitzenprodukte – zu denen die »Ramón Allones« zweifellos gehört – zu beanspruchen. Der Körper der Zigarre wird als mild bis mittelvoll klassifiziert.

Formate Handelsnamen	Längen in Inch	Längen in Millimeter	Ringmaße
Redondos	7	177,8	49
A	7	177,8	45
Trumps	6 3/4	171,5	43
Crystals	6 1/2	165,1	43
B	6 1/2	165,1	42
D	5	127,0	42

Romeo y Julieta (Kuba)

Im Jahre 1875 von Alvarez y García auf den Markt gebracht, wurde diese Marke 1903 von dem illustren »Pepin« Fernandez Rodriguez gekauft. Er hatte kurz zuvor seinen Posten als Leiter der »Cabanas«-Fabrik aufgegeben und machte die Geschichte der »Romeo y Julieta« zur großen Erfolgsstory. Bis heute zählt der gewiefte Geschäftsmann zu den profiliertesten Köpfen, die jemals im Zigarrengewerbe tätig gewesen sind.

Eine große Anzahl von Zigarren mit persönlicher Widmung für wichtige Persönlichkeiten geht auf sein Konto, und so wird ihm auch die Einführung der »Churchill« zugeschrieben, die heute in Hülsen verkauft wird, einen herrlichen Duft hat und durch eine außergewöhnliche rot-goldene Bauchbinde auffällt. Rodriguez besaß auch ein sehr erfolgreiches Rennpferd, das er nach seiner berühmten Zigarre benannte: »Julieta«.

Mit ihrem reichen, mittelschweren Aroma gehören die »Romeo y Julietas« wohl zu den besten Zigarren, die derzeit auf dem Markt sind. Vermeiden sollte man jedoch die in Hülsen verpackten Numeros 1 bis 3, die nicht das Etikett »De Luxe« tragen, da sie maschinengefertigt sind.

Formate Handelsnamen	Längen in Inch	Längen in Millimeter	Ringmaße
Fabulosos	9 1/4	235,0	47
Churchill*	7	177,8	47
Prince of Wales	7	177,8	47
Shakespeare	6 7/8	174,6	28
Cedros De Luxe No. 1	6 1/2	165,1	42
Corona Grande	6	152,4	42
Belicosos	5 1/2	139,7	52
Exhibicion No. 3	5 1/2	139,7	43
Cedros De Luxe No. 2	5 1/2	139,7	42
Corona	5 1/2	139,7	42
Exhibicion No. 4	5	127,0	48
Cedros De Luxe No. 3	5	127,0	42
Petit Corona	5	127,0	42
Tres Petit Corona	4 1/2	114,3	40
Petit Prince	4	101,6	40
Petit Julietas	4	101,6	30

* Einzeln in Hülsen verpackt.

Romeo y Julieta (Dominikanische Republik)

Die »Romeo y Julietas« aus der Dominikanischen Republik und aus Honduras sind nicht überall zu bekommen. Zum Glück ist das bei der »Vintage«-Serie, die erst 1993 eingeführt wurde, ganz anders. Äußerlich unterscheidet sie sich von der Standardserie, die eine rotweiße Bauchbinde trägt, durch die Goldumrandungen an und auf ihrer Bauchbinde.

Die »Vintage«-Serie ist überall gut zu bekommen und durchaus ihren Preis wert. Es handelt sich um sehr feine Zigarren mit einem milden bis mittelvollen Körper, die in einer eleganten Verpackung angeboten werden. Mit ihrem Connecticut-Shade-Deckblatt, ihrem mexikanischen Umblatt und einer Einlagemischung aus Blättern des karibischen Raums gleichen sie sehr einer anderen in der Dominikanischen Republik hergestellten Marke der Spitzenklasse: der »Pleiades«.

Vintage-Serie Handelsnamen	Längen in Inch	Längen in Millimeter	Ringmaße
V	7 1/2	190,5	50
VI (Torpedo)	7	177,8	60
IV	7	177,8	48
II	6	152,4	46
I	6	152,4	43
III	4 1/2	114,3	50

Royal Jamaica

Hurricane »Andrew«, der 1992 weite Gebiete Jamaikas verwüstete, zwang die Hersteller dieser Marke, die Produktion in die Dominikanische Republik zu verlegen, wo nun die Standardserie in einer breiten Auswahl an Formaten hergestellt wird, und zwar mit Kamerun-»EMS«-Deckblättern. An der Spitze der insgesamt mild schmeckenden Zigarren stehen zwei Formate von imposanter Größe: Die »Ten Downing Street« und die »Goliath« – eine große Menge sehr glatten Rauches durchströmt diese mächtigen Formate und erfreut den Aficionado. Die »Churchills«, die »Corona Grandes«, die »Coronas« und die »Buccaneers« sind auch mit brasilianischem »Maduro«-Deckblatt erhältlich (wodurch den Zigarren ein vollerer Körper verliehen wird).

Formate Handelsname	Längen in Inch	Längen in Millimeter	Ringmaße
Ten Downing Street	10 1/2	266,7	51
Goliath	9	228,6	64
Churchill	8	203,2	51
Giant Corona	7 1/2	90,5	49
Double Corona	7	177,8	45
Doubloon	7	177,8	30
Navarro	6 3/4	71,5	34
Corona Grande	6 1/2	165,1	42
Tube No. 1	6 1/2	165,1	42
Park Lane	.6	152,4	47
Director 1	6	152,4	45
Royal Corona	6	152,4	40
New York Plaza	6	152,4	40
Corona	5 1/2	139,7	40
Buccaneer	5 1/2	139,7	30
Petit Corona	5	127,0	40
Churchill Minor	4 1/2	114,3	49
Pirate	4 1/2	114,3	30

Saint Luis Rey (Kuba)

Von den britischen Importeuren Michael de Keyser und Nathan Silverstone in den vierziger Jahren auf den Markt gebracht, sind diese Zigarren sehr gut in Mischung und Machart. Sie gehören zu den besten ihrer Art und sind relativ preiswert, werden aber leider in geringer Stückzahl produziert und sind deshalb sehr schwer zu bekommen.

Die »Saint Luis Reys« sind die Favoriten von Hollywood-Stars wie Frank Sinatra und James Coburn. Sie werden in der Fabrik »Romeo y Julieta« hergestellt, haben einen vollen Körper mit einem dunklen, glatten, öligen Deckblatt, was insgesamt einen hervorragenden Geschmack und ein angenehmes Aroma ergibt.

Doch Vorsicht: Man sollte diese Marke nicht mit der »San Luis Rey« verwechseln, die in Kuba für den deutschen Markt hergestellt wird und ein schwarzes Etikett anstelle des rot-goldenen Aufklebers mit der Aufschrift »Saint Luis Rey, Habana« trägt.

Formate Handelsnamen	Längen in Inch	Längen in. Millimeter	Ringmaße
Churchill	7	177,8	47
Lonsdale	6 1/2	165,1	42
Serie A	5 5/8	142,9	46
Corona	5 5/8	142,9	42
Regios	5	127,0	48
Petit Corona	5	127,0	42

Sancho Panza (Kuba)

In vielen anderen Ländern weniger bekannt, sind diese Zigarren vor allem in Spanien sehr populär. Nicht wenige Connaisseurs sind der Auffassung, daß sie zu leicht sind und daher nicht in die Reihe der großen Havannas gehören. Andere wiederum loben sie gerade wegen ihres leichten Geschmacks. In jedem Falle sind sie sehr gut gemacht, haben ein subtiles, feines Aroma und eignen sich besonders für Anfänger und für tagsüber. Die »Belicoso«, eine »Torpedo«, ist wahrscheinlich die mildeste Havanna dieses Formats.

Formate Handelsnamen	Längen in Inch	Längen in Millimeter	Ringmaße
Sanchos	9 1/4	235,0	47
Corona Gigante	7	177,8	47
Molino	6 1/2	165,1	42
Panetela Largo	6 1/2	165,1	28
Corona	5 5/8	142,9	42
Belicosos	5 1/2	139,7	52
Non Plus	5 1/16	128,6	42
Bachilleres	4 5/8	117,5	40

Santa Clara 1830 (Mexiko)

Die »Santa Clara«, deren Herstellungsort im San-Andrés-Tal liegt (aus dem auch die Einlagemischung stammt), wurde schon 1830 auf den Markt gebracht und gilt als eine der besten Zigarren mexikanischer Provenienz. Sie hat einen milden bis mittelvollen Körper und besteht zu einhundert Prozent aus mexikanischen Tabaken, einschließlich der aus Sumatra-Saaten gezogenen Deckblätter. Darüber hinaus stehen zwei Deckblätter zur Auswahl: aus Sumatra-Saaten gezogener »Colorado« sowie mexikanischer »Maduro«. Letzteres kann enorm viel Hitze vertragen, weshalb es in der prallen Sonne gezogen wird, bis es zu einem dunklen, dicken Blatt voller Aroma herangereift ist (und zum dunkelsten »Maduro« wird, das es überhaupt gibt). Übrigens verwenden nur zwei große nichtmexikanische Marken dieses »Maduro«-Deckblatt bei einigen ihrer Formate: »Casa Blanca« und »Macanudo«. Die »Santa Clara« ist sehr gut gemacht und hat den typisch mexikanischen trockenen Geschmack, der umstritten ist. Der Körper läßt sich kaum in die üblichen Kategorien mild, mittelvoll oder voll einteilen, da sich diese Zigarre im Geschmack zu sehr von dominikanischen und kubanischen unterscheidet.

Irgendwann hat bestimmt jeder nichtkubanische Zigarrenmacher einmal versucht, eine Zigarre im kubanischen Macanudo-Stil herzustellen. Mexiko bildet hier die Ausnahme – wohl auch, weil bis vor kurzem der Tabakimport aus anderen Ländern verboten war. Deshalb – und wohl auch aus Nationalstolz – sind alle mexikanischen Zigarren *puros*, bestehen also zu einhundert Prozent aus Tabaken, die in dem mittelamerikanischen Land gezogen worden sind.

Formate Handelsnamen	Längen in Inch	Längen in Millimeter	Ringmaße
No. 1	7 1/2	190,5	52
No. III	6 5/8	168,3	43
No. II	6 1/2	165,1	48
No. VI	6	152,4	51
No. V	6	152,4	44
No. VIII	6	152,4	32
No. VII	5 1/2	139,7	25
No. IV	5	127,0	44

Santa Damiana (Dominikanische Republik)

Die Santa Damiana, 1993 herausgebracht und in der modernen Fabrik von »Consolidated Cigar« in La Romana gefertigt, trägt den Namen einer berühmten alten kubanischen *vega*. Sie besteht aus einem Connecticut-Deckblatt, einem dominikanischen Umblatt sowie einer Einlagemischung aus dominikanischen *Olor*- und *Piloto-Cubano*-Tabaken und hat einen mittelvollen Körper. Insgesamt sind die Zigarren sehr gut gemacht und ihren Preis wert.

Die »Seleccion«-Formate, die in den Vereinigten Staaten verkauft werden, haben eine etwas leichtere Einlagemischung, während die Formate, die für den europäischen Markt bestimmt sind und traditionelle Namen tragen, mit einem volleren Körper aufwarten. Der bekannte britische Havanna-Importeur »Hunters & Frankau« beispielsweise vertreibt diese Marke in Großbritannien – was nur für sie sprechen kann.

Formate Handelsnamen	Längen in Inch	Längen in Millimeter	Ringmaße
Seleccion No. 800	7	177,8	50
Seleccion No. 100	6 3/4	171,5	48
Seleccion No. 700	6 1/2	165,1	42
Seleccion No. 300	5 1/2	139,7	46
Corona	5 1/2	139,7	42
Seleccion No. 500	5	127,0	50
Petit Corona	5	127,0	42
Tubulares No. 400	5	127,0	42

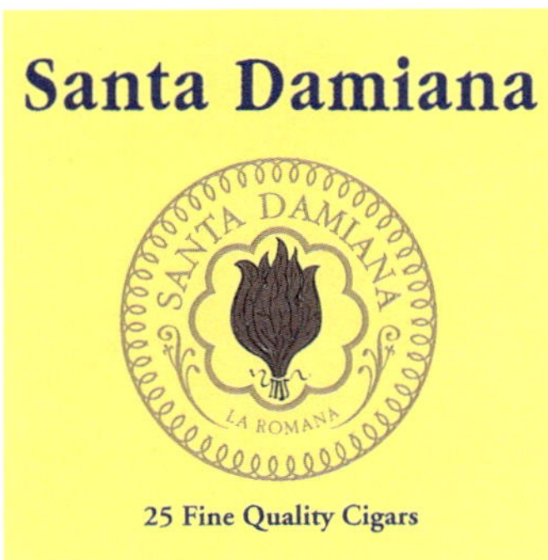

Te-Amo (Mexiko)

Jene Marke, deren Name auf spanisch »Ich liebe dich« heißt und die in den späten sechziger Jahren auf dem US-Markt eingeführt wurde (und dort relativ schnell zum Bestseller avancierte), gilt als Pionier der mexikanischen Premium-Zigarren. Indes geben ihr nicht alle Experten die besten Noten, vor allem wegen ihres »trockenen« Geschmacks, der nicht jedermanns Sache ist. Dennoch ist die »Te-Amo« auf dem US-Markt nach wie vor stark vertreten.

Die Marke präsentiert sich in einer enormen Auswahl an Formaten, mit Variationsbreite zwischen 4 3/4 x 50 bis 8 1/2 x 52, die wahlweise mit braunen oder mit »Maduro«-Deckblättern zu haben sind. Die Einlagemischung entspricht im wesentlichen derjenigen der anderen großen mexikanischen Marke, der »Santa Clara«.

Formate Handelsnamen	Längen in Inch	Längen in Millimeter	Ringmaße
No. 6 (C.E.O)	8 1/2	215,9	52
No. 14 (Churchill)	7 1/2	190,5	50
No. 28 (Maximo)	7	177,8	54
No. 17 (Presidente)	7	177,8	50
No. 1 (Relaxation)	6 5/8	168,3	44
No. 3 (Torero)	6 9/16	166,7	35
No. 19 (Toro)	6	152,4	50
No. 29 (Satisfaction)	6	152,4	46
No. 2 (Meditation)	6	152,4	42
No. 4	5	127,0	42
No. 18 (Torito)	4 3/4	120,7	50

Temple Hall (Jamaika)

1876 ist das Entstehungsjahr dieser altehrwürdigen Marke aus Jamaika, die von Exil-Kubanern gegründet wurde, und zwar in einer wunderschönen Plantage desselben Namens, deren Herrenhaus auf dem goldenen Etikett der Marke abgebildet ist. Die »Temple Hall«, die in den frühen neunziger Jahren an »General Cigar« überging, gleicht – bis auf den etwas volleren Körper – im wesentlichen ihrer Schwestermarke »Macanudo«.

Es gibt sieben Formate, alle mit herrlichem Connecticut-Shade-Deckblatt, einer Einlagemischung aus mexikanischen, jamaikanischen und dominikanischen Tabaken sowie einem mexikanischen Umblatt aus dem San-Andrés-Tal. Die »450« (eine »Robusto«) ist auch mit dem berühmten mexikanischen »Maduro«-Deckblatt zu haben, das extrem viel Hitze verträgt.

Formate Handelsnamen	Längen in Inch	Längen in Millimeter	Ringmaße
700	7	177,8	49
685	6 7/8	174,6	34
675	6 3/4	171,5	45
625	6 1/4	158,8	42
550	5 1/2	139,7	50
500	5	127,0	31
450	4 1/2	114,3	49

Toscano (Italien)

Italiens berühmteste Zigarrenmarke hat eine sehr unregelmäßige Form, die dem »Toskaner« ein rustikales Aussehen verleihen soll. Eigentlich ähnelt sie einem europäischen Stumpen, da sie in der Mitte dick ist und sich zu den viereckigen Enden hin verjüngt. Den größten Umfang (Ringmaß 35) weist sie in der Mitte auf, ungefähr dort, wo sich die Bauchbinde mit der grün-weiß-roten Trikolore befindet, während das Ringmaß an den Enden circa 26 beträgt.

Die »Toscani« werden aus Kentucky-Tabak gefertigt und müssen mindestens sechs Monate lang reifen. Hat die »Antico Toscano« das größte Ringmaß (und reift am längsten), so reift die »Toscano Extravecchio« etwas kürzer. Zur Herstellung der »Toscano Garibaldi« wird ein etwas milderer Tabak verwendet als bei den anderen »Toscano«-Formaten. Übrigens weisen sie alle dieselbe Länge auf, und alle – auch die »Toscanelli«, die nur halb so lang sind wie ihre großen Brüder – bieten einen vollen Rauchgenuß mit trockenem Geschmack, der sich vor allem für die Freunde eines starken Tabakaromas empfiehlt.

Formate Handelsnamen	Längen in Inch	Längen in Millimeter	Ringmaße
Antico Toscano	6 1/16	154,0	35-38
Toscano Garibaldi	6 1/16	154,0	34-35
Toscano Extravecchio	6 1/16	154,0	34-35
Toscano	6 1/16	154,0	34-35
Toscanello	3	76,2	34-35

Villar y Villar (Nicaragua)

Als Castro in den sechziger Jahren beschloß, die nahezu tausend kubanischen Marken zugunsten einer einzigen abzuschaffen, verschwand zunächst neben anderen klangvollen Namen auch die »Villar y Villar« vom Markt. Viele glaubten sie schon verloren, aber glücklicherweise verhalf ihr der Exil-Kubaner Juan Bermejo von NATSA zu einer neuen Existenz. Die Zigarre mit einem vollen Körper im kubanischen Stil gleicht der honduranischen »El Rey del Mundo«. Sie besteht aus einem aus Sumatra-Saaten gezogenen ecuadorianischen Deckblatt, einem Umblatt aus Nicaragua und einer Einlagemischung aus Tabaken der Dominikanischen Republik, aus Honduras und Nicaragua. Es gibt sie in einer ansprechenden Auswahl an großen Ringmaßen, die sich immer größerer Beliebtheit erfreuen, wohingegen die kleineren Formate etwas unterrepräsentiert sind.

Formate Handelsnamen	Längen in Inch	Längen in Millimeter	Ringmaße
Bermejos	8 1/2	215,9	52
Valentino	7	177,8	48
Laguito	6 1/2	165,1	52
Special Corona	6 1/2	165,1	44
Figaro	5 1/2	139,7	44
Robusto	4 1/2	114,3	52
Half Corona	4 1/2	114,3	38

Zino (Honduras)

Zino Davidoff höchstpersönlich war es, der diese Marke Mitte der achtziger Jahre kreierte, als er seine Zigarren noch in Kuba herstellen ließ.

Bei der »Zino« handelt es sich nun um eine Zigarre mit einem milden bis mittelvollen Körper, die heute in Honduras hergestellt und in drei Serien angeboten wird: die »Connoisseur«-Serie mit großem Ringmaß, die anläßlich der Eröffnung des »Davidoff«-Geschäfts auf der Madison Avenue in New York 1987 herausgebracht wurde; die »Mouton-Cadet«-Serie mit ihren rötlichbraunen Deckblättern (welche mit bordeauxfarbenen Bauchbinden gegürtet sind), die Davidoff Mitte der achtziger Jahre auf einer Werbetour durch Amerika zusammen mit der Baronin Philippine de Rothschild einführte; außerdem gibt es die Standardserie mit angemessenen Namen wie »Elegance« und »Tradition« und »Veritas« (mit dem imposanten Format von 7 x 50), wobei letzterer ein geistreiches Wortspiel impliziert (In Zino Veritas!) und ersteres Format (»Elegance«) auch in einer Aluminiumhülse unter der Bezeichnung »Zino Tubo No. 1« erhältlich ist.

Standardformate Handelsnamen	Längen in Inch	Längen in Millimeter	Ringmaße
Veritas	7	177,8	50
Elegance	6 3/4	171,5	34
Junior	6 1/2	165,1	30
Tradition	6 1/4	158,8	44
Diamond	5 1/2	139,7	40
Princesse	4 1/2	139,7	20

Connoisseur-Serie Handelsnamen	Längen in Inch	Längen in Millimeter	Ringmaße
100	7 3/4	196,9	50
200	7 1/2	190,5	46
300	5 3/4	146,1	46

Mouton-Cadet-Serie Handelsnamen	Längen in Inch	Längen in Millimeter	Ringmaße
No. 1	6 1/2	165,1	44
No. 2	6	152,4	35
No. 3	5 3/4	146,1	36

Glossar

8-9-8. Eine Verpackungsform. In der Kiste befinden sich drei Zigarrenreihen, von denen die untere aus acht Zigarren, die mittlere aus neun und die obere wieder aus acht besteht. Auf diese Weise wird verhindert, daß die Zigarren beim Einpacken in die Kisten gepreßt werden, und so vermieden, daß sie eine viereckige Form annehmen.

AMS (»American Market Selection«). Ein anderer Ausdruck für »Double-Claro«-Deckblätter, die sich früher auf dem US-Markt besonderer Beliebtheit erfreuten, was heute aber nicht mehr der Fall ist. Siehe auch »EMS« (»English Market Selection«) oder »Colorado« und »SMS« (»Spanish Market Selection«) oder »Maduro«.

Anilladora. Arbeiterin in der *fábrica,* welche die Bauchbinden auf den Zigarren anbringt und die Zigarren in Kisten packt.

Bauchbinde. Der schmale Papierstreifen, der in der Nähe des Kopfes um die Zigarre gewunden wird.

Belicoso. Eine dicke Zigarre, die sich zu den Enden hin verjüngt und in der Regel ein Ringmaß von 52 hat (das aber auch größer sein kann).

Boîte nature. Naturbelassene Zedernholzkiste ohne Etiketten und sonstige Aufkleber.

Booking. Bei diesem Verfahren werden die Einlageblätter wie Buchseiten in der Mitte gefaltet, bevor sie zusammengepreßt und in das Umblatt gewickelt werden.

Brandende. Das Ende der Zigarre, an dem sie angezündet wird.

Bündel. Verpackungsform für Zigarren. Es gibt Bündel zu fünfundzwanzig und zu fünfzig Zigarren. Die Bündel werden in der Regel mit einem Band zusammengeschnürt.

Burro. Das spanische Wort für den Fermentationshaufen.

Candela. Ein anderer Ausdruck für »Claro Claro« oder »Double Claro«. Siehe auch »AMS« (»American Market Selection«).

Capa. In spanischsprachigen Ländern gebräuchliches Wort für Deckblatt.

Capote. Umblatt.

Casa de Tabaco. Trockenschuppen auf der Tabakplantage, der *vega*, der in der Regel aus Holz gebaut ist. Das Dach besteht aus Palmblättern.

Casing. Der amerikanische Ausdruck für *moja,* das heißt, für das Besprühen der Blätter nach dem Trocknen und Reifen, damit sie zur Weiterverarbeitung ihre ursprüngliche Elastizität wiedergewinnen.

Catador. Verkoster in der *fábrica,* der regelmäßig eine Zufallsauswahl der Produkte eines Rollers verkostet.

Chaveta. Ein kleines, halbrundes Schneidemesser, welches der Roller verwendet, um die Deckblätter zuzuschneiden. Es ist das einzige Werkzeug, das er gebraucht.

Churchill. Eines der klassischen Zigarrenformate, benannt nach dem großen britischen Staatsmann, das eine Länge von 7 Inches (177,8 mm) und ein Ringmaß von 47 aufweist.

Claro. Eine der sieben Kategorien, in welche die Deckblätter je nach Farbe und Reifegrad eingeteilt werden. Die »Claro«-Skala reicht von Hellgrün bis Hellbraun.

Clear Havana. Eine Zigarre, die seit dem Ende des neunzehnten Jahrhunderts von Exil-Kubanern ausschließlich aus kubanischen Tabaken in Key West oder in Tampa (Florida) gefertigt und daher als »reine« (»clear«) Havannas gelten, obwohl sie nicht in Kuba gefertigt wurden.

Cohiba. Das Wort der kubanischen Ureinwohner, der Taino-Indianer, für Zigarre. In den späten sechziger Jahren übernahm Castro den Ausdruck für seine persönliche Zigarre, die zunächst nur als Geschenk für Staatsbesucher verwendet wurde und später auch in den Verkauf gelangte.

Colorado. Eine der sieben Kategorien, in die Deckblätter je nach Farbe und Reifegrad eingeteilt werden. Das mittelbraune bis rotbraune Blatt trägt auch die Bezeichnung »EMS« (»English Market Selection«).

Colorado Claro. Mittelbraunes Shade-Deckblatt. Ein anderer Ausdruck für dieses Deckblatt ist »Natural«.

Colorado Maduro. Das dunkelbraune Shade-Deckblatt ist etwas leichter und aromatischer als das »Maduro«-Deckblatt.

Corojo. Kubanische Deckblattpflanze, die im Schatten gezogen wird und nach der berühmten alten Plantage benannt ist, auf der sie gezüchtet wurde: »El Corojo Vega«. Die Pflanze entwickelt sechs verschiedene Blattsorten (von oben nach unten): *Corona, Centro Gordo, Centro Fino, Centro Ligero, Uno y Medio,* und *Libre del Pie.* Bisweilen werden die obersten Blätter noch einmal unterteilt in *Corona* und *Semi Corona.* In diesem Fall wird von sieben Kategorien gesprochen.

Corona. Das klassische mittelgroße Format (5 1/2 Inches [139,7 mm] x 42). Außerdem werden so die obersten Blätter der kubanischen Deckblattpflanze genannt (siehe auch »Corojo«).

Criollo. Kubanische Pflanze, welche Einlageblätter hervorbringt.

Cubatabaco. Der frühere Name der staatlichen kubanischen Tabakgesellschaft, die seit 1994 unter der Bezeichnung »Habanos, S. A.« firmiert.

Cuje. Die Stangen unter dem Dach des Trockenschuppens, an denen die Tabakgarben zum Trocknen hängen.

Culebra. Das exotischste aller Zigarrenformate: Drei Panetelas werden zu einem Zopf verflochten. *Culebra* heißt spanisch Schlange.

Despililladora. Entripperin. Sie entfernt in der *fábrica* die Mittelrippen von den Blättern.

Diademas. Ein Sonderformat. Im Prinzip eine große »Torpedo« von mindestens 8 Inches (203,2 mm) Länge mit Ringmaßen von 40 (in der Nähe des Kopfes) sowie 52 bis 54 (zum Brandende hin), die sich an beiden Enden verjüngt.

Double Claro. Das hellste Shade-Deckblatt trägt auch die Bezeichnungen »Candela« und »Claro Claro«.

Double Corona. Dieses klassische größere Format weist eine Länge von 7 1/2 bis 8 Inches (190,5 bis 203,2 mm) sowie ein Ringmaß von 49 bis 52 auf.

Einlage. Das »Herz« der Zigarre.

EMS (»English Market Selection«). Ein Deckblatt mit satten Brauntönen, das auf dem britischen Markt immer besonders beliebt war.

Entripperin. Siehe »Despililladora«.

Escogedora. Fabrikarbeiterin, welche die Blätter nach Farben sortiert. Der Vorgang des Sortierens nach Farben heißt *escogida.*

Fábrica. Zigarrenfabrik.

Fermentation. Bei dieser Produktionsphase werden die geernteten und getrockneten Tabakblätter zu großen Haufen aufgeschichtet, woraus während der Fermentation Saft und Ammoniak entweichen, während die Stärke in Zucker umgewandelt wird. So bekommen die Blätter Feinheit und

Charakter. Aufgrund der Fermentation enthält Tabak für Premium-Zigarren weniger Säure, Teer und Nikotin als Zigarettentabak.

Figurado. Der spanische Ausdruck für »geformt« bezieht sich auf alle Zigarren, die nicht die klassische Zylinderform mit parallelen Seiten und einem gerundeten Kopf haben. *Figurado*-Formate sind zum Beispiel »Torpedos«, »Pyramiden« *(piramides)*, »Perfectos« und »Culebras«.

Fileteador. Der Fabrikarbeiter, welcher die Verzierungen auf den Kisten anbringt. Der Name ist abgeleitet von dem Begriff *filete,* der das Papierband bezeichnet, welches die Ecken und Kanten der Kiste verkleidet.

Flag Cap. Das Deckblattende, das am Kopf übersteht, wird gedreht, um die Kappe der Zigarre zu bilden. In diesem Fall wird kein besonderes Stück Deckblatt angeklebt. Nur ganz bestimmte außergewöhnliche Premium-Zigarren wie die »Cohiba Corona Especial« haben eine solch komplizierte Kappe, deren Herstellung große Kunstfertigkeit erfordert.

Flaum. Wenn die Zigarren in der Kiste nachfermentieren, sondern sie einige Tropfen Öl ab, die dann trocknen und einen weißen Flaum bilden, der leicht abgewedelt werden kann. Dieser Flaum ist nicht zu verwechseln mit dem gefürchteten Blauschimmel, der auf dem Deckblatt Flecken hinterläßt und die Zigarre ruiniert.

Galera. Ein gewölbter Raum in der *fábrica,* in dem die Roller an langen Tischreihen sitzen und ihre Zigarren rollen.

Gavilla. Die Tagesration Tabak eines Rollers, aus der er in der Regel fünfundzwanzig bis fünfzig Zigarren fertigen kann.

Habanos, S.A. Die staatliche kubanische Gesellschaft, die Havannas herstellt und exportiert.

Habilitaciónes. Sammelausdruck für die Aufkleber einer Zigarrenkiste. Es gibt zehn verschiedene Aufkleber, wovon die wichtigsten die *vista,* das *sello de garantia* (offizielles Regierungsiegel, das die Echtheit bestätigt) und die *vitola* (Bauchbinde) sind.

Hand. Eine Garbe aus (im allgemeinen) fünf Tabakblättern, die zusammengenäht und dann dem Trocknungs- und/oder Fermentationsprozeß ausgesetzt werden.

Haufen. Für die Fermentation wird der Tabak zu großen Haufen geschichtet.

Humidor. Luftdichter Raum oder Behälter mit konstanter Temperatur von 18 bis 21 Grad Celsius und einer Luftfeuchtigkeit von circa 70 Prozent zur optimalen Aufbewahrung von Zigarren.

Hygrometer. Meßinstrument zum Messen der relativen Luftfeuchtigkeit. Jeder Humidor sollte darüber verfügen.

Kappe. Das Stück des Deckblatts, welches den Kopf der Zigarre umschließt.

Kopf. Das obere Ende der Zigarre, das beim Rauchen in den Mund genommen wird.

Langblatteinlage. Die Tabakblätter werden längs in die Zigarre gelegt und nicht zerhackt, wie dies bei maschinengefertigten Zigarren und bei Zigaretten geschieht.

Ligero. Die stärkste der drei Tabaksorten, welche für die Einlage verwendet werden. Er wächst ganz oben auf der Pflanze, ist daher dem Licht am nächsten und deshalb am hellsten. Der ölige Tabak brennt langsamer als der von tiefer wachsenden Blättern. Siehe auch »Seco« und »Volado«.

Lonsdale. Dieses klassische Format ist benannt nach dem Earl of Lonsdale und hat eine Länge von 6 1/4 Inches [158,8 mm] sowie ein Ringmaß, das zwischen 42 und 44 liegt.

Maduro. Das dunkle, reiche braune Deckblatt hat weniger Aroma, dafür mehr Geschmack als das »Colorado Maduro«. Manchmal wird es als »Spanish Market Selection« (»SMS«) bezeichnet. Übrigens heißt *maduro* wörtlich »reif«.

Media Rueda. Mit dem Begriff »Halbrad«, so die wörtliche Übersetzung, bezeichnet man ein Bündel von fünfzig Zigarren. Wenn auf Kuba gesagt wird, man habe *la media rueda* erreicht, so heißt das, man ist gerade fünfzig Jahre alt geworden.

Mischer. Dieser Zigarrenmacher mischt die Tabake je nach Rezept, bevor sie an die Rollabteilung gehen. Mischrezepte wie Mischvorgang unterliegen einer strengen Geheimhaltung.

Nicotiana. Nach (Jean) Nicot erhielt die Tabakpflanze im Jahr 1570 diesen Namen. Nicot war Mitte des sechzehnten Jahrhunderts als Gesandter Frankreichs in Portugal und machte von dort den Tabak in seinem Heimatland bekannt.

Olor. Von jeher in der Dominikanischen Republik heimisch, ist dies eine der beiden wichtigsten Tabaksorten, die dort angebaut werden. Sie ist milder als der »Piloto Cubano«.

Oscuro. Mit seinem tiefen Dunkelbraun ist es das dunkelste in der Sonne gezogene Deckblatt, wodurch es später mit einem starken Geschmack aufwartet. Das manchmal auch als »Maduro Maduro« bezeichnete Blatt ist heute weniger stark auf dem Markt vertreten als »Colorado«, »Maduro« und »Natural«.

Panatela, Panetela. Dieses klassische Format mit einer Länge von 5 bis 7 1/2 Inches (127 bis 190,5 mm) und einem (kleinen) Ringmaß von 33 bis 38 erreichte den Höhepunkt ihrer Popularität in den späten sechziger und frühen siebziger Jahren. Die alternative Schreibweise »Panetela« ist heute die gebräuchlichere (auch »Panatella«).

Papelito. Eine frühe Zigarette, die es seit der Mitte des achtzehnten Jahrhunderts gibt. »Kleines Papier« lautet die wörtliche Übersetzung – und die ist recht genau: In der Fabrik anfallende Tabakreste werden in ein Stück Papier gerollt.

Perfecto. Eine speziell geformte Zigarre, die in der Mitte dicker, am Kopf geschlossen und am Brandende ebenfalls geschlossen, manchmal auch verjüngt ist. Die Länge dieses besonders im neunzehnten und frühen zwanzigsten Jahrhundert populären Formats beträgt 4 1/2 bis 5 Inches (114,3 bis 127,0 mm) bei einem Ringmaß von 38.

Petit Corona. Dieses klassische kleinere Zigarrenformat mit einer Länge von meist 4 1/2 Inches (114,3 mm) variiert hinsichtlich des Ringmaßes zwischen 40 bis 42.

Pflanzlicher Leim. Er wird verwendet, um die Kappe und/oder die Bauchbinde an der Zigarre festzukleben.

Piloto Cubano. Aus kubanischen Saaten gezogener dominikanischer Tabak.

Priming. Amerikanische Bezeichnung für die Lese der Tabakblätter.

Puro. Populärer spanischer Ausdruck für Zigarre. Wörtlich bedeutet *puro* nichts anderes als »rein« und bezieht sich auf Zigarren, die ausschließlich aus heimischen Tabaken hergestellt werden.

Pyramide. Ein Sonderformat mit engem Ringmaß am Kopf, das sich zum Brandende hin gleichförmig weitet (spanisch *piramide).*

Ringmaß. Der Durchmesser einer Zigarre, gemessen in 1/64 Inch (1 in = 25,4 mm). So sollte zum Beispiel der Durchmesser einer Zigarre mit Ringmaß 48 exakt 19,05 mm betragen.

Robusto. Ein kurzes, gedrungenes Format, das seit Beginn der neunziger Jahre immer populärer wird. In der Regel beträgt die Länge 5 bis 5 1/2 Inches (127,0 bis 139,7 mm) bei einem Ringmaß von 50.

Roller. Der Arbeiter in der Fabrik, der die Zigarren rollt. *Torcedor* ist die spanische Bezeichnung.

Seco. Eine der drei Blattsorten, die für die Einlage verwendet werden. Sie wächst in der Mitte der Pflanze und bürgt in der Regel für ein mildes bis mittelschweres Aroma und ein gleichmäßiges Brandverhalten. Siehe auch »Ligero« und »Volado«.

Siboney. Legendärer kubanischer Ureinwohner, der als Märtyrer verehrt wird. Bevor ihn die Spanier auf dem Scheiterhaufen verbrannten, soll er folgenden Ausspruch getan haben: »Wenn dies das Christentum ist, möchte ich nichts damit zu tun haben.« Als Castro alle kubanischen Marken verstaatlichte, schaffte er deren Markennamen ab zugunsten der Einheitsmarke »Siboney«.

SMS (»Spanish Market Selection«). Ein »Maduro«-Deckblatt, seit jeher besonders beliebt bei den spanischen Rauchern.

Stogie. Der amerikanische Spitzname für eine billige Zigarre, die in Conestoga, Pennsylvania, dem Zentrum der amerikanischen Tabakproduktion des frühen neunzehnten Jahrhunderts, hergestellt wurde. Einer Anekdote zufolge trägt sie diese Bezeichnung, weil sie von den Lenkern der Planwagen (»Conestoga Wagons«), in denen die Siedler die Ebenen des Wilden Westens durchquerten, geraucht wurden.

Tercio. Ballen aus fermentiertem Tabak, der mit Palmrinde umwickelt ist, um nachzureifen und/oder in die Fabrik geschickt zu werden.

Torcedor. Zigarrenroller.

Torpedo. Ein Sonderformat, das in der Mitte dicker und an den Enden schmaler ist.

Umblatt. Das Tabakblatt, das um die Einlagemischung gerollt wird und dadurch der Einlage vor dem Einrollen in das Deckblatt den nötigen Halt gibt.

Vega. Tabakplantage.

Veguero. Tabakpflanzer.

Vista. Ein dekorativer Aufkleber, der sich auf der Innenseite des Kistendeckels befindet.

Vitola. Bauchbinde.

Vitolaphiler. Liebhaber bzw. Sammler von Bauchbinden und/oder Kistenaufklebern.

Volado. Eine der drei Blattarten, die für die Einlage verwendet werden. Sie wächst am untersten Teil der Pflanze, hat den mildesten Geschmack und brennt am schnellsten. Siehe auch »Ligero« und »Seco«.

Vorleser. Unterhält die Arbeiter der *fábrica* durch das Vorlesen aus Zeitungen, Magazinen oder literarischen Werken. Vorleser gibt es seit ungefähr 1850.

Wickel. Einlage und Umblatt bilden zusammen den Wickel (die Puppe), der schließlich mit dem Deckblatt umhüllt wird.

Zum Finale

Die feinsten Zigarren der Welt sind unter anderem in folgenden Geschäften bzw. Einrichtungen erhältlich:

In Deutschland

KaDeWe, Davidoff-Shop, Berlin
Wolsdorff, Hamburg
Tabac-Collegium, Köln
Diehl, München
Alte Tabakstube, Stuttgart

In der Schweiz

Durr, Zürich

Internatinonal

Havana Club, London
James J. Fox (St. James's), Ltd./Robert Lewis, London
Sautter of Mayfair, London
La Casa del Habano, Paris
De La Concha, New York
Casa del Tabaco, Miramar, Havanna
Palacio de Tabaco, Capitolo, Havanna
Partagas, Havanna
Davidoff-Filialen
Dunhill-Filialen

Literaturhinweise:

Anwer Bati, *Zigarren. Der Guide für Kenner und Genießer,* Wilhelm Heyne Verlag, München 1993 (im Frühjahr 1998 als 5. überarbeitete und aktualisierte Neuauflage)

Bernard le Roy und Maurice Szafran, *Die große Geschichte der Zigarre,* Christian Verlag, München 1989

Charles del Todesco, *Havanna. Hommage an eine Zigarre,* Wilhelm Heyne Verlag, München 1997

Die Etiketten und Bauchbinden wurden zur Verfügung gestellt von:

Dr. Orlando Arteaga
La Vitola
Galeria del Arte Litográfico
Amargura 103
Habana 1 Cuba

Register

HINWEIS: *AT* bezieht sich auf den Ausklappteil nach Seite 174.

ON HAND.

Davidoff
Davidoff
Davidoff